Sammlung Vandenhoeck

V&R

Bürgerliche Feste

Symbolische Formen politischen Handelns im 19. Jahrhundert

Herausgegeben von
Manfred Hettling und Paul Nolte

Vandenhoeck & Ruprecht
Göttingen

Umschlagbild:
Festumzug zur Tausendjahrfeier der Stadt Braunschweig 1861.
Mit freundlicher Genehmigung des Stadtarchivs Braunschweig.

Die Deutsche Bibliothek – CIP-Einheitsaufnahme

Bürgerliche Feste: symbolische Formen politischen Handelns im 19. Jahrhundert / hrsg. von Manfred Hettling und Paul Nolte. – Göttingen: Vandenhoeck und Ruprecht, 1993
(Sammlung Vandenhoeck)
ISBN 3-525-01352-3
NE: Hettling, Manfred [Hrsg.]

Satz: Competext, Heidenrod
Druck und Bindung: Hubert & Co., Göttingen

Inhalt

Manfred Hettling/Paul Nolte

Bürgerliche Feste als symbolische Politik im 19. Jahrhundert

I.

In den letzten Jahren ist in der Geschichtswissenschaft ebenso wie in der historisch interessierten Öffentlichkeit, häufig angestoßen durch »Alltagsgeschichte« und Kulturanthropologie, das Interesse an symbolischen Handlungsformen von Menschen in der Geschichte stark gewachsen. In der Sozialgeschichte macht sich eine zunehmende Skepsis gegenüber rein sozialökonomischen Erklärungsansätzen, gegenüber der Ableitung des politisch-kulturellen Handelns von Menschen aus sozioökonomischen Verhältnissen, bemerkbar. Das besondere Interesse gilt daher seit einiger Zeit der Bedeutung von Kommunikation, von Symbolen, Ritualen und »Weltdeutungen«, die handlungsmächtig werden – »subjektiven« Faktoren also, die aber zugleich sozialen Sinn zwischen Individuen stiften, Herrschaftsverhältnisse begründen oder bekräftigen und damit von großer politischer Bedeutung und Prägekraft sein können. An der bürgerlichen Festkultur Deutschlands im 19. Jahrhundert, die in den Aufsätzen dieses Bandes aufgehellt werden soll, kann man diese Form der Visualisierung, der symbolischen Kommunikation von Politik und sozialer Ordnung besonders gut und anschaulich erkennen.

Das Bürgertum – im Grunde nur eine Kurzformel für ein kompliziertes Geflecht von Sozialformationen, die kaum je zu einer sozialen Klasse verschmolzen – hat die Arbeiterschaft, überhaupt die Unterschichten als die im Mittelpunkt sozialgeschichtlicher Forschung stehende Gruppe längst abgelöst, aber gerade kulturelle Dimensionen der Bürgertumsgeschichte sind bisher wenig erforscht worden. Die kultur- und alltagsgeschichtlichen Strömungen in der Geschichtswissenschaft haben sich stark auf die »kleinen Leute« konzentriert, auf die Rekonstruktion einer »Volkskultur« und ihrer Ausdrucksformen; und schon ein Jahrzehnt früher hatte die Arbeitergeschichte die »Arbeiterkultur« entdeckt und zu erforschen begonnen.[1] Über die konkreten Handlungs- und Vergemeinschaftungsformen des Bürgertums, seine Symbolwelt und seine politischen Rituale, weiß man dagegen bisher noch wenig. Davon könnte die Bürgertumsforschung aber ganz allgemein profitieren. Denn angesichts der immer deutlicher hervortretenden Schwierigkeiten, das Bürgertum als eine sozialökonomisch begründete Klasse zu definieren, hat der Vorschlag von M. Rainer Lepsius, »Bürgertum« als ein Ensemble ständischer Vergesellschaftungen zu begreifen,[2] an Überzeugungskraft gewonnen, und diese Definition lenkt ohnehin stark auf die Untersuchung der kulturellen Praxis des deutschen Bürgertums im 19. Jahrhundert hin.

Auf der anderen Seite haben auch öffentliche Feiern und Feste derzeit »Konjunktur« in der historischen Forschung;[3] daran will dieser Band anknüpfen und zugleich den Versuch machen, das Thema aus der häufig ihm anhaftenden impressionistischen Beliebigkeit zu befreien, ohne ihm die Anschaulichkeit zu nehmen. Die für diesen Band ausgewählten Beispiele öffentlicher und politischer Feste des Bürgertums zwischen Vormärz und Erstem Weltkrieg[4] können keinen Anspruch auf irgend eine, bei diesem Thema ohnehin nicht erreichbare »Vollständigkeit« erheben, aber es sind, wie die Aufsätze zeigen, typische und charakteristische Beispiele, die eine über den Einzelfall hinausreichende Aussagekraft besitzen. Es scheint denn auch, als widersprächen die bürgerlichen Feste des 19. Jahrhunderts der in der soziologischen und philosophischen Festliteratur häufiger genannten These von der »Außeralltäglichkeit« des Festes:[5] Die Festzeit war zwar keine Arbeitszeit im engeren Sinne, blieb aber bürgerliche Zeit, blieb kontrollierte und disziplinierte Zeit; die Feste des Bürgertums brachen nicht so sehr aus der sozialen Ordnung des Alltags aus, sondern bildeten diese mit anderen Mitteln ab.

Methodisch ist deshalb weder eine bloße »thick description«, eine bloße detaillierte Beschreibung einzelner Feste beabsichtigt noch eine vom konkreten Festereignis abstrahierende bloße Analyse. Es geht darum, das Fest als kollektive Handlung und Erfahrung für die Teilnehmer zu rekonstruieren und nach der Bedeutung zu fragen, die diese »außeralltägliche« Erfahrung für die Festteilnehmer und -zuschauer hatte. Dazu soll das Fest in seinem Ablauf und im Ineinandergreifen seiner verschiedenen Elemente und Bestandteile beschrieben werden: die Festzüge, die Festreden, die Sprache der Symbolik und der Bilder. Es geht aber zugleich immer darum, das Handeln des Bürgertums im Fest historisch einzuordnen und zu interpretieren, das Fest also als ein Brennglas, als einen historischen Mikrokosmos zu verstehen, der Einblicke in das politische und soziale Selbstverständnis des deutschen Bürgertums zwischen Vormärz und Erstem Weltkrieg gestattet. Welche politische Sprache benutzten die Bürger, welche Ideologien und welche politischen Zielvorstellungen artikulierten sich in ihren Festreden? Wie wurde mit den seit langem überlieferten Traditionen der Festkultur umgegangen: Knüpften die Bürgerfeste an Herrscherfeste der Frühen Neuzeit an oder gelang dem Bürgertum die Prägung eigenständiger Ausdrucks- und Symbolformen? Und verloren sie diese Eigenständigkeit im späten 19. Jahrhundert wieder und näherten sich erneut herrscherlichen und monarchischen Traditionen an?

Eine sozialgeschichtliche Betrachtungsweise wird damit verbunden: Wie trat das Bürgertum als Gruppe auf »seinen« Festen in Erscheinung, welche Selbstdefinition stellte es buchstäblich zur Schau? Präsentierte es sich als »Stand« oder als »Klasse« oder als eine universelle Kategorie, und in welchem Verhältnis stand diese Selbstdarstellung jeweils zur damaligen sozialen Realität? Traten die Bürger als selbstbewußte, gestaltende Akteure auf oder begnügten sie sich mit einer Zuschauerrolle? Wie grenzte sich das Bürgertum in den Feiern von anderen Gruppen der lokalen Gesellschaft ab: vom Adel, von der Arbeiterschaft, von den Beamten, soweit diese nicht zum Bürgertum zählten? An der sozialen Ordnung des Festgeschehens läßt sich immer auch die Ordnung der Gesellschaft erkennen – und zugleich die Utopie zukünftiger Gesellschaft, soweit die Zeitgenossen den realen Verhältnissen im Medium des Festes, bewußt oder unbewußt, Kritik und Gegenentwurf gegenüberstellten. Das gilt auch für die Geschlechterverhältnisse: Feierten nur die bürgerlichen Männer oder wurde auch den Frauen eine bestimmte Funktion in dem komplexen Ereignis des Festes zugewiesen? In der Analyse eines solchen konkreten Handlungszusammenhanges lassen sich soziale Strukturen des 19. Jahrhunderts anschaulich erkennen, und man kann zugleich verfolgen, wie soziale Ungleichheit erlebt und erfahren, wie soziale Distinktion symbolisch bekräftigt worden ist. Obwohl es – je später im 19. Jahrhundert, desto stärker – Überschneidungen gab, ist der hier im Vordergrund stehende Typus des bürgerlichen Festes deshalb von den bereits besser erforschten »Nationalfesten« zunächst einmal zu unterscheiden.[6]

In letzter Zeit gewinnt aber auch die politische Dimension der Geschichte wieder an Bedeutung: das politische Handeln von sozialen Gruppen, politische Einstellungen und Mentalitäten, die »politische Kultur« einer Gesellschaft. Gerade solche Aspekte von Politik lassen sich in den Bürgerfesten des 19. Jahrhunderts sehr gut entschlüsseln; der Bedeutung von Symbolen und Ritualen zur Bestätigung bestimmter politischer Ziele oder zur Absicherung von Macht wird in allen Beiträgen dieses Bandes nachgegangen. Dabei bieten Feste zusätzlich den Vorteil, das in der historischen Forschung häufig so schwer greifbare Bürgertum nicht als ein »analytisches Konstrukt«, sondern als eine konkrete Handlungs- und Erfahrungseinheit, gewissermaßen »vor Ort«, beobachten zu können. Bürgerliche Feste fanden sehr oft im städtischen Rahmen statt, als Feste des städtischen Bürgertums – sei es in einem alten ständerechtlichen oder in einem moderneren Sinne. Damit kann die Untersuchung von Bürgerfesten auch einen Beitrag zu der intensiven Diskussion leisten, inwiefern städtische Politik das Hauptaktionsfeld des deutschen Bürgertums im 19. Jahrhundert gewesen sei.[7] Setzte sich das Bürgertum auf den Festen vor allem zur eigenen Stadt als politisch-sozialer Einheit in Beziehung oder zum Staat oder zur Nation; spielten Nation und Nationalismus eine wachsende Rolle in der politischen Festkultur des Kaiserreichs? Die Beispiele dieses Bandes stammen bewußt aus ganz verschiedenen Städten und Regionen Deutschlands, deren Vielfalt und besondere Traditionen damit ebenfalls in den Blick kommen.

Die Aufsätze verfolgen schließlich auch eine inhaltliche Grundüberlegung: Sie fragen am Beispiel der Feste nach Veränderungen, nach Konsolidierung und nach einem möglichen »Verfall« der politischen Kultur im deutschen Bürgertum zwischen Vormärz und Erstem Weltkrieg. Zeigt sich an der Veränderung bürgerlicher Festkultur ein Verlust bürgerlicher Eigenständigkeit, eine Anpassung an den monarchischen Kult? Welche politischen Forderungen wurden in der ersten Hälfte des 19. Jahrhunderts erhoben, welche noch im wilhelminischen Deutschland? Wurden bürgerliche Feste von der Gelegenheit zur offensiven Forderung an die Zukunft zur bloßen ritualisierten und entpolitisierten Erinnerungsveranstaltung? Und welche »Modernisierungseffekte« waren auf der anderen Seite, im Übergang von der noch weithin traditionalen Vormärzgesellschaft zur modernen Massengesellschaft des frühen 20. Jahrhunderts, zu verbuchen? So kann am Beispiel der bürgerlichen Feste neues Licht auf die vieldiskutierte Frage nach den Veränderungen bürgerlicher Mentalität, bürgerlichen Selbstbewußtseins, der Werte und Zielvorstellungen des deutschen Bürgertums in »seinem«, dem »bürgerlichen« 19. Jahrhundert geworfen werden.

II.

Jakob Burckhardt hat das *Mysterium* und die *Prozession* als die beiden zentralen Bestandteile von Festen beschrieben.[8] Wenn er diese Charakterisierung auch für die Feste der italienischen Renaissance vorgenommen und ausgeführt hat, umfassen die beiden Begriffe doch zugleich die wesentlichen Elemente neuzeitlicher Feste. Das gilt nicht nur für religiöse Feiern, sondern in gleichem Maße auch für säkulare, für politische Feste.

Mysterien waren in der Antike nur den Eingeweihten zugängliche Kulte, in denen der Mensch in ein unmittelbares, körperlich-seelisches Verhältnis zu den sich ihm offenbarenden Gottheiten gelangte.[9] In den säkularen Festen der Neuzeit ist das »Mysterium« meist ein Gründungsakt, von dem ab jene gesellschaftliche Ordnung datiert, in der sich die Zeitgenossen nun befinden. Dieses Urereignis gewissermaßen, auf das Bezug genommen wird, steht im Festakt dabei sowohl für eine entscheidende historische Zäsur als auch für die Verkörperung von herausragenden Eigenschaften, an die erinnert wird und an welche angeknüpft werden soll. Die Beiträge dieses Bandes zeigen ein weites Spektrum solcher Gründungsakte, auf welche die Feste des 19. Jahrhunderts sich beziehen konnten. Das konnten aktuelle Ereignisse sein, wie bei der Eröffnung der rheinischen Eisenbahn oder dem Begräbnis der Märzgefallenen, oder ganz weit zurückliegende Episoden, wie im Falle der 1000-Jahrfeier der Stadt Braunschweig oder der 1900-Jahrfeier der Hermannsschlacht. Allen Feiern aber ist der Versuch gemeinsam, die eigene Gegenwart durch die kulturelle Deutung gleichsam neu zu inspirieren.

Die »Prozession«, d.h. der Festzug, stellt die Verbindung zwischen dem Symbolisierten und der Gemeinschaft her. In der vorchristlichen wie in der christlichen Tradition erhoffte man ein Aufnehmen der übernatürlichen Kräfte durch das Herumtragen der Symbole. Erst die reformatorische Kirche schränkte diese Praxis fast vollständig ein, beschränkte sich auf die gesellschaftliche »Normalität« und versuchte die außeralltägliche Dimension der Feste, das Erhabene wie das Ekstatische, zu disziplinieren. Luther kritisierte denn auch, Prozessionen würden doch immer nur in Saufereien ausarten.[10] Der Festzug des 19. Jahrhunderts versinnbildlichte in gleicher Weise wie die Prozessionen die Durchdringung von Symbolisiertem (oder Mysterium) und Gemeinschaft (oder bürgerlicher Gesellschaft). Er bot die Möglichkeit, aktiv am Zug, am inszenierten Erinnern teilzunehmen und löste damit tendenziell die Trennung von Symbol und Publikum auf. Deshalb auch verändert sich der Charakter dieses Festelementes deutlich, wenn der Festzug nicht mehr seine eigene Legitimationsquelle – sei es der Herrscher, seien es die bürgerlichen Stadtrepräsentanten – mit sich führt, sondern dieser als einer übergeordneten Autorität zugeführt wird. Die Vermischung des Symbolisierten mit der Gemeinschaft löst sich auf, der Festzug wird zur bloßen Illustration, zur Parade. In den Festen des Barock und mehr und mehr in denen des 19. Jahrhunderts geraten die Festzüge zu einer Dekoration *für* den Herrscher, für die Bürger – und sind nicht mehr Umzüge *des* Herrschers, der Bürger selber.[11]

III.

Öffentliche Festveranstaltungen sind herausragende Momente gesellschaftlichen Lebens wie auch Deutungen und Interpretationsleistungen dieser Gesellschaften von sich selber. Sie enthalten zwar zugleich Elemente politischer und sozialer Wirklichkeit und gehen insofern in der symbolischen Bedeutung nicht auf. Aber als öffentliche Handlungen von Gesellschaften lassen sie sich nur dann hinreichend interpretieren und in ihrer Bedeutung verstehen, wenn sie auch in ihrer symbolischen Dimension untersucht werden. Darin entziehen sich Feste einer einlinigen Analyse, sie erfordern einen Zugriff, der mehrere Perspektiven miteinander verbindet.

Dabei kann man auf Aby Warburg und sein Verständnis kultureller Ausdrucksformen zurückgreifen. Warburg, aus einer reichen Hamburger Bankiersfamilie stammend, gründete in den ersten Jahrzehnten dieses Jahrhunderts in Hamburg eine Bibliothek als Forschungsinstitut und löste sich in seinen kunsthistorischen Arbeiten radikal vom stilgeschichtlichen Ansatz seiner Zeitgenossen. Er betrachtete Kunstwerke nie als bloß ästhetische Phänomene, sondern verstand sich stets als Kulturwissenschaftler und versuchte immer wieder, Kunstwerke und Symbole in ihrer sozialen Bedeutung zu analysieren. Warburg, oft verkürzt als Begründer der Ikonographie dargestellt, arbeitete damit an einer Theorie der kulturellen Erinnerung und des sozialen Gedächtnisses, der Mnemosyne.[12]

Für Warburg verbinden Symbole – und das heißt bei ihm Feste, Kunst, Sprache, Phantasie und Metaphern – zwei sehr unterschiedliche Wahrnehmungen und Erfahrungen der Welt. Sie sind gleichsam in einem Zwischenraum angesiedelt, der – idealtypisch – bestimmt und begrenzt wird vom Denken in archaischen Gesellschaften einerseits und der modernen wissenschaftlichen Rationalität andererseits. Das magische Denken sucht in Ritualen und Inszenierungen die Vereinigung mit übernatürlichen Mächten, um an deren Wesen teilzunehmen und mit ihnen zu verschmelzen. Demgegenüber verständigt sich die moderne wissenschaftliche Welt mit gesetzten Zeichen, über deren letztlich willkürlichen Charakter sie sich stets im Klaren ist.[13] Wenn bei Warburg ähnlich wie bei Freud in »Totem und Tabu« in diesem Modell auch eine evolutionistische Komponente enthalten ist, so betonten beide doch entschieden, daß diese Differenz des Weltverständnisses zu ihrer Zeit, an der Wende vom 19. zum 20. Jahrhundert, nicht aufgehoben sei. Magie und Ratio, Unbewußtes und Verstandesdenken bleiben Gegenpole, deren Spannung immer wieder aufs Neue überbrückt werden muß. Eine allumfassende Gültigkeit des rationalen Denkens sei weder zu erwarten noch zu erhoffen. Statt dessen hob Warburg hervor, daß diese Spannung als Voraussetzung für Kultur stets neu aufgebaut und befestigt werden müsse. Symbole werden bei ihm zu Projektionen, die im Drang nach Angstüberwindung wurzeln, die Unbekanntes, in das Alltagswissen nicht einzuordnende Vorstellungen und Erfahrungen bündeln und begreifbar machen. Erst Symbole stellen eine Distanz zu Emotionen her, die eine Voraussetzung für eine produktive Auseinandersetzung mit diesen Emotionen ist. Das ist Warburgs »Gesetz der Symbolik«: »sie wahrt die Distanz der Metapher« und »erhebt keinen Anspruch auf Realität«.[14]

Die in Emotionen sich äußernde Dynamik und Energie, die nicht rational auflösbar ist, das – in der Sprache Freuds –

Unbewußte, das in Symbolen, Kunstwerken, Bildern enthalten ist, ist in seinen Möglichkeiten und Auswirkungen auf die individuelle und soziale Existenz des Menschen weder positiv noch negativ festgelegt. Von diesem Bereich des Magischen, des Irrationalen, des Ekstatischen konnte eine Bedrohung der Zivilität ausgehen, diese dunkle Seite des Lebens konnte aber ebenso der Vernunft und der Rationalität neue Energien zuführen. Vor allem betonte Warburg immer wieder, daß das Emotionale sich nicht negieren, nicht vollkommen domestizieren und kontrollieren lasse. Er warnte damit vor einer simplen Glorifizierung der neuzeitlichen Rationalität, die nur die eine Seite des Lebens umfasse, nur eine Dimension des Lebens zulassen wollte. Warburg betonte – ähnlich wie Nietzsche und dabei wie dieser auf die antike Dichotomie zurückgreifend –, daß das »Appollinische« und das »Dionysische« stets aneinander gebunden blieben. Dabei ordnete er, ohne diese Trennung ausschließlich oder statisch zu sehen, die Sprache der Rationalität zu und die visuellen Ausdrucksformen dem Magischen, dem Emotionalen.

Warburg faßte sein Verständnis von Kunst und Symbolik als kulturellen Bewältigungsleistungen in mehreren Begriffen. Mit *Polarität* bezeichnete er die Ambivalenz der magisch-emotionalen Dynamik, die nicht per se negativ oder positiv sei, sondern beides als Möglichkeit beinhalte. Er verfolgte dieses Problem in der ikonographischen Tradition von bildlichen Darstellungen bewegter Frauen von der Antike bis zur Renaissance und zeigte, daß die zerstörerische Figur der Mänade und die anmutige Gestalt der Nymphe visuell gleich wiedergegeben wurden. Um diese Polarität und emotionale Energie erfassen und aufnehmen zu können, ohne den ihnen innewohnenden destruktiven Momenten zu erliegen, sei es unabdingbare Voraussetzung, eine rational geschaffene Distanz zu ihnen zu gewinnen. Die potentielle Leistung der kulturellen Erscheinungsformen sei es dann, zwischen den Extremen der emotionalen Urerlebnisse und des rationalen Wissens zu vermitteln und so die Spannung zwischen beiden zu überbrücken. Damit könne der Künstler wie der Forscher diesen *Deutungsraum* nutzen und beide Dimensionen fruchtbar miteinander verbinden, müsse sich dabei aber immer wieder vom Objekt distanzieren: »Athen will eben immer wieder neu aus Alexandrien zurückerobert sein.«[15] Ihren ästhetischen Ausdruck findet diese Erfahrung in *Pathosformeln*, der Bewältigung und Bändigung von emotionalen Erlebnissen und ihrer künstlerischen Umsetzung in der antiken Bewegungssprache. Warburg entwickelte diesen Ausdruck am Beispiel der antiken Kunst, die heidnische Elemente – das Dionysische – aufgenommen und darstellbar gemacht hatte. Er sah dabei durchaus die dieser Idealisierung innewohnende Gefahr, daß die Wiedergabe zur theatralischen Hohlheit gerät und nur noch Leerformeln produziert.

Mit diesen Begriffen und diesem theoretischen Zugriff lassen sich auch Feste als symbolische Gesellschaftsformeln erfassen. So kann man vermeiden, die Analyse auf die sozialhistorische oder ästhetische Dimension der Kultur allein zu reduzieren. Gesellschaften bedürfen der emotionalen Selbstvergewisserung, darin insbesondere liegt die Funktion von Festen. Diese Stabilisierungsleistung ist jedoch oft fragil. Eines der bekanntesten Beispiele dafür ist der von Le Roy Ladurie beschriebene »Karneval in Romans«.[16] In dieser französischen Stadt eskalierten 1580 langandauernde Konflikte während des Karnevals, als sich die zwei in der Stadt gegenüberstehenden Lager zunächst in spielerischer Form bekämpften und daraus dann ein offener Bürgerkrieg entstand. In der Tradition von Michail Bachtin – dem russischen Literatur- und Kulturwissenschaftler, dessen Studien zur Frühen Neuzeit erst seit den fünfziger Jahren erscheinen konnten[17] – ist es üblich geworden, das Spiel der »verkehrten Welt« im Karneval in seiner die Gesellschaft stabilisierenden Funktion zu deuten. Während der Ausnahmesituation des Karnevals konnten gesellschaftliche Muster und Ordnungsgefüge parodiert, kritisiert und umgekehrt werden – und gerade damit dienten diese Feste der Bestätigung der »normalen«, alltäglichen sozialen Ordnung: Sie boten ein Ventil, um gesellschaftliche Spannungen abzubauen. Diese Ausnahmesituation barg jedoch auch das Risiko, daß die spielerische

Verkehrung der Welt in eine reale Umstürzung der gesellschaftlichen Ordnung mündete. Eine solche Dichotomie von den Alltag stabilisierenden und ihn in Frage stellenden Momenten prägte letztlich alle öffentlichen Feste. Sie fand ihren Niederschlag in den hier behandelten bürgerlichen Festen des 19. Jahrhunderts in der fast schon beschwörenden Betonung der »Ordnung«, die im Fest sichtbar geworden sei, einer Ordnung, die sich ohne eingreifenden Zwang von außen gezeigt habe. Die Polarität, wie Warburg es nannte, von gebändigten und zügellosen Emotionen, von positiven wie negativen Reaktionen erzeugte jene Spannung, aus der die Feste ihre Dynamik und ihre Attraktivität für die Beteiligten gewannen. In den politischen Festen bündelten sich somit sowohl gesellschaftliche Ursprungs- und Gründungsmythen, und damit der Hinweis auf die Veränderbarkeit von sozialer Ordnung, als auch das Bemühen, diese gesellschaftlichen Zustände als dauerhaft zu bestätigen.[18]

Feste lassen sich damit als soziale und symbolische Ausdrucksformen von Gesellschaften wie von einzelnen gesellschaftlichen Teilgruppen verstehen. Sie drücken kollektive Erwartungen und Wunsch- und Schreckbilder aus und enthalten zugleich Deutungen gesellschaftlicher Wirklichkeit. Sie lassen sich auf diese Weise als *soziale Pathosformeln* verstehen und analysieren, mit deren Hilfe sich Bedürfnisse artikulieren und Erwartungen symbolisieren lassen, die sich einer eindeutigen rationalen Prägung entziehen. Die in diesem Band untersuchten bürgerlichen Feste sind insofern Beispiele für die Bändigung von sozialen Ängsten wie für die Artikulation politischer Utopien. In ihnen suchte das deutsche Bürgertum des 19. Jahrhunderts nach Ausdrucksmöglichkeiten für seine optimistischen Zukunftserwartungen und sein Vertrauen in die eigene Gestaltungsfähigkeit der Gesellschaft nach bürgerlichen Maßstäben. Die bürgerlichen Planer und Organisatoren der Feste bemühten sich aber auch zu zeigen, daß ihr Anspruch auf Innovation die soziale Ordnung nicht gefährdete und nicht prinzipiell in Frage stellte. In den Festen werden damit paradigmatisch sowohl gesellschaftliche Sehnsüchte als auch soziale Ängste des Bürgertums, und nicht zuletzt auch die enge Verklammerung von beidem, greifbar.

IV.

Feste unterlagen im 19. Jahrhundert einem Funktionswandel. Die von Warburg skizzierte Entwicklungslinie von der vormodernen, archaischen Gesellschaft hin zur modernen Industriegesellschaft läßt sich auch als Veränderung zwischen dem ausgehenden 18. und dem beginnenden 20. Jahrhundert aufzeigen. Diese diachrone Verschiebung schließt nicht aus, daß unterschiedliche Formen und Funktionen von Festen nebeneinander bestehen und als gesellschaftliche Praktiken gleichsam abrufbar blieben. Aber man kann die im Verlauf des 19. Jahrhunderts erfolgende Wandlung des sozialen Bedeutungsgehalts von Festen ganz grob folgendermaßen skizzieren: Von der Konstituierung gesellschaftlicher Realität und der Abbildung sozialer Strukturen verschob sich ihre Funktion immer mehr hin zur Symbolisierung gesellschaftlicher Selbstdeutungen und ideologischer Überzeugungen. Mit anderen Worten: Feste zeigten Gesellschaften immer weniger, wie sie waren, und immer mehr, wie sie einst gewesen waren oder in Zukunft sein sollten.

Die vormoderne Praxis des öffentlichen Feierns war durch eine unaufhebbare Verbindung von politischen Entscheidungen und kulturellen Manifestationen geprägt. Wenn die Fürsten nach dem Dreißigjährigen Krieg den erreichten Friedenszustand mit einem Festessen bestätigten und die neue Friedensordnung hierin bekräftigten, wenn Fürstenhuldigungen mit gemeinsamen Mahlzeiten von Landesherren und Ständevertretern verbunden waren, so waren das integrale Bestandteile des jeweiligen rechtlichen und politischen Aktes. Die Festbankette waren »eine rituelle Speisegemeinschaft in Vollziehung der vorangegangenen verfassungsrechtlichen Bindung«.[19] Das gilt nicht nur für die herrschaftlichen Feste, sondern vielleicht sogar noch stärker für die gemeinschaftlichen und gemeinschaftsstiftenden

Feiern von Stadtgemeinden und Korporationen.[20] Die zahlreichen Vorschriften und Regelungen von Aufwand und Kosten, die bei öffentlichen und privaten Feiern zur Geltung kamen, zeigen die hohe Bedeutung, die diese kulturellen Ausdrucks- und Produktionsformen sozialer Wirklichkeit besaßen. Gerade weil diese Fragen des »Habitus« und der kulturellen Praxis Stützpfeiler der sozialen Hierarchisierung waren, wurden sie so detailliert geregelt.

Erst in einem langen Prozeß und in konfliktreichen Auseinandersetzungen wandelten sich die Festpraktiken. Diese Konflikte und Spannungen äußerten sich auf allen gesellschaftlichen Ebenen und in allen Milieus, in der Stadt wie auf dem Lande. David Sabean hat ein Bullenopfer in einem schwäbischen Dorf am Ende des 18. Jahrhunderts beschrieben.[21] Er schildert detailliert die Vorgänge, bei denen in Beutelsbach ein Bulle lebend begraben wurde, um damit einer Viehseuche zu begegnen, die in dem Dorf wütete. Über diesen »abergläubischen« Vorfall kam es zur Intervention der kirchlichen und weltlichen Behörden, die das Ereignis eingehend untersuchten und die Hauptakteure zu bestrafen versuchten. Man kann sich nun einerseits davon überraschen lassen, wie sehr im »Zeitalter der Aufklärung« auf dem Lande noch magische Überzeugungen verwurzelt waren – und sich zugleich fragen, ob derartige Vorstellungselemente nur im ländlichen Milieu zu finden waren oder auch noch städtische Bevölkerungskreise prägten. Sabean weist zugleich auf die Prozeßhaftigkeit der Vorstellungen und Überzeugungen in der von ihm untersuchten frühneuzeitlichen Volkskultur der ländlichen Gesellschaft hin. Anthropologische Fragestellungen aufgreifend, beschreibt er eine Gesellschaft, in der Meinungen, Ansichten, Denkmuster nicht in einzelnen Individuen fest verankert und gleichsam situativ abrufbar sind, sondern vielmehr jeweils in öffentlicher Interaktion erst geprägt, konkretisiert und formuliert werden. Das erklärt die große Bedeutung öffentlicher Handlungen in vormodernen Gesellschaften, das ist die Vorbedingung für die Funktion von kulturellen Handlungen und von Festen für die Stabilität von Gesellschaften. Die symbolische Inszenierung der sozialen

Ordnung ist hier notwendig, weil diese Ordnung darauf basiert, permanent erfahrbar und sichtbar zu sein, weil sie ständig bekräftigt werden muß.[22]

Diese mögliche Differenzierung des Symbolgebrauchs wurde nicht nur von akademischen Kreisen wahrgenommen – seit dem 19. Jahrhundert eröffnete sie einen Interpretationsspielraum, der die Vieldeutigkeit symbolischer Äußerungen wesentlich bestimmte. Im Frühsommer 1832 wurden, im Umkreis des Hambacher Festes, in vielen Orten der bayerischen Pfalz Volksfeste abgehalten, deren Teilnehmer häufig der Gewährung der Verfassung gedachten und politische Forderungen erhoben. In einigen Gemeinden wurden auch »Freiheitsbäume« errichtet, die von den staatlichen Behörden, oft gegen heftigen Widerstand der Einwohner und der Gemeinden, mit Gewalt wieder entfernt wurden. Einer der in diesem Zusammenhang später angeklagten Dorfbewohner, ein Gastwirt, berichtete folgendermaßen über ein Gespräch mit einem städtischen Liberalen: »Als der Freiheitsbaum, woran dreifarbige Bänder (d.h. die altdeutschen Farben), gesetzt wurde, traf ich zufälliger Weise Baumann, der mich fragte, was ich von dem Freiheitsbaum halte? worauf ich ihm erwiderte, die Franzosen haben mit diesem Zeichen Glück und Segen bringen wollen, während nichts als Unglück und Weh die Folge war. Baumann äußerte hierauf, das ist kein Freiheitsbaum, wie in der französischen Revolution, sondern nur ein Zeichen, daß wir einig und einverstanden sind, ohne daß er sich näher über den Sinn dieser Worte erklärte.«[23] Wenn hier so betont darauf hingewiesen wurde, daß es sich bei dem Freiheitsbaum nur um ein »Zeichen« handelte, war man sich über die unterschiedlichen Möglichkeiten der Lesbarkeit dieses Zeichens durchaus bewußt. »Zeichen« war in diesem Fall als Erklärung zu verstehen, daß man keine politisch relevante Handlung begangen hatte und gewissermaßen nur so getan hatte »als ob«. Die Pfälzer Dorfbewohner grenzten sich damit von einem Verständnis öffentlicher Inszenierungen ab, bei welchem das Aufstellen eines Freiheitsbaumes untrennbar mit der gesellschaftlichen Durchsetzung revolutionärer Prinzipien verbunden war, und gingen davon aus, daß diese Differenzierung eine entscheidende Abschwächung des Vorwurfs der revolutionären Handlung bedeuten würde.[24]

Dieses Verständnis von Festen findet sich, in verschieden starker Ausprägung, in den ersten Jahrzehnten des 19. Jahrhunderts bei allen sozialen Gruppen. Auch die Huldigungen für Friedrich Wilhelm IV. 1840 in Königsberg und Berlin standen noch in diesem sich öffnenden Spannungsfeld von politischem Ereignis und symbolischer Inszenierung. Der Konflikt begann in Königsberg mit der Frage, ob die versammelten Stände ein Recht zur Artikulation verfassungspolitischer Forderungen hatten oder nur die neu zu schließende Einheit zwischen Herrscher und Volk bekräftigen durften, und setzte sich in Berlin dadurch fort, daß die ritterschaftlichen Stände dem König ihren Eid persönlich im Schloß ableisten durften, die städtischen und bäuerlichen Vertreter aber nur geschlossen und nur auf dem Schloßhof. Trotz dieser Querelen überwog jedoch allgemein die Begeisterung; die verschiedensten politischen Richtungen sahen sich in ihren Erwartungen bestätigt. Ein halbes Jahrhundert später konstatierte Treitschke im Rückblick auf die Huldigung von 1840 verständnislos, daß fast niemand nüchtern gefragt hätte, ob denn diese schwungvollen Beteuerungen, diese prächtigen Bilder irgendeinen greifbaren politischen Inhalt hätten. »Alles schwamm in Freuden, und noch einige Tage hindurch währte der bacchantische Taumel.«[25] Es war jedoch mehr als politischer Illusionismus oder schlichte Erwartungsseligkeit, die Treitschke hier verspottete. Die Diskrepanz zwischen rituellen und symbolischen Bekundungen einerseits sowie politischer Praxis andererseits mußte auch von der bürgerlichen Öffentlichkeit erst noch gelernt werden.

Noch in der ersten Hälfte des 19. Jahrhunderts waren Feste als genuine Handlungsform für politische Vorgänge weit verbreitet. Das gilt nicht nur für das Umfeld des Hofes, wie das vorige Beispiel zeigte, sondern auch für bürgerliche Kreise in der Provinz. Im Frühjahr 1848 kam es in Krefeld, einer stark durch das Seidengewerbe geprägten Stadt, zu sozialen Unruhen der Weber gegen ihre Verleger, und damit zum Aufruhr gegen die staatliche und städtische Ordnung. Im Gefolge dieser Straßenunruhen wurden neue Arbeitsbedingungen vertraglich festgelegt und neue wirtschaftliche Rahmenbedingungen aufgestellt. Die Rückkehr zum gesellschaftlichen Frieden und die gemeinsame Bekräftigung, die ausgehandelten Positionen akzeptieren zu wollen, erfolgte am 27. März 1848 mit einem Fest und einem öffentlichen Umzug, bei dem die Weber und die Fabrikherren vereint marschierten.[26] Auch hier war es selbstverständlich, daß die Formulierung neuer gesellschaftlicher Regeln nicht nur mittels eines anonymen, unpersönlichen und nur schriftlich festgelegten Rechtsaktes bekräftigt wurde. Statt dessen veranstaltete man eine öffentliche Inszenierung, bei welcher beide Konfliktparteien im Fest den neuen sozialen Frieden praktizierten und damit symbolisch darstellten, daß die gesellschaftliche Harmonie erneut hergestellt sei und von beiden Seiten angenommen worden war. Damit verpflichteten sich in Krefeld die Weber und die Verleger gleichermaßen, und zwar nicht zuletzt durch ihr persönliches Erscheinen und ihre Teilnahme am Fest, die neuen Regelungen anzuerkennen und zu übernehmen.

Von diesen Formen der Repräsentation sozialer Wirklichkeit kann man den langfristig gesehen neuen Typus symbolischer Darstellung unterscheiden, der sich als »Gesinnungshabitus«[27] beschreiben läßt. Er versucht, gesellschaftliche und politische Überzeugungen öffentlich darzustellen und nimmt symbolisch Partei. Am knappsten vielleicht formulierte der bayerische König Ludwig I. in seiner Beschreibung der Walhalla dieses Programm. Der Besuch des Denkmals sollte, so Ludwig, dazu führen, daß »teutscher der Teutsche aus ihr trete, als er gekommen«.[28] Nach diesem Verständnis sollten Symbole und Feste dasjenige an Überzeugung beim Betrachter und Teilnehmer erst erzeugen, was sie repräsentierten. Eine Voraussetzung für diesen veränderten Umgang mit Festen war eine vergrößerte Distanz zum politischen Geschehen und zur erinnerten Geschichte. Dieser Verlust an Selbstverständlichkeiten ermöglichte neue Deutungen. Als die Vergangenheit und ihre kulturellen und symbolischen Manifestationen nicht mehr als überlieferte

Gewißheiten erfahren wurden, als *Tradition*, die noch die eigene Gegenwart bestimmte, sondern über eine Distanz vergegenwärtigt werden mußte – über einen veränderten Erfahrungsraum, der nur noch reflexiv überwunden werden konnte und damit die Vergangenheit zur *Historie* werden ließ –, wurde ein neuer, ideologische Interpretationen ermöglichender Umgang mit Symbolen möglich.[29]

In den Festen kann man diese Verschiebung am Wandel der Beteiligten erkennen: Sie wurden mehr und mehr von politischen Akteuren zu historisierenden Schauspielern. Sie vertraten nicht mehr sich selber, nicht mehr die Positionen, die sie im öffentlichen und politischen Leben einnahmen. Statt dessen schlüpften sie in Kostüme, in vorgegebene oder erfundene Rollen und suchten eine neue Identität in rückwärts gewandten Projektionen. Noch im Vormärz wurden an den Höfen in Berlin und Wien Ritterturniere veranstaltet, die vom daran teilnehmenden Adel nicht so sehr als historische Inszenierungen verstanden wurden, sondern als Erscheinungsformen einer noch immer verinnerlichten und akzeptierten »Ritterlichkeit« der Akteure. »Man ist noch, was man spielt« – so etwa 1829 bei der Verlobung des Prinzen Wilhelm in Berlin und dem dabei begangenen »Fest der weißen Rose«.[30] Wie verschieden davon waren die Schauspielereien des Enkels, von Wilhelm II.: Seine Auftritte und Kostümfeste wurden auch von den Zeitgenossen als Possen wahrgenommen, bei denen er fast wahllos in alle möglichen Rollen und Posen schlüpfte. Das Dekor konnte den historischen und politischen Bedeutungsverlust jedoch nicht ersetzen,[31] wie die bürgerlichen Feste des 19. Jahrhunderts mindestens ebenso deutlich zeigen: Wo Bürger, etwa beim badischen Verfassungsfest, als Bürger agiert hatten, schlüpften sie beim Hermannsdenkmalfest von 1909 in Germanenkostüme.[32] Gegen Ende des Kaiserreichs wurde insofern immer offenkundiger, daß es dem deutschen Bürgertum in vielen Bereichen nicht gelungen war, seine eigenen, genuin bürgerlichen Wertvorstellungen durchzusetzen und zu gesellschaftlich allgemein akzeptierten Überzeugungen zu machen. Das zeigen auch die Säkularfeste zur Erinnerung an die Befreiungskriege sehr deutlich. 1913 wurden im ganzen deutschen Kaiserreich unzählige Feiern zur Erinnerung an 1813 abgehalten, aus denen nach ihrer Bedeutung und ihrem Aufwand die Veranstaltungen in Leipzig und Breslau herausragten. In Leipzig erinnerte man an die »Völkerschlacht« und eröffnete, nach 25jähriger Bauzeit, das Völkerschlachtdenkmal; in Breslau beschwor man die Erinnerung an den Aufruf Friedrich Wilhelms III., der 1813 von dieser Stadt ausgegangen war. Hier errichtete man ein Veranstaltungsgebäude, die »Jahrhunderthalle« – zu ihrer Zeit der größte profane freitragende Kuppelbau –, präsentierte eine monumentale historische Ausstellung und reihte über Monate hinweg die verschiedensten Feierlichkeiten und Veranstaltungen aneinander.

Zwar waren bürgerliche Kreise die wichtigsten Träger und Organisatoren dieser Feierlichkeiten, etwa der »Patriotenbund« in Leipzig, der auch den Bau des Denkmals angeregt hatte. In ihrer politischen und symbolischen Aussage aber waren diese Feiern kaum als spezifisch bürgerlich zu charakterisieren. Das läßt sich an vielen Einzelheiten zeigen, etwa in Breslau, wo die Jahrhunderthalle von Stadtbaurat Max Berg, dem leitenden Architekten, explizit als »Denkmal der Technik« propagiert wurde. Die technisch-industrielle Symbolfunktion der Halle galt damit mehr als ihre politisch-soziale Funktion als Versammlungsort der städtischen Bürger.[33] Das zeigen auch die Beispiele dieses Bandes, die »bürgerliche« Feste im Wilhelminischen Deutschland behandeln: Anstatt an bürgerliche Werte zu appellieren und die Selbständigkeit bürgerlicher Überzeugungen hervorzuheben, wurde um 1900 meist die Einbindung in dynastische Loyalitäten hervorgehoben – dafür stehen die städtischen Kaisergeburtstagsfeiern – oder auf den Mythos der Nation rekurriert – so wie im Falle des Hermannsdenkmalfestes von 1909. Das Bürgertum versuchte dabei durchaus, sowohl die Arbeiterklasse in diesen ideologischen Rahmen miteinzubeziehen als auch die höfischen Kreise auf diese Wertvorstellungen zu verpflichten. Aber auch da, wo diese Integrationsstrategie erfolgreich war, läßt sie sich nicht mehr ohne weiteres als »Verbürgerlichung« bezeichnen, da das Bürgertum zwar noch als Handlungsträger dominierend war, aber nicht mehr dieselben bürgerlichen Normen propagierte wie in den Jahrzehnten zuvor. Der Rekurs auf die nationale Einheit und, immer mehr, die Gemeinsamkeit als Volk ersetzte nun die einst geforderten bürgerlichen Eigenschaften. Nicht mehr Bürger und Monarch standen sich gegenüber, sondern Volk und Monarch. Einheit statt Inhalt, so kann man zugespitzt formulieren: Die nationale Einheit als solche, als eine gegebene, quasi vorpolitische, ethnisch bestimmte Größe löste die bürgerlichen Werte als Inhalt der Festbotschaft immer öfter ab.[34]

Auch die Formen und Symbole der öffentlichen Feierlichkeiten wurden in dieser Entwicklung immer reduzierter und abstrakter.[35] Die Fahnen, die im 19. Jahrhundert für die jeweiligen Nationen und Nationalstaaten standen, waren letztlich Hülsen, die von den Betrachtern individuell und kollektiv mit Bedeutung gefüllt werden mußten. Dadurch verblieben sie in einer Unbestimmtheit, die zu einer wichtigen Bedingung ihrer Verbreitung wurde. Das schwarz-rot-gold der deutschen Nationalbewegung symbolisierte eine erhoffte Einheit der Nation; es stand für das Bekunden, sich zu dieser Nation zu bekennen – ohne daß damit schon festgelegt war, wie die gesellschaftliche und politische Realität der imaginierten Nation beschaffen sein sollte. Im 19. Jahrhundert gewannen Symbole damit mehr und mehr eine Funktion, in welcher sie Bedürfnisse und Erwartungen sowohl weckten und anstachelten als auch auf ideelle Art und Weise, in der Imagination, befriedigten. Mehr und mehr wurde nun in den Festen an etwas erinnert, wurde etwas in ihnen symbolisiert, was in der Gegenwart nicht erfahrbar war. Das konnte eine Inszenierung vergangener Welten sein, wie in den Feiern zum Hermannsdenkmal, die eine idealisierte Germanenwelt vorspielten. Das konnte auch das Beschwören einer neuen Welt in der Zukunft sein, zum Beispiel in den sozialistischen Maifeiern. Fast erscheint einem das Kaiserreich damit als Epoche ohne symbolische Gegenwart – statt dessen erfolgte entweder ein Rückgriff und ein Legitimationstransfer auf eine einst bessere Vergangenheit oder auf eine dereinst bessere, menschenwürdigere, gerechtere Zukunft.[36] Und wenn die Arbeiterschaft dabei häufiger in die Zukunft blickte, waren ihre Erlösungshoffnungen doch in vielem ganz traditionell;[37] wenn das Bürgertum die Vergangenheit kultivierte, wurde es gleichzeitig zum Architekten der kulturellen Moderne der Jahrhundertwende. Die bürgerlichen Feste im 19. Jahrhundert waren in diesem Spannungsfeld von traditionaler Legitimation und Zukunftserwartung verortet. Sie zeigen ein komplexes Mischungsverhältnis der Überlebensfähigkeit und der Auflösung von Tradition, das ein Spiegelbild der Entwicklung des deutschen Bürgertums im 19. Jahrhundert sein könnte.

V.

Deutsches Bürgertum im 19. Jahrhundert – das war keine einheitliche Sozialformation und erst recht keine politische Handlungseinheit, sondern ein Ensemble vielfältiger Vergemeinschaftungen, die nur langsam und nie vollständig zu einem »nationalen« Bürgertum zusammenwuchsen. Auch in der sozialen Selbstdarstellung präsentierte das Bürgertum sich als ein Bürgertum der jeweiligen lokalen Lebens- und Erfahrungswelt, als stadtbürgerliche Korporation. Insofern unterstreicht der Blick auf bürgerliche Feste, was in der letzten Zeit häufig hervorgehoben worden ist: Bürgerlichkeit knüpfte in Deutschland im 19. Jahrhundert ganz wesentlich an jahrhundertealte Traditionen des mitteleuropäischen Stadtbürgertums an; zum Teil unmittelbar, zum Teil auch in einem Akt bewußter und ideologisch inszenierter »Erfindung« von Tradition. Diese Prägung überdauerte auch die Jahrhundertmitte. In den 1860er Jahren war sie noch ganz präsent, obwohl die Braunschweiger Feiern sehr deutlich den Übergang vom älteren, handwerklich und kaufmännisch dominierten Stadtbürgertum zum neuen, auf Besitz und Bildung beruhenden Bürgertum als »sozialer Klasse« erkennen lassen. Sie reichte sogar bis ins 20. Jahrhundert hinein, als sich in den städtischen Kaisergeburtstagsfeiern korporative Traditionen mit den Organisationsformen der neuen Parteien- und Verbändegesellschaft mischten. Hier wird erkennbar, daß die stadtbürgerliche Kontinuität, so sehr sie in der ersten Hälfte des 19. Jahrhunderts die Formierung des Bürgertums unterstützt hatte, später auch zu einer Belastung werden konnte: Korporative Tradition und neue gesellschaftliche Segmentierung des Wilhelminischen Reiches überlagerten sich, so daß sich eine Entwicklungslinie »von der Korporation zum Korporatismus« ziehen läßt: Berufsständisch konstituierte Verbände wurden in der lokalen Prestigehierarchie zur inhaltlichen Kopie und zum funktionalen Äquivalent dessen, was als unmittelbare Kontinuität der ständischen Stadtbürgergesellschaft im Verlauf des 19. Jahrhunderts immer brüchiger geworden war.[38] Die Sehnsucht der deutschen bürgerlichen Gesellschaft nach einer quasi-ständischen Ordnung in der immer »unübersichtlicher« werdenden Massengesellschaft wirkte so als ein prekäres Erbe der Stadtbürgerlichkeit bis in die Mitte des 20. Jahrhunderts fort.[39]

Wie stark herkömmliche städtische Bürgerlichkeit in der kulturellen Selbstdarstellung zum Ausdruck kam, hing freilich neben der diachronen Entwicklung in großem Maße von regionalen Spezifika ab: von jeweiligen Besonderheiten der sozioökonomischen Struktur, des politisch-rechtlichen Kontextes, der politischen Kultur. Während ein öffentliches Fest des Bürgertums im südwestdeutschen Vormärz anders als im Bezugsrahmen des Gemeindebürgerverbandes gar nicht vorstellbar war, nutzte das rheinische Bürgertum zur selben Zeit die städtische Herrschaft nur als eine Handlungsplattform neben anderen; hier, wo die Stadträte aus den »Höchstbesteuerten« gebildet wurden, dominierte die Bourgeoisie die »bürgerliche Kultur« in einem weiten Sinne, in der anderswo noch der alte kleingewerbliche Mittelstand, das stadtbürgerliche »Honoratiorentum«, den Ton angaben. Aber dieser Unterschied fiel, auch das zeigt der Vergleich zwischen Südwestdeutschland und dem Rheinland, nicht mit der politisch-ideologischen Unterscheidung von »liberal« und »konservativ« zusammen. Das rheinische Bürgertum sprengte außerdem mit seinen Eisenbahnfesten in einer sehr augenfälligen Art und Weise den stadtbürgerlichen Rahmen: Es löste sich von der Immobilität des städtischen Ortes und feierte auf dem fahrenden Eisenbahnzug symbolträchtig ein Fest der Mobilität, der Bewegung, der geographischen Ungebundenheit.[40]

Damit ist bereits angedeutet, daß bürgerliches Handeln im 19. Jahrhundert sich in einer abgestuften Trias politisch-kultureller Bezüge konstituierte: Neben die Stadt trat die Region, neben diese die Nation. Darin kam einerseits ein dynamisches Entwicklungsmoment zum Ausdruck: Nationale Bezüge waren in der ersten Hälfte des 19. Jahrhunderts von sehr untergeordneter Bedeutung – das änderte sich erst mit der Revolution 1848/49 und dann mit der Reichsgründung von 1870/71 –, während der städtische und der regionale Handlungsrahmen und Symbolbezug auf lange Sicht an Bedeutung verloren, aber über das ganze Jahrhundert hinweg lebenskräftiger blieben, als man lange Zeit gemeint hat. Ob im Großherzogtum Baden und in der preußischen Rheinprovinz im Vormärz, im Herzogtum Braunschweig in den 1860er Jahren oder im Fürstentum Lippe vor dem Ersten Weltkrieg: Immer definierte bürgerliches Selbstbewußtsein sich als regionales, als »partikulares«, wie man früher abwertend sagte, Sonderbewußtsein. Lokale und regionale Identität schlossen eine Hinwendung zur Nation aber gar nicht aus, und besonders auffällig ist an dieser Trias deshalb, andererseits, auf welche Weise es das Bürgertum verstand, die drei Handlungsebenen miteinander zu verknüpfen. Die prinzipielle Gleichrangigkeit von Stadt, Region und Nation wurde in den bürgerlichen Festen immer wieder betont und auch symbolisch – besonders deutlich in der Beflaggung – inszeniert und hervorgehoben. Und die nationale Identität selbst blieb auch nach der Reichsgründung ein komplexes Geflecht von Erwartungen und Wünschen, das sich auf die Staats- und Reichsnation nicht einfach reduzieren ließ.

Die Selbstdarstellung in einem engen und erfahrungsnahen Raum wie der Stadt oder der Region war für das jeweilige Bürgertum nicht zuletzt deshalb von so großer Bedeutung, weil es hier – und nicht in einer relativ abstrakten »Nation« –

darauf ankam, mit Hilfe politischer Feste soziale Ordnung zu bekräftigen, soziale Grenzen zu markieren, die Zugehörigkeit zur bürgerlichen Gesellschaft oder den Ausschluß aus ihr deutlich werden zu lassen. Zum Teil in bewußter Strategie, zum Teil auch unbewußt, entwarf das Bürgertum in seinen Festen ebenso gesamtgesellschaftliche Ordnungsmodelle wie auch Konzeptionen von sich selbst und der eigenen Binnendifferenzierung. Es gab eine Grenze zwischen Festteilnehmern im engeren Sinne und Festzuschauern, die häufig mit der Außengrenze des Bürgertums zusammenfiel, und man kann bei allen Festen beobachten, wie gesellschaftliche Hierarchie und Teilnahme am Fest einander, einem Modell konzentrischer Kreise entsprechend, korrespondierten. Die politische und wirtschaftliche Elite des lokalen Bürgertums, die in Vereinen und städtischen Selbstverwaltungsgremien ihren Einfluß geltend zu machen gewohnt war, spielte auch in der Organisation und im Ablauf der Feste eine herausragende Rolle; andere Bürger mußten mit einem niedrigeren Rang der Festteilnahme – etwa der Mitwirkung am Festzug – Vorlieb nehmen; und Nicht-Bürgern – meistens auch Frauen und Kindern – blieb nur die Zuschauerrolle, die den Ausschluß aus der bürgerlichen Gesellschaft an diesem Festtag für jeden besonders deutlich werden ließ. Solche feinen Abstufungen wurden in beinahe jedem Festelement deutlich, nicht zuletzt auch beim offiziellen Festmahl und den unter ihm angesiedelten Stufen einer »Hierarchie des Essens«. Im Übergang vom Vormärz zur Reichsgründungszeit dokumentierte die soziale Prestigehierarchie zugleich die Transformation des Stadtbürgertums »vom Stand zur Klasse«: Handwerkerschaft und kleingewerblicher Mittelstand wurden an den Rand gedrängt, die Beamten dafür, das zeigt das Braunschweiger Beispiel sehr gut, mehr und mehr in die bürgerliche Gesellschaft integriert. Am Ende des 19. Jahrhunderts kam eine neue Form der Abgrenzung hinzu, durch die die soziale Abgrenzung von Bürgerlichkeit wiederum von einem politischen Kriterium teilweise überlagert wurde: Die bürgerliche Reichsgesellschaft demonstrierte Distanz gegenüber den »Reichsfeinden«, vor allem der Sozialdemokratie, und gab sich so ganz demonstrativ als eine in »Milieus« (Lepsius) verfestigte, als eine »segmentierte« Gesellschaft zu erkennen.

Auf der anderen Seite fällt die Kontinuität eines gesamtgesellschaftlichen Ordnungsentwurfes ins Auge, der vom Vormärz bis zum Ersten Weltkrieg auf Universalität und Integration zielte. Das frühliberale Ideal der »klassenlosen Bürgergesellschaft« wurde den veränderten gesellschaftlichen Strukturen angepaßt, ohne ganz aufgegeben zu werden: Um 1900 feierte man das Ideal der »klassenlosen Volksgemeinschaft«,[41] und es ist nicht leicht zu sagen, ob die Realität der sozialen Ungleichheit und die Ideologie der Integration um 1840 oder um 1900 weiter auseinanderklafften. Die Inszenierung des »Volkes«, die im Kaiserreich möglich geworden war, war jedenfalls ambivalent: Sie löste die Konturen des Bürgertums tendenziell auf und entschärfte auf diese Weise soziale Distinktion, bedrohte damit aber auch Individualität. Was Thomas Nipperdey für die Entwicklung nationaler Denkmalsbewegungen im 19. Jahrhundert festgestellt hat, gilt insofern genauso für die bürgerlichen Feste: »an die Stelle des Individuums tritt die Masse oder die Gemeinschaft, an die Stelle der Gebildeten das politisierte Volk, zunächst das Volk der liberal-bürgerlichen Gesellschaft, dann das Volk der nationalen und antisozialistischen Sammlung.«[42] Der »Innenraum« des bürgerlichen Festes löste sich am Ende des Jahrhunderts auf, die bürgerliche »Tischordnung« verschwand, das »Volk« feierte auf der Straße.

Diese Entwicklung hing auch damit zusammen, daß die Feste des Bürgertums im Laufe des 19. Jahrhunderts stärker in den Sog von Vergnügen und Freizeit, von Konsum und Kommerzialisierung, ja von Tourismus gerieten. Auch hier fielen regionale Entwicklungen freilich auseinander: Während die Anreise zum badischen Verfassungsfest den Charakter einer ernsten politischen Wallfahrt hatte, bemühte sich das rheinische Wirtschaftsbürgertum zur selben Zeit schon ganz bewußt um die Heranziehung von Fremden aus kommerziellen Erwägungen und kalkulierte die Eröffnungsfeiern der Eisenbahn als Werbung für den beginnenden Tourismus ein. Freizeit, Vergnügen und Reisen als bürgerliche Beschäftigungen hatten sich zwar schon im 18. Jahrhundert herausgebildet,[43] blieben aber meist getrennt von den öffentlichen Festen als ernsten politischen Willensäußerungen des Bürgertums. Erst allmählich rückten bürgerliches Fest und bürgerliches Konsumvergnügen näher aneinander; die Anwerbung von Gästen wurde zunehmend bewußt geplant und ausgenutzt; Tourismus und Kommerzialisierung wurden schon bei der Vorbereitung ins Kalkül gezogen. Dafür nahm man eine Öffnung, ein Diffuser-Werden des ehemals streng geordneten Handlungsrahmens in Kauf. Die bürgerlichen Feste verloren am Ende des 19. Jahrhunderts die sakrale Aura des politischen Heiligtums; sie wurden »weniger ernst«, insofern auch: unpolitischer; und doch zugleich: moderner.

Wenn man also die Frage stellt, »wie bürgerlich« die bürgerlichen Feste in Deutschland waren, wird man darauf keine einfache Antwort finden können. Die bürgerliche Kultur zeigte einerseits Stärke, Beharrungskraft und relative Autonomie – jedenfalls in der lokalen Gesellschaft – auch im Kaiserreich, und die Auflösung einer spezifisch bürgerlichen politischen Festkultur mußte nicht im negativen Sinne ein »Defizit« an Bürgerlichkeit bedeuten. Die Existenz und der Erfolg des bürgerlichen Festes war insofern auch Indiz einer vergleichsweise »zu starken« Bürgerlichkeit in Deutschland, der markanten Identität einer bürgerlichen Kultur, die sich dadurch von der gesellschaftlichen Umwelt stärker als anderswo abschottete.[44] Bürgerliche Feste demonstrierten und bekräftigten mithin immer auch die Existenz einer stände- und klassenspezifisch segmentierten politischen Kultur, während in anderen Ländern die Transformation politischer Feste in sozial integrierende (aber nicht konformisierende) Nationalfeste vielleicht eher und erfolgreicher gelang als in Deutschland.[45] Andererseits waren an der Wende zum 20. Jahrhundert auch hier die »Entbürgerlichungsprozesse« unübersehbar, im Abbau der korporativ-stadtbürgerlichen Traditionen, im Durchbruch der kulturellen und technischen Moderne, im Siegeszug der Klassenbarrieren auch symbolisch durchbrechenden »Massengesellschaft«. Das bürgerliche Fest des 19. Jahrhunderts wurde damit, aus der

Distanz gesehen, zu einer ebenso kurzfristigen Übergangserscheinung zwischen Tradition und Moderne wie die bürgerliche Gesellschaft, wie das Bürgertum des 19. Jahrhunderts selber.

***

Herausgeber und Autoren danken der Studienstiftung des deutschen Volkes für die finanzielle Unterstützung eines zweitägigen Kolloquiums im Januar 1992, auf dem die Beiträge des Bandes in einem ersten Entwurf vorgestellt und diskutiert werden konnten.

Anmerkungen

1 Vgl. exemplarisch etwa G.A. *Ritter* (Hg.), Arbeiterkultur, Königstein 1979, darin u.a. K. *Tenfelde*, Das Fest der Bergleute, S. 209-245; W.K. *Blessing*, Fest und Vergnügen der »kleinen Leute«. Wandlungen vom 18. bis zum 20. Jahrhundert, in: R. van Dülmen u. N. Schindler (Hg.), Volkskultur, Frankfurt 1984, S. 352-79.

2 M.R. *Lepsius*, Zur Soziologie des Bürgertums und der Bürgerlichkeit, in: J. Kocka (Hg.), Bürger und Bürgerlichkeit im 19. Jahrhundert, Göttingen 1987, S. 79-100.

3 Vgl. jetzt v.a. M. *Maurer*, Feste und Feiern als historischer Forschungsgegenstand, in: HZ, Bd. 253, 1991, S. 101-30; sowie die beiden Aufsatzsammelbände von D. *Düding* u.a. (Hg.), Öffentliche Festkultur. Politische Feste in Deutschland von der Aufklärung bis zum Ersten Weltkrieg, Reinbek 1988; U. *Schultz* (Hg.), Das Fest. Eine Kulturgeschichte von der Aufklärung bis zur Gegenwart, München 1988.

4 Private Feste und Feiern, selbstverständlich ebenfalls ein wichtiges, aufschlußreiches und bisher vernachlässigtes Thema in der Forschung, bleiben hier also ausgeklammert.

5 Vgl. etwa J. *Assmann* (Hg.), Das Fest und das Heilige. Religiöse Kontrapunkte zur Alltagswelt, Gütersloh 1991; H. *Bausinger*, »Ein Abwerfen der großen Last ...«. Gedanken zur städtischen Festkultur, in: P. Hugger u.a. (Hg.), Stadt und Fest, Stuttgart 1987, S. 251-67; W. *Gebhardt*, Fest, Feier und Alltag. Über die gesellschaftliche Wirklichkeit des Menschen und ihre Deutung, Frankfurt 1987; O. *Marquardt*, Kleine Philosophie des Festes, in: Schultz (Hg.), S. 413-20 (Fest als »Moratorium des Alltags«). – Vgl. auch W. *Haug* u. R. *Warning* (Hg.), Das Fest, München 1989.

6 Vgl. dazu u.a. F. *Schellack,* Nationalfeiertage in Deutschland von 1871 bis 1945, Frankfurt 1990; V. *Ackermann,* Nationale Totenfeiern in Deutschland, Stuttgart 1990; D. *Düding,* Das deutsche Nationalfest von 1814, in: Archiv für Kulturgeschichte, Jg. 69, 1987, S. 371-88; jüngst J. *Sperber,* Festivals of National Unity in the German Revolution of 1848/49, in: Past and Present, Bd. 136, 1992, S. 114-38.

7 Vgl. hier nur L. *Gall* (Hg.), Stadt und Bürgertum im 19. Jahrhundert, München 1990.

8 J. *Burckhardt,* Die Kultur der Renaissance in Italien, Stuttgart 1976, S. 378.

9 Art. Mysterien, in: Die Religion in Geschichte und Gegenwart, Tübingen 1929², Bd. 4, Sp. 326ff. Vgl. dazu auch die aufschlußreiche Interpretation des nationalsozialistischen Tages von Potsdam bei W. *Freitag,* Nationale Mythen und kirchliches Heil: Der »Tag von Potsdam«, in: Westfälische Forschungen, Jg. 41, 1991, S. 379-430.

10 Art. Prozession, in: Die Religion in Geschichte und Gegenwart, Bd. 4, Sp. 1604ff.

11 Bei aller Zurückhaltung und Vorsicht gegenüber zu einfachen und vorschnellen Kontinuitätslinien hin zum Nationalsozialismus zeigen die Reichsparteitage in Nürnberg doch die radikalste Verkörperung dieser Entwicklung auf. Hier blieben »Volk« und »Führer« getrennt, die Inszenierung »machte Menschenmassen zu beweglichen Kulissen«; P. *Reichel,* Der schöne Schein des Dritten Reiches. Faszination und Gewalt des Faschismus, München 1991, S. 129.

12 Zu Warburg vgl. v.a. E. *Gombrich,* Aby Warburg, Frankfurt 1984; H. *Bredekamp* u.a. (Hg.), Aby Warburg, Weinheim 1991.

13 *Gombrich,* S. 323ff.; A. *Warburg,* Schlangenritual, Berlin 1988 (darin insbes. auch das Nachwort von U. *Raulff*).

14 *Gombrich,* S. 354. Sehr eindringliche und überzeugende Beispiele, in denen die prinzipielle Verschiedenheit visueller Ausdrucksformen dargestellt und analysiert wird, sind M. *Imdahl,* Giotto. Arenafresken, München 1988²; V. *Breidecker,* Florenz oder: Die Rede, die zum Auge spricht. Kunst, Fest und Macht im Ambiente der Stadt, München 1990.

15 Zit. nach *Gombrich,* S. 293.

16 E. *Le Roy Ladurie,* Karneval in Romans. Von Lichtmeß bis Aschermittwoch 1579–1580, Stuttgart 1982.

17 Vgl. in deutscher Übersetzung v.a. M. *Bachtin,* Literatur und Karneval. Zur Romantheorie und Lachkultur, München 1969; *ders.,* Rabelais und seine Welt. Volkskultur als Gegenkultur, Frankfurt 1987.

18 Einen sehr anregenden Versuch, Feste mit Hilfe von Kategorien und Begriffen des Unbewußten und der Freudschen Traumdeutung neu zu interpretieren, ist am Beispiel der Basler Vereinigungsfeier von 1892, bei der die Stadt des Eintritts in die Schweizer Eidgenossenschaft im Jahre 1382 gedachte, unternommen worden: P. *Sarasin,* Die Stadt der Bürger. Struktureller Wandel und bürgerliche Lebenswelt: Basel 1870–1900, Basel 1990, S. 308-57.

19 Vgl. Die anständige Lust. Von Eßkultur und Tafelsitten. Ausstellungs-

katalog, München 1993; A. *Holenstein*, Die Huldigung der Untertanen. Rechtskultur und Herrschaftsordnung (800–1800), Stuttgart 1991; G. *Fouquet*, Das Festmahl in den oberdeutschen Städten des Spätmittelalters. Zu Form, Funktion und Bedeutung öffentlichen Konsums, in: Archiv für Kulturgeschichte, Jg. 74, 1992, S. 83-123.

20 Vgl. viele Beispiele und Illustrationen im Katalog: Zeichen der Freiheit. Das Bild der Republik in der Kunst des 16. bis 20. Jahrhunderts, Bern 1991.

21 D.W. *Sabean*, Das zweischneidige Schwert, Berlin 1986, S. 203-29.

22 Ein lohnendes Forschungsthema etwa wäre die Untersuchung der Fürstenhuldigungen im 19. Jahrhundert und ihres allmählichen Wandels von staatsrechtlichen Akten zu immer mehr dekorativen Veranstaltungen. Vgl. zur Veränderung der symbolischen Dimension der Monarchie im 19. Jahrhundert O. *Brunner*, Vom Gottesgnadentum zum monarchischen Prinzip, in: ders., Neue Wege der Verfassungs- und Sozialgeschichte, Göttingen 1980^3, S. 160-86; u. jetzt M. *Wienfort*, Monarchie in der bürgerlichen Gesellschaft. Deutschland und England von 1640 bis 1848, Göttingen 1993.

23 J. *Hannig*, Vom Eigensinn der Freiheitsbäume. Frühliberale Bewegung und Volkskultur zur Zeit des Hambacher Festes 1832, in: R. van Dülmen (Hg.), Arbeit, Frömmigkeit und Eigensinn, Frankfurt 1990, S. 171-213, hier S. 178.

24 Vergleicht man damit die Fest- und Demonstrationskultur der Arbeiterbewegung am Ende des 19. Jahrhunderts, so läßt sich diese als ein im wesentlichen auf gerade diese »Zeichen« konzentrierter Kampf beschreiben. Symbolische und politische Konfliktlinien waren nicht mehr identisch.

25 H. *v. Treitschke*, Deutsche Geschichte im 19. Jahrhundert, Bd. 5, Berlin 1894/ND Königstein 1981, S. 47.

26 P. *Kriedte*, Eine Stadt am seidenen Faden, Göttingen 1991, S. 325ff.

27 Derartige Erscheinungen lassen sich seit dem Beginn des 19. Jahrhunderts verfolgen, vor allem im Gefolge des »Polit-Tourismus« nach Paris seit 1789 und im Zuge der nationalen Euphorie in verschiedenen sozialen Schichten nach 1813; vgl. W. *Kaschuba*, Erkundung der Moderne: Bürgerliches Reisen nach 1800, in: Zeitschrift für Volkskunde, Jg. 87, 1991, S. 29-52, hier S. 47ff., der diesen Begriff wohl als erster geprägt hat.

28 Walhallas Genossen, geschildert durch König Ludwig den Ersten von Bayern, den Gründer Walhallas, München 1842, S. VII.

29 Vgl. dazu W. *Hager*, Geschichte in Bildern. Studien zur Historienmalerei des 19. Jahrhunderts, Hildesheim 1989, S. 138ff. Die von E. Hobsbawm betonte »invention of tradition« am Ende des 19. Jahrhunderts ist ein Versuch, diese verlorene Selbstverständlichkeit in der Verkleidung, im Spielen und Nachspielen von Geschichte wieder einzufangen. Es ist weniger ein Versuch, Vergangenheit zu konstruieren, als vielmehr das Bemühen, die verschwundene Selbstverständlichkeit und verlorene Geborgenheit in der Vergangenheit wiederzufinden. E. *Hobsbawm* u. T. *Ranger* (Hg.), The Invention of Tradition, Cambridge 1983.

30 *Hager*, S. 139.

31 Als 1902 die Renovierung der Marienburg abgeschlossen war, erschienen bei einem Festzug anläßlich der Einweihung Vertreter des Hochmeisters, so ein zeitgenössischer Pressebericht, »im Kostüm der Ritter des Deutschen Ordens«. In Wirklichkeit aber trugen nur die preußischen Teilnehmer und der Kaiser »Kostüme«, aus Österreich dagegen waren »richtige« Ordensmitglieder angereist, die ihre Ordenstracht präsentierten. Diese Unterscheidung war jedoch in einer Zeit, die zunehmend mit historischen und kulturellen Versatzstücken operierte und die Vergangenheit als Legitimationsinstanz instrumentalisierte, unwichtig geworden. Vgl. H. *Boockmann,* Preußen, der Deutsche Ritterorden und die Wiederherstellung der Marienburg, in: P.K. Wieser (Hg.), Acht Jahrhunderte Deutscher Orden, Bad Godesberg 1976, S. 547-60, hier S. 556f.

32 Vgl. die Beiträge von P. Nolte und C. Tacke in diesem Band.

33 In der Sitzung der Stadtverordneten vom 28. 6. 1911; Universitätsbibliothek Breslau, Yb 2285 a/1.

34 Vgl. W. *Siemann,* Krieg und Frieden in historischen Gedenkfeiern des Jahres 1913, in: Düding u.a. (Hg.), S. 298-320; zu den Leipziger Feiern eindringlich und überzeugend S. *Hoffmann,* Monumentaler Heroismus. Das Völkerschlachtdenkmal in Leipzig, in: R. Koselleck u. M. Jeismann (Hg.), Der politische Totenkult der Neuzeit, München 1993.

35 Vgl. E. *Fehrenbach,* Über die Bedeutung der politischen Symbole im Nationalstaat, in: HZ, Bd. 213, 1971, S. 296-357.

36 Das für die Zeit nach 1900 vielfach beschriebene Aufbruchsbewußtsein gerade auch in bürgerlich-nationalen Kreisen, wie es paradigmatisch für die Centenarfeiern zur Erinnerung an die Freiheitskriege untersucht wurde, belegt viel mehr das Bedürfnis nach Flucht aus der Gegenwart als ein Akzeptieren der realen Gegenwart. Vgl. *Siemann;* W. *Hardtwig,* Bürgertum, Staatssymbolik und Staatsbewußtsein im Deutschen Kaiserreich 1871–1914, in: GG, Jg. 16, 1990, S. 269-95.

37 Vgl. z.B. L. *Hölscher,* Weltgericht oder Revolution. Protestantische und sozialistische Zukunftsvorstellungen im deutschen Kaiserreich, Stuttgart 1989.

38 Vgl. den Aufsatz von M. Wienfort.

39 Vgl. dazu (allerdings ohne die Hervorhebung der stadtbürgerlichen Traditionen) T. *Childers,* The Social Language of Politics in Germany: The Sociology of Political Discourse in the Weimar Republic, in: American Historical Review, Jg. 95, 1990, S. 331-58.

40 Vgl. den Beitrag von G. Stahr.

41 Vgl. bes. den Beitrag von C. Tacke.

42 T. *Nipperdey,* Nationalidee und Nationaldenkmal in Deutschland im 19. Jahrhundert, in: ders., Gesellschaft, Kultur, Theorie, Göttingen 1976, S. 133-76, hier S. 171f. Vgl. auch *Hardtwig,* Bürgertum; *ders.,* Nationsbildung und politische Mentalität. Denkmal und Fest im Kaiserreich, in: ders., Geschichtskultur und Wissenschaft, München 1990, S. 264-301.

43 Vgl. etwa W. *Nahrstedt,* Freizeit und Aufklärung. Zum Funktionswandel der Feiertage seit dem 18. Jahrhundert in Hamburg (1743–1860), in: VSWG, Jg.

57, 1970, S. 46-92; U.A.J. *Becher*, Geschichte des modernen Lebensstils. Essen – Wohnen – Freizeit –Reisen, München 1990; zuletzt G. *Tanzer*, Spectacle müssen sein. Die Freizeit der Wiener im 18. Jahrhundert, Wien 1992.

44 J. *Kocka*, Bürgertum und bürgerliche Gesellschaft im 19. Jahrhundert. Europäische Entwicklungen und deutsche Eigenarten, in: ders. (Hg.), Bürgertum im 19. Jahrhundert, Bd. 1, München 1988, S. 11-76, hier bes. S. 69.

45 Vgl. etwa für die USA M. *Ryan*, The American Parade: Representations of the Nineteenth-Century Social Order, in: L. Hunt (Hg.), The New Cultural History, Berkeley 1989, S. 131-53; oder für Frankreich M. *Ozouf*, La fête révolutionnaire 1789–1799, Paris 1976.

Gerhard Stahr

Kommerzielle Interessen und provinzielles Selbstbewußtsein

Die Eröffnungsfeiern der Rheinischen Eisenbahn 1841 und 1843

Der Beginn des Eisenbahnbaus in Preußen um 1840 bedeutete weit mehr als allein die »Anwendung der Maschinenarbeit auf dem Gebiete des Transportwesens«.[1] Mit dem neuartigen Verkehrsmittel war ein oft komplexes Gebilde von wirtschaftlichen, kulturellen und politischen Aufbruchshoffnungen verknüpft – jenseits der praktischen Fragen einer Verringerung von Fahrtzeiten und Beförderungstarifen für Personen und Güter. Eine Untersuchung der überaus vielgestaltigen Eisenbahnliteratur könnte einigen Aufschluß über die kollektiven Sehnsüchte der Vormärzgesellschaft nach allgemeinem Wohlstand, dem ungehinderten Austausch von Ideen und dem Ende aller kriegerischen Auseinandersetzungen geben.[2] Gerade Autoren vom Rang eines Camphausen, Hansemann oder List verbanden technische, nationalökonomische und finanzielle Aufklärung sowie geschäftliches Eigeninteresse zu bemerkenswerten Appellen an das allgemeine Publikum und die deutschen Regierungen, mit denen bürgerliches Engagement und staatliche Intervention zu gleichen Teilen geweckt und in Übereinstimmung gebracht werden sollten.

Der energische Ausbau der Verkehrsinfrastruktur war nur eines der Ziele des unternehmenden Bürgertums; die öffentliche und obrigkeitliche Aufmerksamkeit aber, die Eisenbahnen und Dampfschiffe auf sich zogen, machten sie zu einem idealen Vehikel für die Demonstration liberaler Vorstellungen. Im

Vormärz war deshalb kaum ein Ereignis geeigneter zur Herstellung einer überregionalen Öffentlichkeit als die Eröffnungsfeier einer Eisenbahn. Allerdings entsprach die offene Formulierung politischer Ziele nicht der traditionell affirmativen, das Werk und seine Schöpfer preisenden Funktion von Einweihungsfesten. Dieser Zwiespalt kennzeichnete die Feste der Rheinischen Eisenbahn in den Jahren 1841 und 1843.

Eröffnungsfeiern sind in der Regel singuläre Ereignisse. Die Festlichkeiten zur Einweihung von Eisenbahnen wiederholten sich zwar mit jeder neugebauten Strecke, aber die Gebiete in Preußen, in denen Eisenbahnen im Vormärz gebaut wurden, lagen räumlich meist weit auseinander im Gebiet um Magdeburg und Berlin, in Schlesien und der Rheinprovinz. Eine spezifische Festorganisation, eine gänzlich neue Traditionslinien bildende Festikonographie, die ohne Vorbilder und Muster auskam, läßt sich von dieser Form einer bürgerlichen Feier kaum erwarten. Gerade in der Art und Weise, mit der die im kollektiven Bewußtsein stabil verankerten und eben deswegen verwendeten Festformen und -inhalte zu einer Feier der Eisenbahn neu montiert und semantisch aufgeladen wurden, kann das Veränderungspotential sichtbar werden, das von dem neuartigen Verkehrssystem befürchtet oder erwartet wurde. Die folgenden Ausführungen werden zeigen, daß die Trennlinie zwischen den ökonomischen und politischen Hoffnungen und Ängsten im Fall der Rheinischen Eisenbahn geographisch zwischen der Rheinprovinz und Berlin verlief.

Die Veranstaltungen zur Eröffnung der Rheinischen Eisenbahn unterschieden sich von anderen Einweihungsfeierlichkeiten und von anderen zeitgenössischen Festen in mehrfacher Hinsicht.

1. Die Inbetriebnahme der Rheinischen Eisenbahn wurde nicht nur einmal, sondern gleich zweimal mit mehrtägigen Festen gefeiert. 1841 richtete die Stadt Aachen eine mehrtägige Feier zur Fertigstellung der Verbindung zwischen Köln und Aachen aus. Als zwei Jahre später 1843 die Bahnlinie über Aachen hinaus bis Antwerpen in Betrieb ging, inszenierte man dort und in Köln erneut ein Fest, von dessen Pracht die Zeitge-

nossen zutiefst beeindruckt waren. Die Duplizität der Ereignisse, ihre Dimension, ihr Inhalt, die Stellung der Gäste und nicht zuletzt ihr jeweiliger Ort waren zum einem durch die wirtschaftsstrategische Bedeutung der Verkehrsverbindung bestimmt, zum anderen waren sie ein Ausdruck der Machtverteilung innerhalb der Aktiengesellschaft »Rheinische Eisenbahn« und des Verhältnisses des Unternehmens zum preußischen und belgischen Staat.

Mit Köln und Aachen verknüpfte die Rheinische Eisenbahn nicht nur die beiden bedeutendsten preußischen Städte westlich des Rheins miteinander; sie war vor allem die erste internationale Eisenbahnlinie, die Preußen mit einem Staat verband, der nicht zum Deutschen Bund gehörte.[3] Ihre Existenz war das sichtbare Symbol eines gemeinsamen Wirtschaftsraumes zwischen der Rheinprovinz und Belgien. Da die Kohäsion zwischen den alten und den neuen Provinzen Preußens noch schwach ausgeprägt war und insbesondere die politische, rechtliche und wirtschaftliche Einbindung der Rheinprovinz in den preußischen Staat von zahlreichen gegenseitigen Enttäuschungen und Verdächtigungen begleitet war, wurden die engen ökonomischen Verflechtungen zwischen der Rheinprovinz und ihren westlichen Nachbarn in Berlin mit Mißtrauen beurteilt. Der Bau der Rheinischen Eisenbahn diente nicht der Verbesserung der Verkehrsverbindungen zwischen den westlichen und östlichen Landesteilen der Monarchie, deren Förderung eines der wichtigsten Ziele preußischer Infrastrukturpolitik war, sondern stärkte zunächst einseitig den Westteil. Für das Zustandekommen der Strecke hatte sich bezeichnenderweise der preußische Staat lange Zeit finanziell nicht im geringsten Maß engagiert.[4] Belgien dagegen hatte im Oktober 1839 4000 Aktien der Rheinischen Eisenbahn-Gesellschaft zum Nennwert übernommen, was eine beträchtliche Subventionierung des Unternehmens bedeutete. Das belgische Engagement war dabei nicht ohne Eigennutz. Ohne Zweifel entsprach die Errichtung eines leistungsfähigen Transportweges zwischen Antwerpen und dem Rhein den kommerziellen Interessen Belgiens. Für die privaten Aktionäre der Rheinischen Eisenbahn-Gesellschaft enthielt aber die Tatsache, daß der belgische Staat nicht allein das auf dem eigenen Territorium liegende Teilstück der Gesamtstrecke finanzierte, sondern sich auch noch an der Kapitalbeschaffung für den preußischen Anteil beteiligen mußte, den Vorwurf der Lethargie an die Adresse der preußischen Regierung. Es ist nicht auszuschließen, daß die Rheinische Eisenbahn-Gesellschaft, die sich zu diesem Zeitpunkt in einer bedrohlichen Schieflage befand, durch den in Preußen sehr umstrittenen Zufluß belgischen Kapitals vor dem finanziellen Zusammenbruch bewahrt wurde.[5]

2. Anders als die Mehrzahl der großen bürgerlichen Feste des 19. Jahrhunderts benötigten Eisenbahnfeiern kaum einen Legitimationstransfer aus der Vergangenheit, die oft quer zur durchaus schon bekannten »historischen Wirklichkeit« in Anspruch genommen werden mußte. Die Feiern zur Eröffnung der Rheinischen Eisenbahn gingen synchron mit ihrer Zeit; Elemente von Ungleichzeitigkeit finden sich kaum und wenn doch, dann empfanden sich die Veranstalter ihrer Zeit und deren preußischen Taktgebern voraus, oder genauer gesagt: man war westlich davon. Gefeiert wurden vergleichsweise umweglos die Gegenwart und eine hellere Zukunft sowie diejenigen, die sie gestalten würden.

3. Die Eröffnungsfeste der Rheinischen Eisenbahn erschöpften sich aber keineswegs in Feiern der bürgerlichen Leistungsfähigkeit und ihres Produktes, der Eisenbahn. Die städtische Bourgeoisie nutzte den Anlaß auch als Investition in einen zukünftigen materiellen Gewinn einer zweiten Kategorie. Mit Geschick als Ensemble aus technischen Bauwerken, Landschaft und Stadt inszeniert, die aufeinander verwiesen und ihre jeweilige ästhetische Bedeutung unterstrichen, wurden die Einweihungsfeierlichkeiten in einem für die erste Hälfte des 19. Jahrhunderts überraschend großen Ausmaß zu einem Mittel zur Steigerung des Tourismus instrumentalisiert.

I. »Jeder mäkelt und raisonirt!«

Nahezu die gesamte Planungs- und Bauzeit der Rheinischen Eisenbahn war von massiven Konflikten zwischen den Interessentengruppen in Aachen und Köln begleitet, die in den Begleiterscheinungen der Eröffnungsfeierlichkeiten ihren Nachhall fanden. Während in Köln die kostengünstigste Verbindung zum jungen, wirtschaftlich aufstrebenden belgischen Staat und dessen Hafen Antwerpen gesucht wurde, um dem Rheinverkehr einen Zugang zur Nordsee zu verschaffen, der nicht von den Niederländern zu kontrollieren war, setzte man in Aachen alles daran, die Eisenbahn durch die eigene Stadt zu führen. Denn die von David Hansemann angeführte Aachener Opposition gegen die Kölner Initiative, die aus Kostengründen eine Trassenführung in beträchtlicher Entfernung zu Aachen plante, erkannte, daß ihre Stadt mit der Eisenbahn die Aussicht erhielt, einen gewichtigen Standortnachteil auszugleichen. Die Entwicklung des Gewerbes in Aachen litt unter einer schlechten Verkehrslage, konkret: dem Fehlen eines Wasserweges. In einer Denkschrift des Aachener Eisenbahnkomitees wurde der Ausweg aus dem Dilemma aufgezeigt: »Die Eisenbahnen sind in ihren Wirkungen den schiffbaren Strömen ähnlich; wie diese erleichten sie durch Wohlfeilheit der Transportmittel den Verkehr außerordentlich.«[6]

Obwohl die Linienführung über Aachen den Bau der Rheinischen Eisenbahn wegen eines Tunnels und des Betriebes einer sogenannten Schiefen Ebene enorm verteuerte, setzte sich in dieser Frage die Gruppe um Hansemann durch. Hansemann gelang es, sich der Unterstützung des Regierungspräsidenten Graf Arnim, des Finanzministeriums in Berlin und – vielleicht ausschlaggebend – einer Fraktion unter den Kölner Aktionären, die sich um Abraham Oppenheim gebildet hatte, zu versichern. Nach der ersten Generalversammlung der Rheinischen Eisenbahn-Gesellschaft im Mai und Juni des Jahres 1837 spiegelte die Zusammensetzung der Leitungsgremien des Unternehmens die Köln-Aachener Dichotomie. Von den sechs stellvertretenen Direktoren kamen drei aus Köln (Heimsoeth, Heck, Ziegler), zwei aus Aachen (Fr. Emundts, Dahmen), einer aus Burtscheid (Lamberts). Im vierundzwanzigköpfigen Administrationsrat saßen neun Bürger aus Köln und acht aus Aachen.[7]

Nach dreieinhalb Jahren Bauzeit konnte Anfang August 1841 die Rheinische Eisenbahn auf der Strecke zwischen Köln und Düren probeweise mit Lokomotiven befahren werden. Sehr zum Ärger ihrer Kölner Kollegen, die dadurch das geplante große Eröffnungsfest entwertet sahen, nutzten die Aachener Direktoren dieses Ereignis zu einer inoffiziellen Feier für etwa 150 Teilnehmer mit einer Eisenbahnfahrt nach Düren, wo – wie es in der Entgegnung auf entsprechende Vorwürfe aus Köln hieß – »jeder auf seine Kosten gegessen und Champagner« getrunken habe.[8] Diese Auseinandersetzung bildete den Auftakt für die immer wieder neu aufbrechenden Streitigkeiten über die Finanzierung des Festes, die als steter Topos die Aktenüberlieferung durchziehen. Zunächst versuchte die Leitung der Rheinischen Eisenbahn-Gesellschaft, sich einer angemessenen Beteiligung an den Kosten der Feierlichkeiten zu entziehen. Sie beschloß am 22. August 1841, daß nur »diejenigen Personen, welche von der Direktion zur Theilnahme an der Feier förmlich eingeladen werden und welche nicht auf der Liste der von der Stadt Aachen zum Fest-Diner eingeladenen Personen stehen, von der Seite der Direktion zur Theilnahme an dem Diner auf Kosten der Gesellschaft eingeladen werden sollen, wobei jedoch die Damen auszuschließen sind«.[9] Zudem hatte die Leitung der Rheinischen Eisenbahn erwartet, daß sie auf Kosten der Stadt Aachen zum Festdiner eingeladen werden würde. Als das Festkomitee den Eisenbahndirektoren bedeutete, daß sie für ihre Teilnahme selbst zu zahlen hätten, herrschte helle Empörung: »Wir hatten eine Abtheilungs-Sitzung, bestehend aus den Herren Schnitzler, A. Oppenheim, Herz und Bartels, die alle im höchsten Grade aufgebracht darüber sind, daß die Stadt Aachen die Direktoren der Eisenbahn Gesellschaft nicht einmal zum Diner einladet, sondern diese Einladungen der Direktion überläßt. Alle sind entschlossen, an dem Diner keinen Theil zu nehmen und [in einem Gasthaus; G. St.]

zu Mittag zu essen, Jeder für sein Geld.« Die Kölner Direktoren verwahrten sich auch ausdrücklich dagegen, »daß alle Stadträthe von Düren und Burtscheid zum Diner auf Kosten der Gesellschaft eingeladen sind«.[10]

So wenig es sich realisieren ließ: Als Idealform auch der Festökonomie galt das Prinzip der Selbstfinanzierung – des »auf eigene Kosten« –, das den unternehmenden wie den feiernden Bürger als wirtschaftsethisch einwandfrei nur auszeichnen konnte. Die dunkle Seite dieser Vorstellung aber war ein Klima gegenseitiger Verdächtigungen und der Angst, andere würden sich nicht an diesen Imperativ gebunden fühlen. Die Einweihungsfeiern der Rheinischen Eisenbahn verursachten beträchtliche Kosten. Die Endabrechnung wies allein für das Festdiner des 1. September 1841 Ausgaben von 2175 Tlr. 5 Sgr. auf, von denen die Stadt Aachen für 321 Tlr. 6 Sgr. für 48 Gäste aufkam, die restlichen 1853 Tlr. 29 Sgr. gingen zu Lasten der Eisenbahngesellschaft.[11] Die Aufwendungen für das Festmahl und den Ball, die 1843 in Köln veranstaltet wurden, betrugen sogar über 4150 Tlr., die nun von den Direktoren der Eisenbahngesellschaft anteilig übernommen wurden. Das Führungsgremium des Unternehmens hatte wegen der anhaltend prekären finanziellen Lage der Gesellschaft seit dem 1. Mai 1839 auf seine Honorare verzichtet und erklärte sich nun bereit, die aufgelaufene Summe »zur Deckung der Kosten des Festdiners und des Balles herzugeben«.[12] Auf diese Weise fanden die Direktoren eine elegante Möglichkeit, ihren Honorarverzicht zum zweiten Mal als wohltätigen Akt darzustellen. Die Beträge, die von den einzelnen zu tragen waren, staffelten sich nach der Länge ihrer Dienstzeit. Auf Hansemann entfielen zum Beispiel 401 Tlr.[13]

Entsprechend ihres offiziellen Charakters und ihrer handelsbürgerlichen Trägerschicht waren die Feste zur Eröffnung der Rheinischen Eisenbahn keine karnevalesken Ereignisse mit großem Raum für spontane Aktionen, sondern detailliert mit aller Um- und Vorsicht vorausgeplante, hochorganisierte und mit den nötigen Genehmigungen versehene Inszenierungen. Der räumliche Schwerpunkt der Feierlichkeiten des September

1841 lag in Aachen. Die Gründe, warum die Stadt Aachen und nicht Köln oder die Rheinische Eisenbahn-Gesellschaft selbst die Ausrichtung des Festes übernahm, sind nicht eindeutig zu klären. Anfang Juli 1841 diskutierte die Plenar-Versammlung des Unternehmens nur den Vorschlag, »angesehene Mitbürger in Aachen und Cöln über die Gestaltung der Festlichkeiten zu Rate zu ziehen«.[14] Die Entscheidung für Aachen reflektierte aber die noch von Hansemann dominierten Machtverhältnisse in der Rheinischen Eisenbahn-Gesellschaft.

Die Vorbereitung der Feierlichkeiten des Jahres 1841 unterstand dem Aachener Oberbürgermeister Emundts, der von einem aus Mitgliedern des Stadtrates gebildeten Festkomitee unterstützt wurde.[15] Die Zusammensetzung dieses Komitees bürgte dafür, daß der Interessengegensatz zwischen der Stadt Aachen und der Rheinischen Eisenbahn-Gesellschaft gering blieb. Entsprechend den Bestimmungen der französischen Gemeindeordnung, die in der Rheinprovinz bis 1845 gültig blieben, setzten sich die Stadträte aus der Gruppe der Höchstbesteuerten zusammen, die auch die Mehrheit der Aktionäre der Rheinischen Eisenbahn-Gesellschaft stellten.[16]

Ende Juli begann die Zeit knapp zu werden, denn wegen der langen Reisedauer mußten Persönlichkeiten aus Orten, die außerhalb der Rheinprovinz lagen, spätestens vier Wochen vor dem eigentlichen Ereignis eingeladen werden. Zunächst erarbeitete das Festkomitee Listen, in denen jeder zu dem Fest erwartete Gast namentlich aufgeführt war. Die Gästelisten waren primär nicht nach sozialem Rang, sondern nach regionalen Kriterien in fünf Teile gegliedert: A. Gäste aus Berlin, B. Gäste aus anderen Provinzen (außer der Rheinprovinz), C. Gäste aus der Rheinprovinz außerhalb von Köln und Aachen, D. Gäste aus Köln, E. Gäste aus Aachen.

Die ersten Positionen innerhalb der regionalen Listen, die entsprechend den eingehenden Zu- und Absagen ständig modifiziert wurden, gehörten den führenden Repräsentanten der preußischen Staatsverwaltung. Wer aus Berlin eingeladen werden mußte oder sollte, schlug der Vizepräsident des Unternehmens, David Hansemann, vor, dessen Triumph über die Kölner

Konkurrenten in der Streckenführungsfrage bewiesen hatte, daß er über die besten Kontakte zu den Entscheidungsträgern in der Hauptstadt der preußischen Monarchie verfügte.[17] Die Berliner Liste führte der Finanzminister Graf v. Alvensleben an, es folgten der Minister des Innern und der Polizei, v. Rochow, der Leiter der Seehandlung, Rother, Kriegsminister v. Boyen und General-Postmeister Nagler. Gerade diese Spitzen der preußischen Administration hatten sich kaum als Förderer der Eisenbahn ausgewiesen. Ganz im Gegenteil: Nagler und Rother waren lange Zeit hartnäckige Gegner des neuen Verkehrsmittels gewesen, die um die Staatseinnahmen aus dem Beförderungsmonopol der Post fürchteten und eine Entwertung der Investitionen in den Chausseebau prophezeiten. Im Text der Einladung dankte die Direktion des Unternehmens dennoch höflich »der kräftigen Unterstützung, womit die hohen Staatsbehörden unser Unternehmen befördert haben.«[18]

Nahezu alle der 26 Gäste, die aus Berlin zu dem Fest geladen werden sollten, waren hohe Staatsbeamte. Aber selbst unter den Teilnehmern, die aus der Hauptstadt Preußens nach Köln kamen, stellten die Zivilisten die Mehrheit. Auf der Berliner Gästeliste standen neben v. Boyen nur drei Offiziere. In dem Verzeichnis fanden sich ebenso drei Kaufleute und jeweils ein Direktor der Berlin-Potsdamer sowie der Berlin-Anhalter Bahn. Die bemerkenswerte Tatsache, daß auch Redakteure der Vossischen und der Staatszeitung zu den offiziell geladenen Gästen gehörten, belegt, daß sich die Unternehmensspitze um ein gutes Verhältnis zu der hauptstädtischen Presse bemühte.

Eine etwas vielfältigere Zusammensetzung wiesen die anderen regionalen Listen auf, aber auch hier dominierten Vertreter der Staatsverwaltung – nun einer mittleren Ebene –, Landräte, Bürgermeister und Administrationsräte. Eine zahlenmäßig starke Gruppe stellten die Bergräte und Bergmeister, die vor allem beim Tunnelbau ihre Nützlichkeit bewiesen hatten, sowie die Direktoren der benachbarten Düsseldorf-Elberfelder und Bonn-Kölner Eisenbahnunternehmen.

Komplettiert wurde die Festversammlung durch die Aktionäre der Rheinischen Eisenbahn-Gesellschaft. Erstaunlicherweise gab es aber um die Teilnahme der Aktionäre Querelen. Angesichts der erwarteten Prominenz drohte dem Festkomitee in Aachen in Vergessenheit zu geraten, auf wessen Initiative und Kosten das Projekt letztlich verwirklicht worden war. Es plante, die Aktionäre ohne besondere Funktion in der Gesellschaft nur noch an der Eröffnungsfahrt, aber nicht mehr an dem Festessen teilnehmen zu lassen. Die Unternehmensführung der Rheinischen Eisenbahn bestand darauf, »daß alle Actionäre ohne Ausnahme, welche eine Einladung zur Fahrt in Anspruch nehmen, auch eine Diner-Karte erhalten müssen.«[19] In dieser Angelegenheit setzte sich die Direktion gegenüber dem Festkomitee durch. Die Zahl der Kölner Aktionäre, die an dem Fest teilnehmen wollten, betrug 80, die der Aachener Anteilseigner 43.[20] Von den etwa 250 geladenen Gästen bildeten die Aktionäre die größte Einzelgruppe. Schon die Gästeliste belegt den – wenn auch nicht ohne Widerstände zustandegekommenen – bürgerlichen Charakter der Eröffnungsfeste. Der Besitz von Unternehmensanteilen war für diejenigen, die nicht wegen ihres Amtes eingeladen waren, das entscheidende Distinktionskriterium, das über eine Teilnahme am Fest entschied.

Eine Sonderkategorie bildeten prominente Gäste, die zwar nicht eingeladen waren, aber dennoch erschienen und wegen ihrer Position in der Vormärz-Gesellschaft Anspruch auf besondere Fürsorge hatten. So mußte einer der Direktoren der Eisenbahn am 28. August 1841 seine Termine umdisponieren, »weil der Fürst Metternich heute abend hier angekommen ist und Morgen früh halb 9 Uhr den Bahnhof besehen will, wo ich ihn mit den übrigen Direktoren empfangen muß. – Glücklicher Weise will die Durchlaucht keine Fahrt machen.«[21]

Ein Bild, daß sich bei der Feier zwei Jahre später wiederholen sollte: Die führenden Repräsentanten des preußischen Staates lehnten ihre Teilnahme an dem Fest ab.[22] Der Leiter des Gewerbeinstituts, Beuth, der Chef der Seehandlung, Rother, Kriegsminister Boyen und viele mehr entschuldigten sich für ihr Fernbleiben. General-Postmeister Nagler übermittelte aus einer Badekur in Bad Kissingen seine besten Wünsche, verband sie aber mit dem warnenden Hinweis, daß der Erfolg des

Unternehmens umso größer werde, je »größer die Übereinstimmung ist, mit welcher ... die Zwecke Eurer Wohllöblichen Direction und diejenigen des Post-Instituts unter gegenseitiger Mitwirkung werden verfolgt werden.«[23]

Offensichtlicher traten die Spannungen zwischen den Veranstaltern und den Vertretern des preußischen Staats bei der Eröffnungsfeier anläßlich der Inbetriebnahme der Verbindung nach Antwerpen an den Tag, die auf Drängen der Belgier auf den 15. Oktober 1843, den Geburtstag Friedrich Wilhelms IV., terminiert wurde. Dem Festkomitee gehörten dieses Mal neben Vertretern der Stadt und der Bahngesellschaft auch drei belgische Festkommissare an. In Köln war das Verlangen nach der Anwesenheit des preußischen Königs weniger ausgeprägt. Hier hatten Aktionäre auf einer Plenarsitzung im August 1843 die besorgte Frage gestellt, »ob des Königs Majestät zu der Feier der Eröffnung eingeladen werden müsse?«[24] Diese Erkundigung entsprang der Furcht vor ausufernden Repräsentationskosten, die durch die königliche Gegenwart auf das Unternehmen und seine Aktionäre zukamen. Bei aller Sparsamkeit gebot der patriotische Pflichtenkatalog den Aktionären natürlich, die Frage zu bejahen. Um den Affront, der in den Aktionärsfragen zum Ausdruck kam, zu kompensieren, wurde noch gleich die Einladung an sämtliche Prinzen des königlichen Hauses ausgesprochen.

Friedrich Wilhelm IV., die Prinzen, alle preußischen Minister und sogar der Oberpräsident v. Schaper lehnten höflich ihre Teilnahme ab.[25] Die preußische Staatsführung verweigerte sich in demonstrativer Geschlossenheit einer gemeinsamen Feier mit dem rheinischen Bürgertum, ein Akt, der im Jahr 1842 anläßlich der Grundsteinlegung zum Weiterbau des Kölner Domes mit großem Erfolg zelebriert worden war.[26] Mit der Fertigstellung der Kathedrale wurde die Verschmelzung zwischen der katholischen Rheinprovinz und dem protestantischen Staat Preußen zelebriert. Das Domprojekt verdankte seine Überzeugungskraft dem gleichgewichtigen Engagement von König, Kirche und der rheinischen Bevölkerung. Der Bau der Rheinischen Eisenbahn hingegen drohte mehrfach an der mangelnden Unterstützung durch den preußischen Staat zu scheitern. Als Folge dieser Entscheidung Friedrich Wilhelms IV. blieben auch der belgische König und die Mehrzahl seiner Minister, die sich einen größeren Anteil am Zustandekommen der Bahn zurechnen durften, der Feier fern.

Obwohl die Regenten Belgiens und Preußens nicht anwesend waren, bildete die Verbindung des Rheinlandes mit Belgien das beherrschende Motiv der Veranstaltung – so wie es zwei Jahre zuvor die durch die Bahn geschaffene Verknüpfung zwischen den Städten Köln und Aachen gewesen war, die als Grundlage des wachsenden Wohlstandes in der Rheinprovinz besungen wurde. In einem der beiden offiziellen Festlieder der Feier von 1841 hieß es:

»Aachen und Köln im Streben verwandt,
Reichen wie Schwestern sich traulich die Hand,
Sei dieser Bund fortan noch reich an Segen
Fürs ganze liebe Vaterland!
Dies ist der Herzens Wunsch, den Alle hegen,
Der Fürst, so wie der Bürgerstand.
Fröhlich erspriesse zum Segen die Saat
Reife zur Wohlfahrt dem Rheinland, dem Staat.«[27]

Während es bei diesen Zeilen wohl einiger Interpretationskünste bedürfte, um eine etwaig verborgene »antipreußische Tendenz« herauszuschälen – das andere Festlied huldigte direkt dem preußischem König –, schien die Stoßrichtung der belgisch-rheinländischen Verbrüderungsszenen des Jahres 1843 klar zu Tage zu liegen. Anstoß nahm man aus naheliegenden Verkehrsinteressen in den Niederlanden und aus politischen Gründen in Berlin. Zu überschwenglich wurde von beiden Seiten die Existenz einer rheinisch-belgischen Identität beschworen. Der Bürgermeister von Antwerpen formulierte: »Unsere Sitten, unsere Gewohnheiten, unsere Wünsche, unsere Interessen sind die gleichen; wir fühlen in uns den gleichen Trieb zur geschäftlichen Tätigkeit, wir sind von der gleichen Liebe zur Kunst und Wissenschaft entflammt.«[28]

Obschon diese Worte für den Anlaß gesprochen waren und

kein politisches Programm enthielten, rührten sie in Berlin an einen empfindlichen Punkt. Die Ereignisse des Juli 1830, die das Auseinanderbrechen der Vereinigten Niederlande und die Gründung des Königreichs Belgien einleiteten, hatten das restaurative Mächtesystem von 1815 nachhaltig erschüttert. Einflußreiche Kräfte in der preußischen Führung sahen die eigenen Sicherheitsinteressen in den frühen 1830er Jahren durch den neu entstandenen Staat bedroht und erwogen für kurze Zeit sogar eine militärische Intervention zugunsten des niederländischen Königs.[29] Da ein französisch dominiertes Regime oder gar eine belgische Republik verhindert werden konnten, entspannte sich das preußische Verhältnis zu dem neuen Staat in den Folgejahren etwas.

Die grundsätzliche »Abneigung gegen dieses demokratische, auf revolutionärem Grunde ruhende Staatswesen« blieb in Berlin aber bestehen, zumal immer wieder neue Irritationen auftauchten.[30] So hatte die belgische Regierung 1839 zur tiefen Verärgerung Preußens General Skrzynecki, der beim polnischen Aufstand des Jahres 1831 eine führende Rolle gespielt hatte, mit der Reorganisation der Armee beauftragt. Die preußischen Vorwürfe richteten sich aber vor allem gegen die in Belgien konzentrierte publizistische Unterstützung der ultramontanen Bewegung, die in den 1820er Jahren in der katholischen Kirche der Rheinprovinz beträchtlich an Einfluß gewonnen hatte. In der »Mischehenfrage« kam es zum offenen Konflikt zwischen preußischem Staat und der katholischen Kirche im Rheinland. Der soziale Hintergrund der Auseinandersetzung lag in der Zunahme von Heiraten zwischen den Töchtern katholischer Bürger mit protestantischen Beamten und Offizieren, die zeitweise in die Westprovinzen versetzt waren. Da die in diesen Ehen gezeugten Kinder die Konfession des Vaters annehmen sollten, befürchtete die katholische Kirche eine schleichende Protestantisierung der Rheinprovinz. Sie stimmte den »gemischten« Ehen nur unter der Abnahme des Versprechens zu, daß die Kinder katholisch erzogen werden würden. Die preußische Regierung reagierte auf die sich verhärtenden Positionen der katholischen Kirche in der Rheinprovinz 1837 mit der Verhaftung des Kölner Erzbischofs August Droste zu Vischering.

In der Folge dieses »schlecht durchdachten Dragonerstreiches« zirkulierten im Rheinland Pamphlete, die über die vermeintliche Existenz einer demokratischen und zugleich ultramontanen Verschwörung mit dem Ziel einer Abtrennung der Rheinprovinz von Preußen und ihres Anschlusses an Belgien spekulierten.[31] Tatsächlich tauchten immer wieder in Belgien gedruckte Flugschriften auf, in denen radikale Autoren die Rheinländer aufforderten, sich von der Herrschaft des »protestantischen brandenburgischen Königs loszusagen.«[32] 1838 plädierte der Autor einer Artikelserie im »Eclaireur de Namur« für eine »fédération belge-rhenane« und stärkte so die diffusen Befürchtungen in Berlin vor einem rheinischen Separatismus. Schließlich hatte Belgien 1830/31 mit der Abspaltung von den Niederlanden die grundsätzliche Möglichkeit zu einer Umgestaltung des im Wiener Kongreß geschaffenen Staatensystems in Europa aufgezeigt. Vor diesem Hintergrund verstärkten sich die Befürchtungen am preußischen Hof wieder, daß auch die Eisenbahnen »dazu beitragen würden, die Nationen unter sich zu verschmelzen und alle Nationalität aufzuheben«, was eindeutig ein »Unglück« sei.[33]

In der Bevölkerung der Rheinprovinz dagegen bestanden tiefe Sympathien gegenüber Belgien. Das rheinische Bürgertum bewunderte die dort erreichten »vier Freiheiten«: die Freiheit der Kirche, der Schule, der Presse und die Freiheit der Vereinsbildung. Die führenden Köpfe der Rheinischen Eisenbahn-Gesellschaft galten zwar auch in Berlin als zumindest aller ultramontanen Bestrebungen unverdächtig. Dennoch zog man laufend Erkundigungen über sie ein. Bodelschwingh berichtete im Januar 1839 dem König, daß die bei der Eisenbahnfinanzierung hervorgetretenen Bankhäuser Herstatt und Stein in allen ihren Gliedern evangelisch seien. Oppenheim sei »allerdings« Jude. Aber in Schnitzler vom Bankhaus Stein und in Herstatt hätten die üblen Umtriebe der Jesuiten feste Gegner gefunden.[34]

Trotz aller Hochrufe auf den preußischen König schienen

einige Passagen in den Eröffnungsreden die Berliner Ressentiments zu bestätigen, daß das Bürgertum in der Rheinprovinz die Position eines neutralen Vermittlers zwischen Preußen und Belgien anstrebte. Der belgische Minister Dechamps äußerte am 17. Oktober 1843 anläßlich der Ankunft des Festkonvois in Köln die Hoffnung, »daß die Kölnische Handelskammer uns unterstützen wird, einen erweiterten [Handels-] Vertrag zu erlangen, gegründet auf gegenseitige Zugeständnisse und auf unsere kommerziellen Interessen«. Dechamps bekräftigte hier den belgischen Wunsch nach einer Anlehnung an, wenn nicht sogar nach der Aufnahme in den Zollverein. Dem Handelsbürgertum der Rheinprovinz hingegen galten die belgischen Verhältnisse in ökonomischer und auch in politischer Hinsicht als vorbildlich und die Rheinische Eisenbahn als das geeignete Mittel, von ihnen zu profitieren, damit, wie es Emundts ausdrückte, »auch hier der Wohlstand sich erkräftige, der Handel ausdehne«.[35]

II. Dampf und Lichtstrahl

Die von dem Antwerpener Bürgermeister beschworene Einheit von Fortschrittsglauben und Unternehmergeist war das Leitmotiv bei der ästhetischen Ausgestaltung der Eröffnungsfeiern. Schon die Vorbereitung des Festes von 1841 löste geradezu einen Modernisierungsschub in Aachen aus. In der Nähe des Bahnhofs wurden breite Straßen angelegt, alte Häuser abgerissen, entstanden Neubauten. Da der Umfang der Arbeiten die Mittel und Möglichkeiten der Stadt überstieg, gründeten Oberbürgermeister Emundts und David Hansemann die Aachener Baugesellschaft als eine Art Stadtentwicklungsgesellschaft auf Aktienbasis.[36] Der Oberbürgermeister erhielt im Juli 1841 mit dem Verweis auf die bevorstehende Eisenbahneröffnung die Zustimmung des Stadtrats für die Installierung einer Gasbeleuchtung an der zum Bahnhof führenden Straße.[37]

Gasbeleuchtung und Eisenbahnen, die Insignien der Moderne, beförderten sich gegenseitig. Sie waren nicht nur Kennzeichen des technischen Fortschritts, sondern sie symbolisierten zugleich eine aufklärerische Gesinnung. Nicht von ungefähr zählten Eisenbahnen wie die Dampfschiffe und Telegraphen zu den »Kommunikationsmitteln«. Von den erleichterten Reisemöglichkeiten erwartete man den freien Austausch von Meinungen und Ideen durch persönliche Begegnung und damit das nicht mehr aufzuhaltende Ende der in liberalen Kreisen so verhaßten Zensur.

Die semantische Aufladung des Begriffes »Eisenbahn« mit einer aufklärerischen Konotation wurde selbst in Gebieten der preußischen Monarchie verstanden, in denen das Bürgertum liberale Ideale weniger deutlich als in der Rheinprovinz artikulierte. Bemühte der Dichter des Festliedes zur 1835 erfolgten Eröffnung der ersten deutschen Eisenbahnlinie zwischen Nürnberg und Fürth noch eine weitschweifende Metaphorik aus Natur und Mythos, um die Kraft (»Es scheint ein Elephant«), deren Ursprung (»Prometheus«) und die Geschwindigkeit (»Im adlergleichen Flug«) zu beschreiben, die das neuartige dampfgetriebene Verkehrsmittel auszeichneten, waren wenige Jahre später die mit der Eisenbahn verknüpften Hoffnungen zwar immer noch von Pathos getragen, aber sie hatten sich konkretisiert.[38] Bei dem Festessen zur Einweihung der Breslau-Schweidnitz-Freiburger Eisenbahn im Oktober 1843 verglich der Kaufmann Kopisch die Einführung der Eisenbahn mit der Erfindung der Druckerpresse. Die Wirkung der beiden Entwicklungen sei die gleiche: »materielles Wohl und geistige Entwicklung; Zeit und Raum nach allen Richtungen hin sind besiegt – und wo bisher nur der todte Buchstabe oder die mangelhafte Mittheilung sprach, tritt alles, was der menschliche Geist Großartiges geschaffen hat, uns selbst vor die Augen. Der Bund der Wissenschaft mit dem Volk ist geschlossen – wer kann die Folgen ermessen für die nächste Zeit. Ich fordre Sie auf ein Glas zu leeren auf den Sieg dieses Bundes über die Finsternis. Nicht mit dem Schwerte, durch die Macht des Geistes, die dem Dampf und dem Lichtstrahl gebietet, ist der Sieg erkämpft.«[39] In allen Landesteilen verlieh das liberale Bürgertum seiner Überzeugung Ausdruck, daß die eigene Klasse, die ihr Kapital in die Zukunft von Handel und Gewerbe investierte und den Geist nutzbar machte, und eben nicht der »mit dem Schwerte« ausgezeichnete Stand, der Adel, das Licht der Aufklärung in das Volk trage.

Licht in der Form von Feuerwerk, bengalischem Feuer und Gebäudeilluminierungen – ein traditioneller Bestandteil der höfischen Kultur – war ein bevorzugtes Gestaltungsmittel der Festarchitektur in der ersten Hälfte des 19. Jahrhunderts. Umgekehrt stellte das Verbot von Illuminationen ein polizeiliches Sanktionsmittel nach Tumulten dar.[40]

Ein Feuerwerk bildete den öffentlich sichtbaren Höhepunkt der in Aachen stattfindenden Eröffnungsfeier von 1841; das gleiche gilt von den Festlichkeiten in Antwerpen und Köln des Jahres 1843. Die Kaufleute der Stadt Antwerpen gaben ein Diner für 500 Personen in der Börsenhalle, »die so wunderbar prächtig verziert war als sey sie aus einem Arabischen Zaubermärchen ins Leben getreten.«[41] Abends war die Stadt festlich illuminiert, auf der Schelde schwammen die Ehrengäste in mit Fackeln beleuchteten Booten, später gab es einen Ball. Der Historiograph der Rheinischen Eisenbahn, Karl Kumpmann, berichtete von dem Abend des zweiten Festtages: »Aber übertroffen wurde ... alles durch den Anblick, der sich am Abend den Zurückkehrenden bot, als sie sich Köln näherten. Das ganze Rheinufer erglänzte in einem wundervollen Feuerwerk, dann wurde auch der Dom in eine feenhafte bengalische Beleuchtung getaucht, die alle seine Konturen hervortreten ließ und bei den Beschauern staunende Bewunderung auslöste. Einstimmig bezeichnete man diese Darbietung als Höhepunkt des Festes.«[42]

Die Lichtinszenierung war besonders erfolgreich, wenn sie die höfisch tradierte Formensprache auf neue Gegenstände übertrug und somit Fremde anziehen und deren Schaulust befriedigen konnte. Waren die Illuminationen der feudalen Feste Ausdruck demonstrativer Verschwendung gewesen, wurden sie nun als Investition in den entstehenden Tourismus Element eines ökonomischen Kalküls.[43]

III. Die Heranziehung von Fremden

Die ersten Eisenbahnen in Preußen transportierten Personen und nur in einem relativ geringen Umfang Güter. Bei nahezu allen Unternehmen gingen die Beförderungszahlen nach einem Boom in den ersten Jahren, die der Inbetriebnahme folgten, trotz des ständig verbesserten Komforts, leicht sinkenden Tarifen und dem allmählichen Entstehen von Anschlußverbindungen zunächst wieder zurück. Die Nachfrage stieg einige Jahre später erneut stetig an. Im Jahr 1842 fuhren 317766 Personen mit der Rheinischen Eisenbahn; im folgenden Jahr der Fertigstellung der gesamten Strecke waren es nur noch 285929.[44] Der Einbruch bei den Fahrkartenverkäufen erfolgte regelmäßig, wenn die erste Neugierde befriedigt war. Eine alltägliche Nachfrage, die nicht an der technischen Sensation »Eisenbahn«, sondern an dem Verkehrsmittel interessiert war, entwickelte sich offenbar nur langsam. Die Eisenbahn selbst wurde zum Ziel von Vergnügungsausflügen. Die Einweihungsfeste steigerten ihre touristische Attraktivität, die entscheidend zu der Rentabilität des Verkehrsmittels beitrug.

Die Inszenierung der Eröffnungsfeierlichkeiten sollte auf die wenigen geladenen und auf die vielen anwesenden Gäste einen möglichst bleibenden Eindruck machen. Zwar gab es für den Kreis der geladenen Gäste exklusive Festdiners und Bälle sowie spezielle Opernveranstaltungen und Konzerte. Schon die beiden letztgenannten Elemente der Feierlichkeiten richteten sich nicht mehr nur an die Ehrengäste, deren Zahl sich bei den beiden Feiern etwa zwischen 250 und 500 bewegte. Das Konzert im Kölner Gürzenich hörten im Jahr 1843 aber über 4000 Gäste und noch viel mehr standen an der Strecke, als die mit Girlanden geschmückten Eisenbahnwaggons vorbeifuhren, begrüßten die Gäste auf den Plätzen vor den Bahnhöfen und vergnügten sich bei öffentlichen Konzerten und den sogenannten »Volksspielen«.[45]

Besondere Anstrengungen für den Fremdenverkehr unternahm das Festkomitee anläßlich der Eröffnungsfeiern der

Rheinischen Eisenbahn in der Kurstadt Aachen. Schon zur Bestreitung der erwarteten Kosten ließ sich der Stadtrat 1841 ein besonders elegantes Finanzierungsmodell einfallen. Traditionell stiftete die Spielbank der Stadt einen Preis für die städtische Pferderennbahn, der 1841 mit 1133 Reichstalern dotiert war. Da in diesem Jahr keine Rennen stattgefunden hatten, stand der Betrag noch zur Verfügung und der Stadtrat zögerte nicht, ihn für andere »die Heranziehung von Fremden befördernden Zwecken«, d. h. für die Kosten der Eröffnungsfeier der Rheinischen Eisenbahn, zu verwenden.[46] Neben der Einweihungsfahrt, den Festmahlzeiten, dem Ball und dem Opernbesuch war die Besichtigung von touristisch interessanten Orten in der Stadt Aachen und ihrer Umgebung ein fester Bestandteil des Programms der Feier. Als besondere Attraktion hatte eine »Polizeiliche Bekanntmachung« die sogenannte Polizeistunde für das Eröffnungsfest ausdrücklich aufgehoben, »so lange Sittlichkeit und Ordnung, wie sich dies wohl erwarten läßt, nicht gestört werden«.[47] Als die Festzüge 1843 nur für eine kurze Zeit in Aachen hielten, engagierte sich Bürgermeister Emundts erneut für den Fremdenverkehr, als er in seiner Begrüßungsansprache auf die freundliche Lage, die Heilquellen und die reiche Geschichte der Stadt verwies.[48]

Auch in Köln stellte man 1843 die touristischen Attraktionen der Stadt heraus. So war die Besichtigung der Dombaustelle ein Programmpunkt im Festgeschehen.[49] Vor allem stellte man den Rhein in den Mittelpunkt der Feier, was – wie Kumpmann berichtet – bleibenden Eindruck hinterließ: »Die belgischen Zeitungen betonten später, diejenigen, die nicht dabei gewesen, könnten sich von dem Gebotenen keine Vorstellung machen.«[50] Grund der Begeisterung war neben der schon erwähnten Lichtinszenierung eine Rheinpartie mit den Schiffen der Kölner Dampfschiffahrtsgesellschaft nach Königswinter, auf der sich die Festgäste – wie berichtet wird – an dem »herrlichen Strom« und »der Schönheit des Siebengebirges« entzückten.[51] Einigen Bürgern der Stadt Köln brachten die vielen Fremden beträchtliche Einnahmen. Die Kapazitäten der Gasthäuser und Hotels reichten für ihre Aufnahme nicht aus, so daß die Rheinische Eisenbahn-Gesellschaft Anzeigen in der Tagespresse erscheinen ließ, »daß Diejenigen, welche Quartiere abzugeben haben, sich auf dem Büreau der Eisenbahn-Direktion melden mit Angabe der Zahl der Zimmer und Betten und des Preises«.[52]

Für besondere Aufgaben bei der ästhetischen Gestaltung der Feierlichkeiten wurden auswärtige Spezialisten engagiert. So übernahm der »Gärtner« Lenné die Dekorierung des Festsaals mit Blumen und Girlanden, in dem der abendliche Ball stattfand.[53] Die Tanzordnung verzeichnete neun Tänze mit einer eindeutigen Tendenz zum Walzer. Von der gelösten Stimmung zeugen ebenso die Rechnungen über 350 Flaschen Wein (Mosel, Ahr, aber auch Chateau Margaux) und 150 Flaschen Champagner. Dem Orchester standen 50 Flaschen gewöhnlichen Moselweins zu.[54]

Die räumliche Ausrichtung der Eröffnungsfeiern konzentrierte sich nicht mehr allein auf die Stadt. Unter diesem Aspekt können sie nur insofern als städtische Feste gelten, als Städte die Ausgangs- und Zielpunkte der Feste bildeten. Die festliche Fahrt der geschmückten Lokomotiven und Wagen bezog die Umgegend, wo die Landbevölkerung an die Eisenbahnlinie strömte, in den Ablauf der Feierlichkeiten ein. Schon das Festprogramm zeigte, daß die Eisenbahn gänzlich neue touristische Attraktionspunkte außerhalb der Städte schaffen würde. So stoppte man während der Eröffnungsfahrt von 1843 am Viadukt von Geul, wo die Festgäste die Brücke besichtigten und einen Imbiß einnahmen. Technische Bauwerke erleichterten nicht nur die Begegnung mit der Natur, sie wurden selbst zu Objekten des bürgerlichen Landschaftsgenusses.

Den Arbeitern, von denen die Eisenbahn gebaut worden war, bot das Festprogramm keinen Platz. Immerhin waren während der gesamten Bauzeit der Rheinischen Eisenbahn ständig etwa zweitausend – im Sommer 1839 sogar fünftausend – Erdarbeiter und Tagelöhner sowie Bergknappen, Maurer und Zimmerleute mit Schachtarbeiten, dem Bau des Tunnels, dem Verlegen der Gleise und der Errichtung der Bahnhofsgebäude beschäftigt gewesen.[55] Wenn die Eisenbahnbauarbeiter an den

Feiern teilnehmen wollten, konnten sie sich unter das »Volk« mischen, für das an den Nachmittagen Belustigungen vorgesehen waren, sie durften aus der Entfernung das Defilee der prominenten Gäste, den geschmückten Bahnhof, den Festzug und das Feuerwerk betrachten. Die Eisenbahnbauarbeiter wurden aber nicht in der Weise besonders hervorgehoben, wie es bei Handwerkern anläßlich des Richtfestes eines Hauses üblich war und immer noch ist. Die Eisenbahn war kein Haus mehr, sondern ein komplexes technisches System, und, was in diesem Zusammenhang wichtiger ist, Eisenbahnbauarbeiter waren überwiegend keine Handwerker, sondern Tagelöhner, die einem rigiden Akkordsystem unterworfen waren. Obwohl die Erdarbeiter der Rheinischen Eisenbahn im Sommer unter günstigen Bedingungen den überdurchschnittlichen Tagelohn von 25-30 Sgr. erreichen konnten, wurde ihnen die traditionelle Achtung, die Handwerkern zukam, nicht mehr zuteil. Die Ausrichtung von Festen erschien aufmerksamen Beobachtern zwar eine geeignete Präventivmaßnahme gegen soziale Unruhe unter den Eisenbahnbauarbeitern zu sein. Diese Vergnügungen sollten aber an den Baustellen selbst stattfinden, um die Arbeiter »von dem sonntäglichen Besuche der Dorfschenken abzuziehen«, aber auch, um sie und die von ihnen regelmäßig verursachten Tumulte von der Stadt fernzuhalten.[56] Wie solche Feste, die als »Quelle der Volkserziehung und Volksveredelung« dienen sollten, konkret aussehen sollten, blieb aber vollkommen unklar.[57] Im Rahmen der Eröffnungsfeierlichkeiten wurde den Eisenbahnbauarbeitern jedenfalls die Würde eines eigenen Ortes nicht zugebilligt.

IV. Resumee

Das rheinische Bürgertum definierte sich früher als die bürgerlichen Schichten in anderen preußischen Landesteilen durch seinen wirtschaftlichen Erfolg, der unter anderem die Fähigkeit zu »übernationalem« Handeln zur Voraussetzung hatte. So gewann das in Köln ansässige Bankhaus Salomon Oppenheims während des Eisenbahnbaus rasch an Bedeutung, weil es auf Refinanzierungsquellen in den westlichen Nachbarstaaten, vor allem in Belgien und in Paris, zurückgreifen konnte.[58] Weitgreifende Kontakte zu ausländischen Geschäftspartnern bildeten ein wesentliches Stimulans für den raschen und nachhaltigen Vermögenszuwachs der Camphausen, Hansemann, Mevissen und anderer Unternehmer in der Rheinprovinz.[59] Dieses ökonomisch begründete internationale Kommunikationsnetz wurde in den Reden und Liedern zur Eröffnung der Rheinischen Eisenbahn in die Metapher von einem »Bund« gefaßt. Gemeint waren die freundschaftlichen, oft durch Heiratspolitik gestützten Geschäftsverbindungen der Handel- und Gewerbetreibenden in den durch die Rheinische Eisenbahn verknüpften Städten. Der Rekurs auf das mittelalterliche Modell eines Städtebundes wurde gewählt – so könnte man es interpretieren –, um nicht in Konkurrenz zu dem sich herausbildenen nationalstaatlichen Paradigma zu geraten. Tatsächlich war sich das rheinische Bürgertum seiner politischen Ziele nicht bewußt genug für eine selbstdefinierte »Außenpolitik«, für die es trotz der rührigen Handelskammern auch keinerlei legitimen und organisatorischen Rahmen gab. Das Fernbleiben von führenden Staatsbeamten und des Königs Friedrich Wilhelm IV., der bei anderen Gelegenheiten die Einweihung von Eisenbahnstrecken gern persönlich vollzog, zeigte, wie empfindlich die preußische Staatsführung auf symbolische Akte dieser Art reagierte. Durch die Abwesenheit des Königs entstand allerdings eine Leerstelle, die das selbstbewußte Bürgertum der Rheinprovinz durch seine Symbole, durch die Formulierung wirtschaftlicher Zielvorstellungen und vor allem durch seine physische Präsenz unangefochten auszufüllen vermochte. Das rheinische Bürgertum feierte in einer optimistischen Symbolsprache sich selbst, seine finanzielle Leistungsfähigkeit und seinen Mut, Kapital in riskante Infrastrukturprojekte zu investieren. Es hatte sich für die Eisenbahnstrecke engagiert, obwohl nicht wenige der Meinung waren, daß der Bau von Verkehrswegen eine genuin staatliche Aufgabe sei. Da die preußische Regierung im – aus rheinischer Perspektive naheliegenden –

Vergleich zu Belgien den Bau der Eisenbahn kaum unterstützt hatte, enthielten die Eröffnungsfeiern der Jahre 1841 und 1843 einen latenten Vorwurf gegenüber Berlin. Die allmähliche Herausbildung des »rheinischen Kapitalismus« (Michel Albert) aber, der sich als ungemein erfolgreiche Vermischung der Interessen von Unternehmen, Banken, Kommunen und Staat, also von privat- und gemeinwirtschaftlichen Elementen beschreiben ließe, hat diese Zurückhaltung der preußischen Zentraladministration nicht dauerhaft aufgehalten. Die ständischen Strukturen lösten sich in der Rheinprovinz schneller als in den anderen preußischen Landesteilen in einem auf gemeinsamen ökonomischen Interessen beruhendem Beziehungsgeflecht auf, das trotz des mit diesem Wandel zunächst einhergehenden aufklärerischen Pathos später mit unauffälliger Effektivität funktionierte. Seine Tauglichkeit erwies dieses System nicht zuletzt in dem sich am Rhein stürmisch entwickelnden Tourismusgeschäft, das den Eröffnungsfesten der Rheinischen Eisenbahn ihre ökonomische Rechtfertigung verlieh.

Anmerkungen

1 K. *Knies*, Die Eisenbahnen und ihre Wirkungen, Braunschweig 1853, S. III-IV.

2 Einige Aspekte beleuchtet W. *Schivelbusch*, Geschichte der Eisenbahnreise. Zur Industrialisierung von Raum und Zeit im 19. Jahrhundert, München 1977.

3 Mit einer ersten Eisenbahnfernverbindung, die über preußisches Gebiet verlief, war Magdeburg in der preußischen Provinz Sachsen im August 1840 mit Leipzig im Königreich Sachsen verknüpft worden. Vgl. hierzu P. *Beyer*, Leipzig und die Anfänge des deutschen Eisenbahnbaus. Die Strecke nach Magdeburg als zweitälteste deutsche Fernverbindung und das Ringen der Kaufleute um ihr Entstehen 1829–1840, Weimar 1978.

4 Für die Beschäftigung mit der Geschichte des Unternehmens immer noch unverzichtbar ist K. *Kumpmann*, Die Entstehung der Rheinischen Eisenbahngesellschaft 1830–1844. Ein erster Beitrag zur Geschichte der Rheinischen Eisenbahn, Essen 1910.

5 Zu diesem Vorgang und besonders zur Rolle Hansemanns vgl. A. *Bergengrün*, David Hansemann, Berlin 1901, S. 209-220.

6 Die provisorische Direction der Preußisch-Rheinischen Eisenbahn-Gesellschaft, Denkschrift über die Grundsätze und Motive, welche bei der Entscheidung über die Frage zu erwägen sind, ob der zu Cöln errichteten rheinischen Eisenbahn-Gesellschaft oder der zu Aachen errichteten Preußisch-rheinischen Eisenbahn-Gesellschaft die nachgefragte Concession zu ertheilen ist, Aachen und Berlin, d. 1. Mai 1836. Geheimes Staatsarchiv Merseburg, Rep. 77, Tit. 258 a, Nr. 4, Bd. 1, Bl. 20-46.

7 Vgl. *Kumpmann,* S. 163, Fußnote 1 u. 2.

8 Zit. nach *Kumpmann,* S. 253f.

9 Verhandelt zu Cöln, d. 22. August 1841. Historisches Archiv der Stadt (= HA) Köln, 1028, Rheinische Eisenbahn, Nr. 57, Geheim-Protocolle betr. Personalia, Disziplinar-Sachen etc, Bl. 58.

10 Brief an C. E. Dahmen, Gestempelt Köln, d. 27. August 1841. HA Köln, 1028, Nr. 624 (Acta betr. Festlichkeiten bei der Eröffnung der Strecke Cöln – Aachen am 1. September 1841), Bl. 201f.

11 Vgl. HA Köln, 1028, Nr. 3 (Protocolle der Directions-Sitzungen der Rheinischen Eisenbahn-Gesellschaft 1839–1842), Bl. 373f.

12 Separat-Protokoll. Verhandelt zu Cöln, den 6. Oktober 1843. HA Köln, 1028, Nr. 57, Bl. 174f.

13 Vgl. HA Köln, 1028, Nr. 625 (Festlichkeiten bei Gelegenheit der Verbindung der Rheinischen und Belgischen Eisenbahnen vom 13. October 1843), Bl. 391.

14 Auszug Plenar-Versammlung. Verhandelt zu Cöln, den 9. Juli 1841. Gez. Hauchecorne u. a. HA Köln, 1028, Nr. 624, Bl. 1.

15 Mitglieder des Festkomitees waren die Stadträte von Geyr, van Houten, Kaetgens und Wergifosse. Vgl. B. *Pohl* (Hg.), Geschichte Aachens in Daten, Aachen 1965, S. 163.

16 Vgl. hierzu zuletzt F. *Lenger,* Bürgertum und Stadtverwaltung in rheinischen Großstädten des 19. Jahrhunderts. Zu einem vernachlässigten Aspekt bürgerlicher Herrschaft; in: L. *Gall* (Hg.), Stadt und Bürgertum im 19. Jahrhundert, München 1990, S. 97-169.

17 Verhandelt zu Cöln, d. 30. Juli 1841. HA Köln, 1028, Nr. 624, Bl. 2.

18 Der Textentwurf der Einladung trägt das Datum des 1. August 1841. HA Köln, 1028, Nr, 624, Bl. 3.

19 Ebd.

20 Brief an Dahmen, Cöln, d. 28. August 1841. HA Köln, 1028, Nr. 624.

21 Ebd.

22 Nahezu alle der 26 Gäste, die aus Berlin zu dem Fest geladen werden sollten, waren hohe Staatsbeamte. Auf der Berliner Gästeliste waren neben v. Boyen nur drei Offiziere, ebenso drei Kaufleute und jeweils ein Direktor der Berlin-Potsdamer sowie der Berlin-Anhalter Bahn.

23 Brief Nagler, Bad Kissingen d. 16. August 1841. HA Köln, 1028, Nr. 624, Bl. 104.

24 Protokoll der Plenarsitzung. Cöln, d. 23. August 1843. HA Köln, 1028, Nr. 625, Bl. 2.

25 Die Absage Friedrich Wilhelms findet sich im HA Köln, 1028, Nr. 625, Bl. 146.

26 Vgl. hierzu L. *Haupts,* Die Kölner Dombaufeste 1842–1880 zwischen kirchlicher, bürgerlich-nationaler und dynastisch-höfischer Selbstdarstellung; in: D. *Düding* u. a. (Hg.), Öffentliche Festkultur. Politische Feste in Deutschland von der Aufklärung bis zum Ersten Weltkrieg, Reinbek 1988, S. 191-211.

27 Der Titel des Liedes war »Glück auf!«. Lieder zur Eröffnung der Rheinischen Eisenbahn am 1. September 1841. Gesungen bei dem Festmahle im Krönungssaale zu Aachen.

28 Zit. nach *Kumpmann,* S. 415.

29 Vgl. H. v. d. *Dunk,* Der deutsche Vormärz und Belgien 1830/48, Wiesbaden 1966, S. 86f.

30 A. *Bergengrün,* David Hansemann, Berlin 1901, S. 163.

31 *Dunk,* S. 196f.

32 Zit. nach F. *Keinemann,* Das Kölner Ereignis, sein Widerhall in der Rheinprovinz und in Westfalen, T. 1, Münster 1974, S. 144.

33 Schreiben des Grafen Brühl zu Potsdam an Hansemann vom 22. Februar 1837. Abgedruckt in *Bergengrün,* S. 199.

34 Vgl. *Bergengrün,* S. 213, Anm. 1.

35 Vgl. Stadt Aachener Zeitung vom 16. Oktober 1843.

36 Vgl. *Bergengrün,* S. 209f.

37 Vgl. Sitzung des Stadtraths vom 9 ten July 1841. Stadtarchiv Aachen, Amtbuchregistratur 1/15 [unpaginiert].

38 Das Gedicht stammt von J. *Schnerr.* Es ist abgedruckt in: C. *Löper* (Hg.), Stammbuch der neueren Verkehrsmittel, Eisenbahnen, Dampfschiffe, Telegraphen und Luftschiffe. Eine Sammlung von Liedern und Gedichten, Aufsätzen und Schilderungen, Lahr 1881, ND Leipzig 1984, S. 158-160.

39 Privilegirte Schlesische Zeitung vom 30. Oktober 1843.

40 Nach den Tumulten um das Ursula-Fest des Jahres 1838 ordnete der Oberpräsident ein allgemeines Illuminationsverbot in Köln an. Es sei notwendig, »alles zu vermeiden, wodurch größere Menschenmassen sich zu versammeln veranlaßt sehen und dadurch zu Straßenunfug verleitet werden können«. Die »Polizeiliche Bekanntmachung« ist gedruckt bei *Keinemann,* T. 2, S. 237.

41 Vgl. Stadt Aachener Zeitung vom 15. Oktober 1843.

42 *Kumpmann,* S. 419.

43 Vgl. allgemein W. *Schivelbusch,* Lichtblicke. Zur Geschichte der künstlichen Helligkeit im 19. Jahrhundert, München 1983.

44 Vgl. J. *Michaelis,* Deutschlands Eisenbahnen. Ein Handbuch für Geschäftsleute, Capitalisten und Speculanten, enthaltend Geschichte und Beschreibung der Eisenbahnen, deren Verfassung, Anlagekapital, Frequenz, Einnahme, Rentabilität und Reservefonds, nebst tabellarischer Übersicht der Actiencurse. Nach officiellen Quellen bearbeitet, 2. Aufl. Leipzig 1859, S. 313.

45 Die Zahl der Konzertbesucher im Gürzenich stammt aus *Kumpmann,* S. 419.

46 Sitzung des Stadtraths vom 3. August 1841, Stadtarchiv Aachen Amtsbuchregistratur 1/15 [unpaginiert].

47 Vgl. Stadt Aachener Zeitung vom 14. Oktober 1843.

48 Vgl. Stadt Aachener Zeitung vom 16. Oktober 1843.

49 Fest-Programm für die Feierlichkeiten zur Verbindung der Rheinischen und Belgischen Eisenbahnen. HA Köln, 1028, Nr. 625, Bl. 38.

50 *Kumpmann*, S. 419.

51 Ebd.

52 Vgl. Protokoll der Direktionssitzung vom 5. Oktober 1843. HA Köln, 1028, Nr. 57 (Geheim-Protocolle betr. Personalia, Disciplinar-Sachen etc.), Bl. 37f.

53 Lenné stellte 312 Tlr. in Rechnung. HA Köln, 1028, Nr. 625, Bl. 392.

54 HA Köln, 1028, Nr. 625, Bl. 345.

55 Bericht der Direktion, 2. Generalversammlung der Rheinischen Eisenbahn-Gesellschaft, Aachen, den 5. Mai 1839. Hauptstaatsarchiv Düsseldorf, Regierung Köln, Nr. 2006. Vgl. auch *Kumpmann*, S. 183f.

56 M. v. *Ditfurth*, Die Fürsorge für das Loos der Eisenbahnarbeiter; in: Deutsche Vierteljahrs-Schrift, H. 2, 1847, S. 86-122, hier S. 116.

57 Ebd.

58 Vgl. die Unternehmensbiographie von M. *Stürmer*, G. *Teichmann*, W. *Treue*, Wägen und Wagen. Sal. Oppenheim jr. & Cie. Geschichte einer Bank und einer Familie, München 1989.

59 Vgl. allg. J. *Kocka*, Unternehmer in der deutschen Industrialisierung, Göttingen 1975. Zu einzelnen Unternehmern mit Bedeutung für die Rheinische Eisenbahn vgl. bes. *Bergengrün* sowie J. *Hansen*, Gustav von Mevissen. Ein rheinisches Lebensbild 1815–1899, 2 Bde., Berlin 1906.

Paul Nolte

Die badischen Verfassungsfeste im Vormärz

Liberalismus, Verfassungskultur und soziale Ordnung in den Gemeinden

I.

Am 22. August des Jahres 1843, einem Dienstag, ruhte in weiten Teilen des Großherzogtums Baden die gewöhnliche werktägliche Arbeit. In allen größeren und kleineren Städten und in vielen Landgemeinden zwischen Weinheim und Konstanz feierten vermutlich weit über 100.000 Personen das Fest der badischen Verfassung, die vor genau 25 Jahren, am 22. 8. 1818, von Großherzog Karl in Griesbach im Schwarzwald unterzeichnet worden war. Vielerorts begannen die Feierlichkeiten bereits am Vorabend mit Glockenläuten und dem Abbrennen von Feuerwerken. Am Festtag selbst wurde ein dichtgedrängtes Programm abgewickelt, das in den frühen Morgenstunden begann und sich bis in den Abend, teilweise bis in die Nacht erstreckte. Umzüge, Gottesdienste, Festmähler, Ansprachen und Volksbelustigungen folgten dicht aufeinander. Das badische Verfassungsfest von 1843 war nach Form und Inhalt ein typisches politisches Fest des deutschen vormärzlichen Liberalismus; und mehr noch: es war nach der Teilnehmerzahl das mit Abstand größte dieser Feste nicht nur im Südwesten, sondern in ganz Deutschland, wenngleich ihm die überregionale und nationale Ausstrahlung des heute ungleich bekannteren Hambacher Festes von 1832 fehlte.

»Überhaupt wahre Volksfeste sind nicht nur ein Spiegel der Bildungsstufe eines Volkes, als seiner Tugenden und Fehler, seiner Unmündigkeit und Reife, seiner religiösen Befangenheit oder Freiheit, so wie ein Widerhall seiner Gefühle und seiner geheimen oder offenen Wünsche«, schrieb Xaver Staiger 1847 nicht zuletzt auch im Blick auf das badische Verfassungsfest in seiner Schrift mit dem programmatischen Titel »Der Weg zum wahren Bürgertum und Völkerglück«, »sondern sie sind auch ein Mittel, den Gemeingeist zu stärken, das Nationalgefühl zu beleben, die Vaterlandsliebe zu nähren und dem aristokratischen Kastengeiste entgegenzuwirken«.[1] Diesem zeittypischen liberalen Bekenntnis zur aufklärenden und bildenden Funktion von Festen, die »wahre« Volksfeste nur als *politische* Volksfeste sein konnten, und der Beobachtung, daß solche Feste Rückschlüsse auf politische Bewegung und soziale Strukturen ermöglichen, entspricht ein in den letzten Jahren deutlich verstärktes Interesse der Liberalismusforschung an solchen Festen und Versammlungen im Vormärz. Die Motive einer Sozialgeschichte des frühen deutschen Liberalismus, wie sie etwa Wolfgang Schieder verfolgt,[2] verbinden sich dabei mit noch jüngeren Ansätzen aus der historischen Anthropologie und »Alltagsgeschichte«, den Liberalismus im Spannungsfeld von Volkskultur und Elitenkultur zu interpretieren und dabei besonders seine Symbole und Riten, seine »Widerständigkeit« und seinen »Eigensinn« zu ergründen.[3]

Das bedeutet zugleich, daß die Verfassungsfeste keine isolierten Ereignisse waren, sondern »aus dem Leben des Volkes erwachsen« waren, wie Staiger es formulierte,[4] das heißt, erst verständlich werden vor dem Hintergrund der Durchsetzung des Liberalismus als Massenbewegung in Baden seit dem Anfang der 1830er Jahre. Die »dezentrale« Organisationsform des Festes von 1843, der Verzicht also auf eine zentrale Großveranstaltung für das ganze Großherzogtum zugunsten einzelner Feiern in der Verantwortung der Gemeinden ist nämlich keineswegs ein Indiz für Schwäche, Zersplitterung oder tendenziell konservativen Lokalismus der liberalen Bewegung, sondern dokumentierte gerade ihre besondere Stärke: Als »Gemeindeliberalismus« war sie, begünstigt durch Gemeindeordnung und Bürgerrechtsgesetz von 1831, zur Massenbewegung vor allem des kleinen und mittleren gewerblichen Bürgertums, zur

»regierenden Partei« (L. Gall) in den Kommunen von Mannheim bis hinunter zu vielen der kleinen Amtsstädte geworden.[5] Diese politische und soziale Basis, diese Verankerung in den Gemeinden *ermöglichte* es überhaupt erst, das Verfassungsfest an so vielen verschiedenen Orten gleichzeitig und autonom zu organisieren und durchzuführen, oft unter maßgeblicher Leitung der gewählten Gemeindebehörden. Dennoch war es, durch eine intensive Kommunikation in der Vorbereitungsphase (vor allem über die liberale Presse) und durch ganz ähnlichen Programmablauf und einheitliche, übergreifende Ziele, ein einheitliches und gemeinsames Fest, das die übergemeindliche Kommunikations- und Organisationsfähigkeit des lokalen Bürgertums eindrucksvoll unter Beweis stellte. Den einheitlichen Charakter unterstreicht auch die Sammlung und Veröffentlichung der ausführlichen Berichte über die Feiern in den einzelnen Orten durch Karl Mathy in seiner Serie der »Vaterländischen Hefte«.[6]

Die badischen Verfassungsfeste sind nicht denkbar ohne das, was ihnen den Namen gab: die relativ liberale Verfassungsurkunde des Großherzogtums Baden von 1818. Obwohl aus dem Geiste des »monarchischen Prinzips« und des Beamtenliberalismus gewährt, begann sich der bürgerliche Liberalismus in den Gemeinden schon bald mit der Konstitution zu identifizieren und sie als Instrument *gegen* Regierung und Bürokratie einzusetzen. Nur so kann das eigentümliche Phänomen erklärt werden, daß die *Oppositions*bewegung des Liberalismus gerade in ihrem Musterland Baden ihre größten Feste zur Bestätigung und Verteidigung der *bestehenden* (aus dem Geiste des »monarchischen Prinzips« gewährten!) Verfassung feierte. Der in vieler Hinsicht defensive Charakter des teilweise geradezu zum Kult gesteigerten badischen »Verfassungspatriotismus« (D. Sternberger) erleichterte dem Bürgertum das Bekenntnis zum Liberalismus und wirkte im Vormärz sozial integrierend über das Bürgertum hinaus – aber die Radikalisierung der defensiven Verfassungskultur, auch das zeigten die badischen Verfassungsfeiern, ließ diese Einheit noch vor der Revolution in politischer wie in sozialer Hinsicht zerbrechen.

II.

Kleinere Feiern zum Jahrestag der Konstitution hatten bereits 1833 und 1841 in einigen badischen Gemeinden stattgefunden, aber daß die Feierlichkeiten zum 25jährigen Jubiläum der Verfassung 1843 in jeder Hinsicht eine andere Dimension haben und von mindestens landesweiter Bedeutung sein würden, deutete sich bereits relativ früh an. Schon in der ersten Märzhälfte wiesen verschiedene liberale Zeitungen auf das Datum hin und sahen ein »wahres Volksfest« bevorstehen, obwohl es irgendwelche konkreten Planungen, wie der Tag begangen werden sollte, zu diesem Zeitpunkt noch gar nicht gab.[7] Zur eigentlichen Initialzündung für die Organisation des Festes wurde ein Aufruf, den die Ortsvorstände der Gemeinden des Renchtales bei einem Treffen Anfang Juni 1843 beschlossen.[8] Sie gingen zunächst von einer zentralen Feier in Bad Griesbach, dem Ort der Unterzeichnung der Verfassung, aus, und luden auf den 21. Juni zu einer öffentlichen Versammlung in Oberkirch ein, um das weitere Vorgehen zu besprechen. Der Renchtäler Aufruf fand große Resonanz; auf der Oberkircher Besprechung wurde ein 26köpfiges Komitee (darunter namhafte liberale Abgeordnete wie Itzstein) gewählt, dem zwanzig Liberale aus dem Mittelrheinkreis, vor allem aus der Oberkircher Gegend, und je zwei aus den drei anderen Kreisen des Großherzogtums angehörten.[9] Im Mittelpunkt stand weiterhin die Griesbacher Feier, doch wurde nun auch zunehmend die Erwartung geäußert, das Fest in anderen Orten, mindestens in allen größeren Städten, zu begehen, und zur Bildung lokaler Vorbereitungskomitees aufgefordert. So beschloß es dann ausdrücklich eine weitere Versammlung des 26er-Komitees in Oberkirch am 9. Juli.[10]

Die Reaktion der Regierungsbehörden auf diese Aktivitäten schwankte zwischen demonstrativer Gelassenheit und ärgsten politischen Befürchtungen. Auf einen um Instruktionen bittenden Brief des Amtsvorstandes von Oberkirch beschied das Innenministerium am 15. Juni, also noch vor der ersten Oberkircher Vorbereitungssitzung, »daß man nicht beabsichtige, den 25. Jahrestag der Verfassungsurkunde durch eine Landesfeier begehen zu lassen«, daß aber einer »Privat-Feier« kein Hindernis entgegenstünde, sofern die gesetzlichen und polizeilichen Vorschriften eingehalten würden.[11] Zugleich stellte es das Ministerium aber allen Staatsbeamten und -angestellten frei, an den Feiern teilzunehmen, ja es forderte sie geradezu auf, »an der Ausführung mitzuwirken«, damit die »Privatfeier« nicht völlig zu einem Oppositionsfest werde.[12] Dieser vorsichtige, in eine widersprüchliche Haltung führende Kurswechsel war offenbar durch Meldungen darüber herbeigeführt worden, daß im zentralen Organisationskomitee vereinzelt gefordert worden sei, das Verfassungsfest als ein »reines Bürgerfest«, also unter ausdrücklichem Ausschluß der Staatsbeamten, zu feiern – eine Auffassung, die sich dann aber nicht durchsetzen ließ.[13] Da die Teilnahme der Beamten jetzt sichergestellt und eine ausreichende Staatsloyalität der Feiern – die von der ganz überwiegenden Zahl der Liberalen ohnehin nie in Zweifel gezogen wurde – garantiert war, griff die Regierung nun nicht mehr in die autonomen Organisationsbemühungen ein. Vereinzelte Befürchtungen unterer Behörden, »eine gewisse Partei mit Ausschluß der Gemäßigt Gesinnten« versuche das Fest für ihre Zwecke zu mißbrauchen, weshalb wenigstens bestimmte Teile der Feierlichkeiten verboten werden müßten, wurden zurückgewiesen.[14] Andererseits wurden später doch einige Bürgermeister wegen unerlaubten Gebrauchs der Glokken mit Haft bedroht.[15]

In der zweiten Julihälfte zeigte sich, daß die von Oberkirch ausgegangene Aufforderung zur Organisierung des Verfassungsfestes in den einzelnen Gemeinden auf fruchtbaren Boden gefallen war. Die Kommunen nahmen die Planung selbst in die Hand, vielfach übernahmen die Gemeindebehörden die Initiative und machten das Verfassungsfest so zugleich zu einem Bürgerfest der politischen Gemeinde. Schon die *Vorbereitung* des Festes zeigt so sehr deutlich, wie stark die Stellung war, die der Liberalismus des städtischen Bürgertums in einem guten Jahrzehnt seit der Einführung der neuen Gemeindeordnung in der politischen Führung der Gemeinden gewonnen hatte. So beschlossen in Mannheim der Gemeinderat und kleine Bürgerausschuß auf einer Sitzung am 17. Juli, daß die Anordnungen zur Feier des Verfassungsfestes von der Gemeinde ausgehen sollten; aus der Mitte dieser Gremien wurde eine Kommission gewählt, die sich etwas später noch durch die Zuwahl anderer Gemeindebürger ergänzte. Aus der Gemeindekasse wurde Geld für das Fest bewilligt. Dem Komitee gehörten Bürgermeister Jolly, Friedrich Daniel Bassermann, damals Obmann des kleinen Bürgerausschusses, und andere bekannte Mitglieder des Mannheimer Handelsbürgertums wie Lauer, Artaria und Jörger, außerdem die Advokaten Weller, Gerbel und Soiron an.[16] Die liberale politische und wirtschaftliche Elite der Stadt hatte damit die Organisation des Festes übernommen.

Fast überall wurden die Feiern auf ähnliche Weise vorbereitet. In Konstanz gehörte Bürgermeister Karl Hüetlin zum Festausschuß, der Redakteur der Seeblätter, Josef Fickler, und politisch aktive Kaufleute wie Nepomuk Katzenmaier.[17] Die Komitees wurden, so zum Beispiel auch in Schwetzingen und in Weinheim, in Bruchsal und in Emmendingen, aus Gemeinderat und Bürgerausschuß unter Beiziehung anderer Bürger gebildet.[18] Manchmal ging die Initiative von dem örtlichen Bürgerverein aus, so in Stockach, wo eine Generalversammlung des »Bürger-Museums« einen Ausschuß zur Planung des Programms wählte.[19] Unabhängig von den Gemeindebehörden übernahmen liberale Bürger als Privatpersonen insbesondere dort die Planung, wo eine konservative Gemeindeführung zögerte, ob sie das vermeintliche Oppositionsfest überhaupt offiziell unterstützen sollte. Unter den größeren Städten des Großherzogtums Baden waren Karlsruhe und Freiburg in den 1840er Jahren die konservativsten. In Freiburg hatte sich bereits ein Bürgerkomitee gebildet, da der Gemeinderat offensichtlich passiv blieb; als dieser dann jedoch erfuhr, »sogar« in der Residenzstadt Karlsruhe werde das Verfassungsfest gefeiert, entschloß er sich doch noch zum Handeln, nicht zuletzt, um das Fest in seinem Sinne unter Kontrolle halten zu können, und überging dabei das liberale Bürgerkomitee völlig.[20] So offenbarte das Verfassungsfest, so breit die Zustimmung zur Verfassung auch war, in einigen Gemeinden sehr deutlich die Herausbildung entgegengesetzter politischer Parteien.

Die enorme politische Mobilisierung, die schon die Planung des Verfassungsfestes bewirkte, reichte, wenn auch mit regionalen Unterschieden, bis weit in die sehr kleinen Städte und in die Landgemeinden hinein. Teilweise wurden eigene Feierlichkeiten organisiert, manchmal im Zusammenschluß mehrerer kleiner Gemeinden; teilweise schloß man sich frühzeitig den Vorbereitungen in der jeweiligen Amtsstadt an.[21] Die »Mannheimer Abendzeitung« appellierte ausdrücklich: »Die Leute, oft die Vorstände in den kleinen Orten, haben häufig die Meinung, dieses Fest müsse nur von den Städten und einzeln auf dem Dorfe wohnenden ›Herren‹ gefeiert werden; sie dürften höchstens zusehen. Darum ist es not, die Leute aufzufordern, herbeizurufen, und ihnen zu sagen, daß dieser [sic] gerade und vorzugsweise für sie bestimmt sei.«[22] In der Tat ist die Bedeutung der liberalen Presse für die Mobilisierung im Sommer 1843, für die flächendeckende Verbreitung der Idee des Verfassungsfestes, die so zu einer Verfassungsfest*bewegung* wurde, sehr hoch zu veranschlagen.[23] Besonders in der Mannheimer Abendzeitung und in der Oberrheinischen Zeitung war das Verfassungsfest spätestens seit Ende Juli 1843 (und bis weit in den September hinein) *das* beherrschende Thema überhaupt. Die Berichte über den Stand der Vorbereitungen und die Programmplanung in den einzelnen Orten ermutigten wahrscheinlich viele, ein solches Fest auch in ihrer Gemeinde anzuregen; sie trugen darüber hinaus ganz wesentlich zu einer Vereinheitlichung in der Form, im Programm der Feierlichkeiten bei, durch die die ungezählten lokalen Verfassungsfeste *ein einheitliches* Fest blieben. So konnten sich im badischen Verfassungsfest von 1843 die dezentrale, autonome Organisation des Bürgertums in den einzelnen Gemeinden und die Geschlossenheit einer gesamtstaatlichen liberalen Bewegung wirkungsvoll verbinden.

III.

Der Ablauf der Verfassungsfeiern war ein komplexes soziales Ereignis, dessen einzelne Elemente jeweils eine bestimmte symbolische Bedeutung repräsentierten und die in ihrer Gesamtheit nicht nur, wie von den Initiatoren beabsichtigt, liberalen Freiheitsanspruch und partizipatorische Verfassungskultur demonstrierten, sondern auch, weitgehend unbeabsichtigt, soziale Ordnung und politische Konflikte in den Gemeinden erkennen ließen oder sogar auf subtile Weise bekräftigten. Die Feierlichkeiten begannen in fast allen Orten bereits am Vorabend, am Abend des 21. August 1843, mit Glockenläuten und Kanonendonner aus den städtischen Geschützen, mit Feuerwerken und mit Musikdarbietungen von Gesangvereinen oder Kapellen.[24] Besonders im Oberrhein- und im Seekreis wurde der Vorabend bereits zu einer ausgedehnten Vorfeier genutzt, bei der ein geordneter Zug und in dessen Gefolge viele weitere Einwohner sich aus den Toren der Stadt auf einen nahegelegenen Berg oder Hügel begaben, wo ein Freudenfeuer entzündet und zum Teil auch schon längere Ansprachen gehalten wurden. Am späteren Abend, nach der Rückkehr in die Stadt, fand dann gelegentlich eine Art Straßenfest statt, zu dem verschiedene »Belustigungen« und sicher auch der ausgiebige Besuch der Wirtshäuser gehörten.

Der Tag des Verfassungsjubiläums selber wurde frühmorgens durch erneute Kanonenschüsse oder andere hörbare Signale angekündigt. Meistens wurde ein Gottesdienst gehalten, zu dem man sich oft bereits in einem geordneten Zug begab. Vor allem in den katholischen und ländlichen Gegenden des Großherzogtums, viel weniger dagegen im protestantisch und städtisch geprägten Teil des Unter- und des Mittelrheinkreises, wurde ein festlicher Gottesdienst als selbstverständliches und wichtiges Element in die Feierlichkeiten integriert. Soweit sie nicht bereits am Vortag angereist waren, trafen im Laufe des Morgens auswärtige Teilnehmer ein, vor allem aus den kleineren Nachbarorten des Amtsbezirks, die kein eigenes Fest veranstalteten. Ihre oft festlich ausgeschmückten Wagen wurden von der einheimischen Bevölkerung freudig begrüßt.

Gegen 10 Uhr begann dann einer der wichtigsten und nirgendwo fehlenden Programmpunkte: ein Umzug durch die Stadt, für den eine genau festgelegte Zugordnung galt. Grundsätzlich handelte es sich dabei, bis in die formalen Details hinein, um die bürgerliche Übernahme und Aneignung des zum Einzugszeremoniell des Herrschers gehörenden Festzuges, für den schon im Mittelalter etwa Lichtsymbolik, Blumenschmuck und Herrscherbilder festgelegte Elemente waren.[25] Statt des Herrschers zog nun gewissermaßen die Verfassung ein, im übrigen aber knüpfte der Liberalismus nahtlos an jahrhundertealte Traditionen an und interpretierte sie für seine Zwecke neu. Der Zug wurde von den Mitgliedern des Festkomitees – und damit in der Regel: von Bürgermeister, Gemeinderat und kleinem Ausschuß – und den prominenten auswärtigen Gästen, vor allem dem Landtagsabgeordneten, sofern er anwesend war, angeführt. In seinem Mittelpunkt stand eine als Prachtexemplar besonders ausgestattete Verfassungsurkunde, die auf einem samtenen oder bestickten Kissen liegend durch die Straßen getragen wurde. Die Verfassung als quasireligiöser Kultgegenstand, der liberale Festzug als säkularisierte Prozession: das wird bereits hier ganz deutlich. Der Zug endete am späten Vormittag meist auf dem Rathausplatz (was den Charakter des Festes als eines der Bürgergemeinde unterstrich) und ging in eine Versammlung über, auf der neben einigen kürzeren Ansprachen und Grußadressen eine längere Hauptrede gehalten wurde, vom geschmückten Balkon des Rathauses oder auch von einer zu diesem Zweck errichteten hölzernen Tribüne herab. Ein Sprecher verlas die aus bürgerlicher Sicht besonders wichtigen Abschnitte der Verfassung und der Wahlordnung über die Rechte der Staatsbürger, über das Wahlrecht und über die Befugnisse der Kammern. Zwischendurch wurde Musik gespielt und von einem Chor oder der versammelten Menge gemeinsam ein Lied gesungen, das eigens für diesen Tag vom Schullehrer oder einem anderen Bürger gedichtet worden war. Zum Abschluß der Versammlung wurde die Verfassungsurkunde verteilt und verschenkt, oft in tausenden von Exemplaren in einer einzigen Stadt.

Um die Mittagszeit löste sich die Versammlung auf. Die bisherigen Teile des Festes hatten sich, räumlich gesehen, vor allem »außen« abgespielt (bei strahlendem Sonnenschein übrigens, wie übereinstimmend berichtet wird) und hatten, sozial gesehen, der gesamten Bevölkerung, »Honoratioren« und einfachen Bürgern, Tagelöhnern, Frauen und Kindern offengestanden, wenn auch die Festordnung jeder Gruppe ihren »angemessenen« Platz zugewiesen hatte. Mit dem nun folgenden Festmahl fand eine markante Eingrenzung statt: räumlich nach »innen«, in einen der besseren Gasthöfe des Ortes oder in besondere Zelte, falls die Gasthäuser sich als zu klein erwiesen; und sozial auf den wohlhabenderen und politisch aktiven Teil der (erwachsenen, männlichen) Bevölkerung und die auswärtigen Gäste der liberalen »Prominenz«. Die Zahl von oft mehreren hundert Gedecken auch in kleineren Städten zeigt allerdings, daß die soziale Grenze *innerhalb* der Bürgerschaft nicht sehr scharf gezogen war; es war mehr als nur eine kleine Elite, die am Festmahl teilzunehmen eine Chance hatte. Hier wurde gegessen und getrunken; viele weitere Toaste und Ansprachen folgten. Nebenher und am Nachmittag fanden Spiele und Vergnügungen, vor allem für die Kinder, auf den Straßen statt. An die Armen des Ortes wurde Essen oder Geld verteilt. Mit einem Fackelzug oder einem Feuer, besonders häufig mit einer Tanzveranstaltung, klang das Verfassungsfest am Abend aus. Diese Bälle fanden in den entsprechenden kommerziellen Etablissements statt,[26] zum Teil aber auch, gewissermaßen »halb-öffentlich«, im Lokal des Bürgervereins.[27] So zogen sich die Feierlichkeiten am 21. und 22. August 1843 über mehr als 24 Stunden hin.

Auf zwei bei fast allen lokalen Verfassungsfeiern wichtige Symbolkomplexe, deren Bedeutung vorn schon angedeutet wurde, soll noch einmal systematisch eingegangen werden: auf die religiöse Symbolik einerseits, Rituale um die Verfassungsurkunde andererseits. Beides hing freilich eng zusammen. Im Gottesdienst, der im überwiegend katholischen See- und Oberrheinkreis fast immer als Hochamt mit Te Deum gefeiert wurde, benutzte der Liberalismus religiöse Rituale und Emotionen für seine politischen Zwecke; oder anders gesagt: Der Verfassung und den politischen Grundsätzen, die man mit ihr verband, wurde eine (quasi-)religiöse Weihe zuteil, die ihre Legitimation im einfachen Volk möglicherweise erhöhen konnte. In der evangelischen Stadtkirche von Durlach hielt der liberale Pfarrer Sachs eine politische Predigt über die Verfassung und ihre Bedeutung für das Volk.[28] Das erzbischöfliche Ordinariat in Freiburg hatte durch ein Umlaufschreiben an die Dekanate diese Instrumentalisierung der Religion für das Verfassungsfest ausdrücklich genehmigt,[29] und besonders in den kleinen Städten des Schwarzwaldes scheute man sich nicht, politische und religiöse Symbole auf besonders krasse – für die Zeitgenossen aber wohl selbstverständliche – Weise zu verbinden. Während des Hochamtes in der Villinger Pfarrmünsterkirche lag die Verfassungsurkunde in der Mitte des Chorbogens, auf einem eigens für sie errichteten Altar; ähnlich exponiert präsentierte man sie in der Triberger Wallfahrtskirche auf einem roten Samtkissen, von Blumengewinde und Eichenkranz umgeben, unmittelbar vor dem Altar.[30] In Villingen fand sogar die Hauptfeier nicht vor dem Rathaus, sondern *in* der Schulkirche statt. Hier, wo der Liberalismus viel weniger als etwa in Mannheim theoretisch und »gebildet« geprägt, sondern ganz aus der Praxis entstanden war und auf z.T. jahrhundertealten Erfahrungen bäuerlichen und gemeindlich-genossenschaftlichen Freiheitswillens aufruhte, zeigte er sich im wahrsten Sinne des Wortes als »*Volksglaube*«; populärer Liberalismus und populärer Katholizismus konnten hier noch eine problemlose Symbiose eingehen, die freilich zwanzig Jahre später, als der Kulturkampf die politischen Konfliktlinien im Großherzogtum bestimmte, wieder weitgehend aufgelöst wurde.[31]

Es bedurfte aber auch gar nicht unbedingt der Kirche als Institution und als Ort, um die badische Verfassung als religiös überhöhten Kultgegenstand zu feiern, als ein »heiliges« Gut –

dieses Attribut wurde im badischen Liberalismus in der Tat häufig und nicht einmal nur metaphorisch für die Verfassung verwendet. Die Mannheimer Abendzeitung forderte, »daß die Verfassungs-Urkunde in jedem Hause, gleich der Bibel und andern Erbauungsschriften ihren Platz einnehmen müsse, und daß so lange jeden Sonntag darin gelesen werden sollte, bis die Hauptgrundsätze dem Kopf und Herzen unverlöschbar eingeprägt sind.«[32] Inschriften und Transparente mit zentralen Sätzen aus der Verfassung schmückten die Wagen, mit denen Festteilnehmer aus den Landorten anreisten, ebenso wie die vielerorts errichteten Festsäulen und Obelisken, das Rathaus und viele Privathäuser.[33] Im Bruchsaler »Gasthof zur Fortuna« waren für das Festmahl zwischen den Bildnissen der Großherzöge Karl und Leopold und einer Reihe liberaler Abgeordneter zwei Tafeln befestigt, auf denen die Paragraphen des zweiten Titels der Verfassung über die staatsbürgerlichen und politischen Rechte der Badener zu lesen waren – unverkennbares Zitat der auf zwei Tafeln gegebenen biblischen Zehn Gebote.[34]

Die Verfassung wurde nicht nur wie ein Kultgegenstand in dem prozessionsähnlichen Zug behandelt, sondern auch für das Verfassungsfest in hohen Auflagen gedruckt und unter die Bevölkerung verteilt. Da diese Büchlein, die oft auch die Wahlordnung enthielten, lokal gedruckt wurden und zum Teil auch lokal »adressiert« waren – etwa »als Festgabe für Freiburgs Bürger am 25jährigen Jubiläum der Verfassung«[35] –, ist die Gesamtauflage der Sonderdrucke zum Verfassungsfest schwer zu schätzen; sie hat aber mindestens einige zehntausend betragen. Die Druckereien warben schon vor dem Fest für diese Broschüren; Otteni in Offenburg bot eine geheftete Ausgabe zu vier Kreuzern, Braun in derselben Stadt eine »Prachtausgabe« mit dem Porträt des Großherzogs Karl für 48 Kreuzer und eine »ordinäre Ausgabe« für sechs Kreuzer an.[36] Über das tatsächliche Lektüreverhalten läßt sich heute nichts mehr in Erfahrung bringen, aber es deutet doch vieles darauf hin, daß die Verfassung im badischen Vormärz wenigstens im Ansatz zu einer populären Volkslektüre wurde.

IV.

Im Mittelpunkt jedes der lokalen Verfassungsfeste am 22. August 1843 stand eine längere Rede, die während der Versammlung vor der nach hunderten, oft nach tausenden zählenden Menge gehalten wurde. Dank der eifrigen Dokumentationstätigkeit Karl Mathys sind sehr viele dieser Reden (mehr oder weniger) wortgetreu überliefert. Die liberalen Abgeordneten der zweiten Kammer waren als Redner besonders begehrt; wo sie anwesend waren, übernahmen sie in der Regel die Hauptrede – so, um nur einige Beispiele zu nennen, Mathy selber in Schwetzingen (also in seinem Wohnort, nicht in seinem Wahlbezirk Konstanz), Hecker in Weinheim und Bassermann in Neckargemünd. Wo ein Deputierter nicht verfügbar war, wurden in erster Linie die akademisch Gebildeten in der Gemeinde – oft Schuldirektoren oder Advokaten – herangezogen, während sich die Kaufleute und Gastwirte, auch wenn sie im Ort politisch aktiver waren und zu den Führern der lokalen liberalen Partei gehörten, eher zurückhielten, weil sie sich eine ambitionierte politisch-historische Rede vor großem Publikum nicht zutrauen mochten. Vor allem in kleineren Landorten und im Seekreis, in den wegen der schlechten Erreichbarkeit weniger Abgeordnete gelangt waren, ergriffen auch politisch weniger Gebildete, lokale Honoratioren, kleine Kaufleute und Gewerbetreibende das Wort zu einer »auch dem Landvolk verständlichen Rede«.[37] Aber die hochkarätigen Abgeordneten wie Bassermann oder Hecker konnten ebenfalls nicht an ihrem Publikum vorbeireden; sie mußten sich auf seine Sprache und Vorstellungswelt einstellen und waren dazu auch mühelos in der Lage – darauf beruhte ja gerade ihre Popularität und ihre Breitenwirkung. Deshalb sind ihre Reden für die Mentalität und Gesinnung des badischen Volksliberalismus nicht weniger aufschlußreich.

Das Verfassungsfest hatte zuallererst einen *politischen* Anlaß und war ein politisches Fest. Dennoch mag es erstaunen, daß in den in anderer Hinsicht weit ausholenden Reden *wirtschaftliche*

Fragen und Themen so gut wie überhaupt nicht vorkamen, sei es in der Würdigung der Verdienste der Verfassung, sei es als Monita und Forderungen. Gelegentlich erwähnte ein Redner, daß in Baden »Handel und Gewerbe blühen«.[38] Für ökonomische Probleme interessierte sich der vormärzliche südwestdeutsche Liberalismus kaum, diese Grundtendenz wird von den Reden von 1843 exemplarisch bestätigt. Er entwickelte überhaupt kaum eine sozioökonomische Perspektive auf Politik und Gesellschaft. Im Sinne der antiken und frühneuzeitlichen Politikkonzeption ging er von einem Primat der politischen Verfassung für die »gute« Ordnung eines Gemeinwesens aus.[39] Dieses vormoderne ideologische Fundament des frühen Liberalismus macht es in vieler Hinsicht überhaupt erst verständlich, warum die Verfassung mit einer solchen Emphase, mit solch' weihevollem Pathos gefeiert wurde. Der »defensiven« Orientierung der badischen Verfassungskultur entsprechend stand das Bekenntnis zur Verfassung und die Sorge um ihren Schutz und ihre Bewahrung in den Reden an vorrangiger Stelle. Bürgermeister Jolly forderte in Mannheim, die Verfassung müsse »rein und ungetrübt erhalten« werden; der Abgeordnete Richter appellierte in Achern: »Diese Verfassung, dieses Kleinod, wollen wir nun auch erhalten in ihrem ganzen Umfange«.[40] Sogar Friedrich Hecker bezeichnete »eisernes Festhalten an der Verfassung« als den besten Weg, um seine schon weitergehenden Forderungen durchzusetzen.[41] Während die Abgeordnetenfeste im rheinpfälzischen Liberalismus offenbar auch genutzt wurden, um »die Eignung der Verfassung für eine günstige Fortentwicklung des Landes in Frage zu stellen«,[42] präsentierte sich der badische Liberalismus nicht nur auf dem Verfassungsfest als absolut verfassungskonform.[43] Die wichtigsten Erfolge liberaler Politik in der zweiten Kammer, besonders seit 1831, wurden in den Reden immer wieder als »Früchte der Verfassung« aufgezählt und gefeiert. Als diese »Früchte« hatten das Zehntablösungsgesetz von 1833, überhaupt die Aufhebung der alten Abgaben und die Abschaffung der Frohnden, die Volksschulgesetzgebung, das Petitionsrecht und nicht zuletzt die Gemeindeordnung von 1831 den höchsten Stellenwert. Die Hervorhebung der Gemeindeordnung bedeutete ja zugleich einen Hinweis auf die Bedingungen der Möglichkeit des Verfassungsfestes selbst: »Denn nun erst können die Gemeinden werden, was sie sein sollen: Der feste Grund und Boden, aus welchem des Staates eigene Kraft hervorgehen muß«, formulierte Itzstein diesen Zusammenhang in typischen Worten.[44]

Demgegenüber erscheinen die Wünsche und Forderungen, die die Redner ebenfalls regelmäßig artikulierten (mit der auffälligen Ausnahme einiger »konservativer« Feste wie des Karlsruher), als relativ begrenzt und erfüllbar; es waren Forderungen *innerhalb* des Rahmens der Verfassung, durch deren Einlösung diese sogar erst »mit Leben erfüllt« werden sollte. Das war natürlich zum Teil eine Argumentationsstrategie zur überzeugenderen Begründung dieser Forderungen gegenüber der Regierung, konnte aber andererseits – wie insbesondere im Falle der Pressefreiheit, die unter den in den Reden geäußerten Wünschen überall unzweifelhaft an erster Stelle stand – tatsächlich durch den Text der Verfassungsurkunde gedeckt sein. Neben der Pressefreiheit waren Ministerverantwortlichkeit und Reformen der Gerichtsverfassung die am meisten geäußerten Wünsche, nur Hecker forderte in Weinheim ein sozial gerechteres Steuersystem,[45] und die Liberalen vermittelten auf diese Weise das Bild eines konstitutionellen Staates Baden, in dem man sich im großen und ganzen wohlfühlte, mit dem man sich identifizierte, solange die Regierung sich an Verfassung und Gesetze hielt und sie nicht durch die Verweigerung der Pressefreiheit oder Urlaubsverweigerungen für Abgeordnete untergrub.[46]

Das Verfassungsfest war insofern eine entschiedene Demonstration für die Staatsform der konstitutionellen Monarchie. Noch bestand eine unzweifelhafte Einheit in der Befürwortung dieser Staatsform, und viele Redner priesen ihre Vorzüge im Vergleich zum absoluten Königtum. Besonders Rousseau, Montesquieu, Kant und Rotteck bildeten den deutlich erkennbaren Lektürehintergrund, wenn etwa Gemeinderat Sieber in Bruchsal den Staat einen »Verein freier vernünftiger Menschen«

nannte oder Dekan Kuenzer das entscheidende Merkmal eines Verfassungsstaates in der obersten Herrschaft eines Gesetzes, nicht eines Monarchen, erblickte.[47] Von der absoluten Monarchie konnte man sich leicht positiv abgrenzen; die Alternative einer Republik wurde nur selten diskutiert, und wenn, dann bezeichnenderweise nicht im modernen Sinne des Wortes, sondern im Sinne der antiken Verfassungstheorie und ihrer frühneuzeitlichen Rezeption.[48] Gymnasialdirektor Weißgerber, Vorstand des Offenburger Festkomitees, stellte »Despotie« und »Republik« (oder »Demokratie«, das er annähernd synonym benutzte) gegenüber und bezeichnete die letztere als »theoretisch« die vollkommenste Regierungsform, die aber praktisch »eine so hohe geistige und sittliche Ausbildung, eine solche Entfernung von allen Leidenschaften, eine solche Einfachheit der Gesittung« verlange, daß sie »noch bis heute in's Reich der Ideale gehört«; außerdem sei die reine Demokratie ohnehin nur in sehr kleinen Staaten durchführbar.[49] Die politische Theorie des frühen Liberalismus bewegte sich hier, und das war nicht untypisch, ganz in der aristotelischen Begriffs- und Vorstellungswelt.

Da nach dieser Sichtweise der Verlust einer vielfach beschworenen alten, ursprünglichen Freiheit seine wesentliche Ursache in der Auflösung von »Tugend« und »Sitten« hatte, war der Appell an die Tugendhaftigkeit, allgemeiner: an die politisch-moralischen Eigenschaften und Verhaltensweisen des Bürgers, die eigentliche Konsequenz, die die Redner ihrem Publikum vermitteln wollten. »Je besser das Volk, je tugendhafter, umso schöner werden die Früchte sein, die die Verfassung bringt«, drückte Bassermann dies aus, und Itzstein sah »aus dem stolzen Bewußtsein, freier Bürger zu sein«, einen »wahre(n) Gemeingeist« erwachsen, »der zugleich ächten Bürgermuth einflößt und stark macht zu Opfern für das allgemeine Gute«.[50] Zu dieser Tugendhaftigkeit gehörte unter anderem die verantwortungsbewußte Ausübung des durch die Verfassung gewährten Wahlrechts. »Bürgertum« in diesem Sinne, also die freie Bürgergesinnung und das uneigennützige Handeln als politischer Bürger – der Begriff bezeichnete damals noch selten eine soziale Gruppe oder Klasse – war eine »Frucht« der Verfassung, schützte diese aber gleichzeitig vor Korruption. Die Probleme und die sozialen Grenzen dieses in den Reden proklamierten politisch-universalistischen Bürgerbewußtseins, die realen sozialen und politischen Konfliktlinien des Vormärz, offenbarte das Verfassungsfest bei näherem Hinsehen freilich ebenfalls.

V.

Für die Berichterstatter über die lokalen Verfassungsfeste war das Beisammensein aller Stände, die soziale Unterschiede nivellierende Gemeinsamkeit des Festerlebnisses eine wichtige und positiv hervorgehobene Erfahrung. »Bürger, Bauern und Beamte, Geistliche, Männer jeden Alters und Standes saßen bunt nebeneinander an zwei fast unübersehbaren Tafeln«, schwärmte etwa der Bericht über das rund zweihundert Personen umfassende Festmahl in Bretten. »Jeder fühlte sich an seinem Platz, keiner dachte an den lächerlichen, Selbstständigkeit trübenden Ständeunterschied.«[51] In der sowohl sozial als auch politisch integrierenden Gemeinschaft der außeralltäglichen Feierlichkeiten schien die bürgerlich-liberale Vision einer »klassenlosen Bürgergesellschaft« selbständiger Existenzen bereits Realität geworden zu sein.[52] Der häufig ausgebrachte Toast auf die »bürgerliche Eintracht« umfaßte beides: die soziale, ständeintegrierende und die politische, »Parteisucht« überwindende Dimension.[53] Das war nicht einfach eine plakativ verkündete Ideologie, sondern beruhte offensichtlich auf einer realen *Erfahrung* relativer sozialer Egalität, die das Fest auszeichnete. »Wir waren aber auch alle beseelt von dem Geiste der Freiheit und Gleichheit, die unsere Verfassung durchwehet«, drückte ein Teilnehmer der Lahrer Feier dieses Grundgefühl aus.[54]

Daß die »klassenlose Bürgergesellschaft« in den badischen Gemeinden damit noch nicht existierte, läßt sich freilich unschwer und gerade auch im Spiegel des Verfassungsfestes erkennen. *Erstens* war das Verfassungsfest eben ein »außeralltägliches« Ereignis, dessen teilweise durchaus wirksame sozial verbindende Kraft sich im normalen werktäglichen Arbeitsrhythmus mit seiner durch ökonomische Position und soziales Prestige bestimmten Kommunikation nicht aufrechterhalten ließ – und wohl auch gar nicht aufrechtzuerhalten beabsichtigt war. Ebensowenig wurde ja bei aller Begeisterung über die festliche Gemeinsamkeit geleugnet, daß es verschiedene Stände gab. *Zweitens* handelte es sich bei der Erfahrung sozialer Egalität um eine *bürgerliche* Erfahrung, die das »bunt nebeneinander«-Sitzen zweifellos übertrieb und diejenigen, die von vornherein vom Festmahl ausgeschlossen blieben, gar nicht erst wahrnahm. Und *drittens* symbolisierte und bekräftigte das Bürgertum selber in der Form, in der es das Verfassungsfest inszenierte, teils bewußt, teils aus unbewußter Selbstverständlichkeit, Hierarchie und soziale Ordnung in der Gemeinde.

Die Aufstellung des Festzuges zeigte dies vielleicht am deutlichsten; sie läßt außerdem charakteristische Unterschiede zwischen verschiedenen Städten bzw. Stadttypen erkennen. Das häufig an der Spitze des Zuges marschierende Bürgermilitär hob bereits einen bestimmten Verband der männlichen Vollbürgerschaft hervor.[55] Die Verfassungsurkunde als Mittelpunkt des Zuges wurde begleitet von Mitgliedern des Festkomitees; ihr folgten weitere Mitglieder des Komitees und die Wahlmänner. Da das Komitee v.a. aus den Gemeindebehörden gebildet war und die Wahlmänner in der Regel ebenfalls zu den angesehensten Bürgern der Gemeinde bzw. des Wahlbezirks gehörten,[56] marschierte hier schon der größte Teil der politisch-sozialen Elite an hervorgehobener Position für sich. Es folgten die übrigen »Honoratioren« und die staatlichen Beamten, die fast immer eine geschlossene Abteilung im Festzug, getrennt von den Bürgern und z.T. auch in der Kleidung von ihnen abgehoben, bildeten. Nach ihnen hatten die Zünfte ihren, räumlichen und sozialen, Platz. Sie folgten in ihrer traditionellen Kleidung ihren jeweiligen Fahnen und Emblemen. Am Schluß des Zuges ging das »übrige Publikum«, also diejenigen Bürger, die keinem der solchermaßen herausgestellten Verbände angehörten, die männlichen Erwachsenen ohne Gemeindebürgerrecht, und die Frauen; zum großen Teil wohl auch die Gäste aus den Nachbargemeinden unabhängig von ihrer sozialen Position: Der Zug repräsentierte nicht die soziale Ordnung einer abstrakten »Gesellschaft«, sondern der jeweiligen *Gemeinde*, denn diese war im Vormärz die vorrangige Lebenswelt und Bezugsgröße.

Im gewerblich wie politisch weit fortgeschrittenen Mannheim traten daher die Zünfte als besondere Korporationen überhaupt nicht in Erscheinung.[57] Die Gemeindebehörden, das Festkomitee und die Landtagsabgeordneten – und damit auch ein großer Teil der liberalen wirtschaftsbürgerlichen Führungsschicht – gingen voran; nach ihnen war der Zug kaum gegliedert und relativ egalitär. Pforzheim mit seiner durch die frühe gewerbliche Tradition der Bijouterieindustrie und deren Betriebsstruktur und Arbeitsverfassung geprägten sozialen Struktur stellte dagegen eine so extreme soziale Hierarchie zur Schau wie kein anderer Ort.[58] Bereits am frühen Morgen gab es getrennte Treffpunkte für die Zünfte (in ihren Zunftstuben), die Arbeiter und die politisch-ökonomische Elite, die sich – Fabrikbesitzer, Kaufleute, Gemeindebehörden und Staatsbeamte – im Rathaus versammelte. Im Zug gingen die Beamten sogar noch vor dem Gemeinderat; danach folgten, je für sich, Fabrikanten, Kaufleute, die Zünfte unter Vortritt ihrer Obermeister, die Arbeiter der Bijouteriefabriken (unter Beachtung ihrer eigenen »Hierarchie in der Hierarchie«!) und die Arbeiter der übrigen Fabriken. Schließlich stellten sich Beamte und Gemeindebehörden, Fabrikanten und Kaufleute vor dem Rathaus auf, wo der übrige Zug vor ihnen defilieren mußte. Einfach »Bürger« war hier niemand; die ständische Honoratiorengesellschaft ging in Pforzheim auf unmittelbare und krasse Weise in die industriell-kapitalistische Klassengesellschaft über. Hier hatte der Liberalismus bereits von Anfang an viel von jenem Charakter einer bürgerlichen Klassenpartei, den er anderswo erst in der zweiten Hälfte des 19. Jahrhunderts annehmen sollte.

Nicht nur in Pforzheim beteiligten sich die staatlichen Beamten am Verfassungsfest und nahmen ihrer sozialen Stellung entsprechend herausgehobene Positionen im Festzug und während des Festmahles ein. Nach den ursprünglichen und nie ganz abgebauten Bedenken der Behörden gegen das liberale Fest war das bemerkenswert, und umso mehr, wenn man sich die in den 1840er Jahren rapide wachsenden politischen und sozialen Spannungen zwischen »Bürgern« und »Beamten« vergegenwärtigt.[59] Für den Liberalismus und seinen emphatisch-politischen Bürgerbegriff konnten Staatsdiener keine Bürger sein, und je schärfer diese Abgrenzung ideologisch wurde, desto stärker trennten sich tatsächlich im Jahrzehnt vor der Revolution soziale Verkehrskreise und Kontakte. So war es nur konsequent, wenn etwa Gemeinderat Braun in Wiesloch zunächst die »Bürger« begrüßte und dann, deutlich distanzierter, auch die »geehrte(n) Männer im Dienste des Staates«.[60] Für den Tag des Verfassungsfestes wurden die alltäglichen und in jenen Jahren zunehmenden Konflikte zwischen Bürgern und Beamten – und damit zugleich: zwischen Gemeinden und staatlicher Bürokratie! – zugunsten einer Demonstration der Eintracht hintangestellt, deren Brüchigkeit aber jederzeit an die Oberfläche treten konnte. Schon im Vorfeld versuchten einige Bezirksbeamte, das Fest zu verhindern oder einzuschränken, mindestens aber zu beeinflussen und zu kontrollieren.

In manchen Orten prägte ein anderer politischer Grundkonflikt, der »quer« zur sozialen Ordnung stand, die Feierlichkeiten: die Herausbildung gegensätzlicher politischer Parteien in der Gemeinde. In der Residenzstadt Karlsruhe ebenso wie in Freiburg vermochte die »Eintracht« des Festtages die unüberbrückbar gewordenen grundsätzlichen politischen Differenzen innerhalb der Bürgerschaft nicht mehr zu verdecken: Zwei Festmähler konkurrierten miteinander. Das offizielle Karlsruher Festessen im Saal der »Eintracht« war durch die in dieser Stadt besonders stark vertretenen Beamten und die konservativeren Bürger bestimmt; die liberalen Bürger hielten ihr eigenes Mahl im »Pariser Hof« ab.[61] Dagegen hielten sich in Freiburg die Beamten und auch der Adel überhaupt fern und überließen das Fest den zwei verschiedenen Bürgerparteien. Während die konservativen Bürger mit dem Gemeinderat im städtischen Kaufhaussaal Toaste auf die Großherzöge ausbrachten, versammelten sich ca. zweihundert Liberale im geschmückten Saal der Museumsgesellschaft unter dem Bild Karl v. Rottecks und forderten Preßfreiheit, darunter Rottecks Sohn Hermann und der Kaufmann Karl Montfort.[62]

Damit ist bereits angedeutet, daß mit der Entstehung politischer Parteien in den Gemeinden nicht »Honoratioren« gegen »Volk«, nicht »Elite« gegen »Unterschichten« standen. Die Parteibildung vollzog sich zum großen Teil *innerhalb* der lokalen Elite; die Wortführer sowohl der regierungstreuen als auch der liberalen oder radikalen Partei rekrutierten sich aus der ökonomischen Führungsschicht des kaufmännischen und gewerblichen Bürgertums, und beiden gelang es bis zu einem gewissen Ausmaß, eine Anhängerschaft im weniger vermögenden Teil der Bürgerschaft zu sammeln und an sich zu binden. In Heidelberg kämpften 1843 die regierungstreue Partei um Bürgermeister Ritzhaupt und die radikal-liberale um Christian Friedrich Winter schon erbittert um die politische Macht in der Stadt; für das Verfassungsfest agierten sie noch einmal zusammen und taten dies wohl auch in dem Bewußtsein, gemeinsam die soziale Elite der Stadt zu bilden.[63] Eine ähnliche Konstellation gab es in Ettlingen, nur war die »Elite« hier, der Größe und der sozioökonomischen Struktur der Stadt entsprechend, stärker handwerklich-kleingewerblich geprägt und vielleicht auch deshalb aggressiver und eher konfliktbereit. Bürgermeister Ullrich, Maurermeister und Führer der regierungstreu-konservativen Partei, beteiligte sich zunächst am Fest, verließ es aber, als das unter der Führung der Gegenpartei (um den Wirt Thiebauth) stehende Komitee gegen seinen Willen beschloß, die Verfassungsurkunde dem Festzug voranzutragen.[64] So zeigten sich immer wieder die Grenzen des Verfassungsfestes, als Volksfest ebenso wie als Bürgerfest – daß die Verfassungsfeiern in den folgenden Jahren zum Parteifest wurden, war nur konsequent.

Soziale Grenzen, die den Liberalen aber wohl wesentlich weniger bewußt waren als die politischen, existierten ohnehin, nicht nur in der Abgrenzung der »Bürger« von den Beamten.

Die Elite, die Führung der Liberalen, setzte im Verfassungsfest genügend Zeichen der Distinktion, um diese Grenzen zu markieren – von der herausgehobenen Position, die sie sich selber im Festzug zubilligte, bis zu den Festmählern, die zwar oft mehrere hundert Gedecke boten, aber auch Hunderte oder Tausende außen vor ließen. Wie es politisch konkurrierende Festessen gab, so gab es gelegentlich auch eine soziale Abstufung. Die liberale Prominenz, das Handelsbürgertum, die Rechtsanwälte, die Gemeindebehörden und die Abgeordneten aßen in Mannheim im »Europäischen Hof«; bei den besonderen Festessen der Liedertafel und der Schützengesellschaft trafen sich deren Mitglieder, vor allem das gewerbliche Kleinbürgertum.[65] Die unterste Stufe in dieser »Hierarchie des Essens« bildete die Austeilung von Lebensmitteln oder Geld an die Armen der Gemeinde, meist schon am Vorabend oder am frühen Morgen des 22. August vorgenommen, um den Tag über ungestört davon feiern zu können. Frauen schließlich spielten zwar im Festzug ihre traditionelle, gewissermaßen ritualisierte Rolle – vor allem Mädchen und Jungfrauen als Fahnenträgerinnen und Trägerinnen der Verfassungsurkunde –, blieben aber vom Festmahl in der Regel ausgeschlossen. Eine auffällige Ausnahme war die Zentralfeier in Griesbach, bei der »sehr viele Frauen« an der Tafel teilnahmen und Itzstein sogar einen Toast auf die Frauen ausbrachte – als die »Würze des häuslichen Glücks«, aber auch, weil sie »mit der Glut des Weibes die Liebe zum Vaterlande und zur Freiheit zu erfassen vermögen«.[66]

Die »klassenlose Bürgergesellschaft« blieb also auch während des Verfassungsfestes, an dem schon ein ungewöhnlich hohes Maß an sozialer Gemeinsamkeit und ständeübergreifender Kommunikation praktiziert wurde, eine Utopie. Das Fest offenbarte aber eine wesentlich komplexere soziale Ordnung, als sie einfache Formeln vom Gegensatz zwischen »Elite« (oder auch: »Obrigkeit«, »Honoratioren«) und »Volk« in jüngster Zeit häufig nahelegen wollen.[67] Ein differenziertes System sozialer Hierarchie und Distinktion prägte die Gemeinden, aber bereits im relativ kleinen Großherzogtum Baden hatte dieses

System, je nach sozialökonomischen und politisch-kulturellen Voraussetzungen, beinahe in jeder Gemeinde einen eigenen Charakter. Die Liberalen verfügten über eine (je lokale!) bürgerliche Elite, gingen aber in dieser nicht auf, und diese Elite hatte jedenfalls so geringe Kommunikationsprobleme mit dem »Volk«, daß soziale Gegensätze häufig von politischen überlagert oder sogar verdrängt werden konnten. Die Ziele des Liberalismus, wie sie auf dem Verfassungsfest proklamiert wurden, wurden auch weit jenseits einer schmalen Führungsschicht verstanden. Ein »Eigensinn« des »Volkes« dagegen artikulierte sich während der Feierlichkeiten nicht.

VI.

Nach dem überaus großen Erfolg des Festes zum 25jährigen Jubiläum der Verfassung war es nicht verwunderlich, daß die badischen Liberalen – genauer: insbesondere ihr radikalerer Flügel – versuchten, die Feier im folgenden Jahr zu wiederholen und sie sogar, wenn möglich, auf Dauer als jährlichen Festtag zu institutionalisieren. Die Organisationsbemühungen gingen von den kleinstädtischen Zentren des Radikalismus im badischen Mittelrheinkreis, vor allem Oberkirch und Ettlingen, aus, blieben aber diesmal schließlich auch darauf beschränkt. Die Beobachtung (und Befürchtung) des Amtes Oberkirch noch im August 1844, »die Idee der Erneuerung des Verfassungsfestes greift um sich wie ein Waldbrand, es verspricht zahlreicher zu werden als im vergangenen Jahre«, erwies sich als Fehleinschätzung.[68] In Oberkirch initiierte offenbar der Rechtspraktikant Frech um den 10. Juli herum eine Vorbereitungssitzung, an der etwa dreißig Bürger der Stadt teilnahmen. Sie stellten fest, »daß patriotische Bürger die Verfassung als ihr höchstes Gut ansehen« und deshalb ihren »Geburtstag« feiern müßten, wählten ein Komitee, dem unter anderen Fidel Baum, Vorstand des Bürgervereins, angehörte, und beschlossen, das Fest in einem Oberkircher Wirtshaus zu feiern.[69] Die Kreisregierung stellte, nüchterner als die aufgeregte Lokalbehörde, schon früh ein nur noch mäßiges Interesse der Bürgerschaft fest, »weil sie der immerwährenden Festschmausereien der Kosten wegen müde« geworden sei.[70] Für zusätzliche Verärgerung sorgte, daß Frech ohne Zustimmung der übrigen Komiteemitglieder eine öffentliche Einladung an jedermann in die Mannheimer Abendzeitung und das Offenburger Wochenblatt einrücken ließ, obwohl man beschlossen hatte, von der Einladung einiger Deputierter abgesehen das Fest im lokalen Rahmen zu belassen.[71]

In Ettlingen trafen sich ebenfalls Anfang Juli gut zwanzig Personen »von radikalen Gesinnungen« im Gasthaus zur Sonne des Führers der Ettlinger Radikalen, Thiebauth. Außer einigen Bürgern der Stadt nahmen auch die Advokaten Zutt aus Rastatt und Brentano aus Bruchsal teil. Hier ging man offenbar noch von einer zentralen Feier in Griesbach aus; bestimmte Beschlüsse wurden noch nicht gefaßt. Erst einige Wochen später wurde auf Anregung Thiebauths, diesmal in seiner Funktion als Vorsitzender der Ettlinger Lesegesellschaft (einer von vielen »kryptopolitischen« Vereinen des Ettlinger Radikalismus), die Abhaltung einer örtlichen Feier im Versammlungslokal dieses Vereins, dem Traubenwirtshaus, beschlossen und ein Festkomitee aus der Mitte der Lesegesellschaft gebildet. Um nicht mit Oberkirch in direkte Konkurrenz zu treten und sich insbesondere nicht gegenseitig die Abgeordneten abzuwerben, verlegte man die Ettlinger Feier auf den 25. August – pikanterweise der Geburtstag des Großherzogs, den die Städte ja gewöhnlich ebenfalls mit dem traditionellen Ritual zu feiern pflegten.[72] Das Innenministerium deklarierte die geplanten Versammlungen wiederum »lediglich als Privatunternehmen«, dem »kein Hindernis in den Weg zu legen« sei, sofern die allgemeinen Bestimmungen und Genehmigungspflichten eingehalten würden.[73]

Außer in Ettlingen und Oberkirch fand auch in Achern eine Verfassungsfeier statt, am 22. August 1844, und wie die beiden anderen Feiern war sie vollständig nach »innen« verlegt, beschränkte sich also auf ein Festmahl einschließlich Reden und Toaste und verzichtete auf alle öffentlichen Feierlichkeiten und

Rituale auf Straßen und Plätzen. Mit ungefähr 250 Gedecken und vielen auswärtigen Gästen war die Oberkircher Feier die größte unter den Verfassungsfesten von 1844. Hier hatten einige Bürger, namentlich Rechtspraktikant Frech, auch den Versuch gemacht, an die aufwendigen äußeren Formen des Vorjahres anzuknüpfen, doch beschränkte sich dies schließlich auf den Schmuck einiger weniger Häuser mit Blumenkränzen und Landesfahnen.[74] Vor allem gelang es weder hier noch in den anderen Orten, das Fest als ein (quasi-)offizielles der *Gemeinde* zu organisieren und zu inszenieren; es war das Fest einer *Partei*, wie stark oder sogar dominant auch immer diese in der Gemeinde war.

Die Sitzordnung an der Tafel des Oberkircher Festzeltes spiegelte noch einmal sehr genau die soziale Hierarchie und die sozialen Ordnungsvorstellungen im frühen Liberalismus wider. Den »Ehrenplatz« direkt unterhalb der Rednertribüne nahm, eingerahmt von zwei Frauen, Itzstein selber ein; daneben hatten prominente auswärtige Gäste Platz genommen, darunter auch Berthold Auerbach, Verfasser der populären »Schwarzwälder Dorfgeschichten«, dann folgten bekannte Abgeordnete wie Soiron aus Mannheim und einige »Lokalgrößen« des Gemeindeliberalismus wie der Offenburger Gemeinderat Derndinger und der Ettlinger Thiebauth.[75] An der linken Seitentafel saßen weitere auswärtige Gäste, vor allem aus Württemberg und den hessischen Staaten; von ihnen getrennt an der rechten Seitentafel Bürger aus Offenburg und Oberkirch, also das lokale Stadtbürgertum; wiederum für sich in den Zwischenreihen (also auf den am wenigsten privilegierten Plätzen) und vermutlich schon durch die einfachere Kleidung auffallend, Bauern und kleine Gewerbetreibende aus den umliegenden Landorten. Trotz dieser »feinen Unterschiede« (Bourdieu) ist die gemeinbürgerliche und sogar über bürgerliche Schichten hinaus reichende Integrationskraft dieser Veranstaltung bemerkenswert. Das nach innen integrierende und nach außen abgrenzende Moment war letztendlich nicht sozioökonomische Lage oder Bildung, sondern politische Überzeugung und »Bürgersinn«.

Den dahinter stehenden politischen, ja moralischen (die Zeitgenossen hätten gesagt: sittlichen) Begriff des »Bürgers« brachte der Oberkircher Toast Alexander v. Soirons sehr präzise zum Ausdruck. »Der sei aber noch kein Bürger welcher bloß nach den bestehenden Gesetzen das Bürgerrecht erworben habe – er müsse den Bürgersinn besitzen und hiernach seine Rechte und Pflichten üben, er müsse das Selbstgefühl des Bürgers in sich hegen und pflegen und dürfe solches ja nicht durch Gleichgültigkeit am öffentlichen Leben verleugnen, oder gar das Wohl des Volkes dem engherzigen Interesse für sich oder zufälligerweise für seine Stadt hintansetzen«.[76] Jemand anders schlug sogar vor, die nicht liberal wählenden Gemeinden sollten »ihres Namens verlustig aus der Ehrenliste der Gemeinden getilgt werden«.[77]

Drei Tage später nahmen Itzstein und Soiron auch am Ettlinger Verfassungsfest teil, das ansonsten aber wesentlich weniger als das Oberkircher von auswärtigen Gästen – nur etwa 25 unter den insgesamt ca. 200 Teilnehmern – bestimmt war; es war vor allem ein Fest des radikalen Teils der Ettlinger Bürgerschaft.[78] Die Lesegesellschaft als Organisatorin des Festes hatte zwar ausdrücklich die Beamten eingeladen, doch war von ihnen niemand erschienen, und da Bürgermeister Ullrich – vielleicht mit Absicht, um die unangenehmen Konflikte des Vorjahres zu vermeiden – nicht in der Stadt war, hatte das Bezirksamt angeordnet, daß kein Festzug und kein Schießen mit den städtischen Geschützen stattfinden dürfe. So trugen die Behörden mit dazu bei, aus einem öffentlichen Gemeindefest ein »geschlossenes« Parteifest zu machen. An ihm beteiligten sich vor allem Wirte, Handwerksmeister, kleine Kaufleute, aber auch Tagelöhner und Arbeiter der Ettlinger Fabriken – das typische soziale Profil der Ettlinger radikalen Partei. Thiebauth brachte zu Beginn den wohl unvermeidlichen Toast auf den Großherzog aus, während Itzstein in seiner Rede die äußerste denkbare Konsequenz aus der defensiven Einstellung des badischen Liberalismus zur Verfassung zog: Wenn dem Volk die in der Verfassung gewährten Rechte streitig gemacht würden, »so haben wir das Recht, uns im Besitz derselben zu schützen und«, so fuhr er fort, »gebt acht ihr Bürger, es kommt noch eine Zeit, wo es Not tut, unsere Rechte mit den Waffen zu verteidigen«.[79]

In den drei folgenden Jahren, zwischen 1845 und 1847, wiederholten die Radikalen die Verfassungsfeiern in den mittelbadischen Städten zwischen Ettlingen und Oberkirch, doch es blieben in der Form geschlossene Festmähler, deren Teilnehmerzahl gegenüber 1844 eher noch einmal zurückging. 162 Personen besuchten das Oberkircher Verfassungsfest von 1845, diesmal in einem Zelt im Garten des Bärenwirts Armbruster, und wieder war Itzstein der prominenteste Gast.[80] In Achern wurde der Verfassungstag 1847 zwar noch einmal am frühen Morgen mit Böllerschüssen angekündigt, aber immer deutlicher eignete sich die vom gemäßigten Liberalismus nun schon durch eine tiefe Kluft getrennte radikale Partei die Tradition der Verfassungsfeier an, und als Fest der radikalen Partei wurde es von den Behörden und zunehmend wohl auch von der Bevölkerung wahrgenommen. Aus dem integrierenden Bürger- und Volksfest war so ein Parteifest geworden, dem sich anzuschließen nur noch ein kleiner Teil des Bürgertums bereit war. Auf der Bühler Versammlung am 22. 8. 1847 redete »ein gewisser Herr Struve«, und drei Tage später äußerte sich ein Redner in Thiebauths Ettlinger Gasthaus zur Sonne »ein wenig in communistischer Richtung«: »Dieser Mann soll geradezu behauptet haben, daß der Reichthum besonders auch der Entwicklung eines wahren Fortschritts und einer wahren Freiheit im Wege stehe«.[81] Was konservative Kritiker schon dem Fest von 1843 vorgeworfen hatten: daß es »ein Fest der Oppositionspartei« sei,[82] ein »Jubelfest des Radicalismus« und »allgemeine(r) Wahlumtrieb der radicalen Faction«,[83] war jetzt in vollem Sinne Realität geworden. Dennoch wurde die Legitimität der badischen Verfassung weiterhin nicht in Frage gestellt. Im August 1848 freilich standen andere Probleme auf der Tagesordnung, und die Tradition der Verfassungsfeiern brach damit ab.

Damit war nicht nur eine Epoche der vormärzlichen Fest- und Versammlungskultur beendet, sondern auch eine Zäsur in der Geschichte von Liberalismus und Bürgertum erreicht. Die partielle Identität von »Volk« und »Bürgertum« löste sich ebenso auf, wie die politische Einheit des Bürgertums im Liberalismus verloren ging. Die vormärzliche Definition von Bürgertum als Verbindung der langen Tradition des rechtlichen Gemeindebürgerverbandes mit dem klassisch-politischen Bürgerbegriff stieß am Funktionsverlust des ersten und an der Auflösung des zweiten angesichts politischer und sozialer Ausdifferenzierung in der Mitte des 19. Jahrhunderts auf immer engere Grenzen. Politische, soziale und städtische Bürgerlichkeit deckten sich seitdem weniger als zuvor.

Anmerkungen

1 X. *Staiger*, Der Weg zum wahren Bürgerthum und Völkerglück. Eine Morgengabe allen Bürgern und Volksfreunden, Villingen 1847, S. 148.

2 Vgl. etwa W. *Schieder*, Probleme einer Sozialgeschichte des frühen Liberalismus in Deutschland, in: *ders.* (Hg.), Liberalismus in der Gesellschaft des deutschen Vormärz, Göttingen 1983, S. 9-21; sowie v.a. C. *Foerster*, Das Hambacher Fest 1832. Volksfest und Nationalfest einer oppositionellen Massenbewegung, in: D. *Düding* u.a. (Hg.), Öffentliche Festkultur, Reinbek 1988, S. 113-31; *dies.*, »Hoch lebe die Verfassung«? Die pfälzischen Abgeordnetenfeste im Vormärz (1819–1846), in: ebd., S. 132-46; *dies.*, Der Preß- und Vaterlandsverein von 1832/33. Sozialstruktur und Organisationsformen der bürgerlichen Bewegung in der Zeit des Hambacher Festes, Trier 1982.

3 Vgl. jetzt insbes. J. *Hannig*, Vom Eigensinn der Freiheitsbäume. Frühliberale Bewegung und Volkskultur zur Zeit des Hambacher Festes 1832, in: R. *van Dülmen* (Hg.), Arbeit, Frömmigkeit und Eigensinn, Frankfurt 1990, S. 171-213; K.H. *Wegert*, Ideologie und Aktion. Liberale Bewegung und Volkstradition in der Pfalz 1830–1834, in: *Schieder*, S. 167-93; sowie allg. etwa die Arbeiten von W. *Kaschuba* u. C. *Lipp*, Dörfliches Überleben, Tübingen 1982; *dies.*, Wasser und Brot. Politische Kultur im Alltag der Vormärz- und Revolutionsjahre, in: GG, Jg. 10, 1984, S. 320-51. Vgl. jetzt auch M. *Gailus*, Straße und Brot. Sozialer Protest in den deutschen Staaten unter besonderer Berücksichtigung Preußens, 1847–1849, Göttingen 1990.

4 *Staiger*, S. 151.

5 Vgl. dazu näher P. *Nolte*, Gemeindeliberalismus. Zur lokalen Entstehung und sozialen Verankerung der liberalen Partei in Baden 1831–1855, in: HZ, Bd. 252, 1991, S. 57-93; *ders.*, Gemeindebürgertum und Liberalismus in Baden 1800–1850. Tradition – Radikalismus – Republik, Göttingen 1994.

6 K. *Mathy* (Hg.), Die Verfassungsfeier in Baden am 22. August 1843, Mannheim 1843. Die Sammlung, die wegen des Umfangs von über zwanzig Druckbögen nicht der Zensur unterlag, ist zugleich die wichtigste Quelle für das Verfassungsfest von 1843. Nachdem die Regierung gegen das Fest schließlich nichts einzuwenden hatte (dazu s.u.), enthalten die staatlichen Akten keine amtlichen Berichte und Untersuchungen über das Fest.

7 Vgl. z.B. Heidelberger Journal Nr. 70, 11. 3. 1843, S. 281.

8 Vgl. ebd. Nr. 166, 20. 6. 1843, S. 670.

9 Vgl. Mannheimer Abendzeitung (=MAZ) Nr. 153, 2. 7. 1843, S. 509.

10 MAZ Nr. 163, 14. 7. 1843, S. 549.

11 Ministerium des Innern (=MdI) an Kreisregierungen, 15. 6. 1843 u. 17. 7. 1843; Generallandesarchiv Karlsruhe (=GLA) 236/15041.

12 Ebd.

13 Bericht des Amtes Ettenheim vom 13. 7. 1843 an MdI über die Sitzung des Oberkircher Komitees am 9. 7. 1843; GLA 236/15041.

14 Regierungsdirektorium des Mittelrheinkreises an MdI, 7. 8. 1843; MdI, 8. 8. 1843; GLA 236/15041.

15 Vgl. G. *Freytag,* Karl Mathy. Geschichte seines Lebens, Leipzig 1870/1888, S. 218; L. *Müller,* Die politische Sturm- und Drangperiode Badens 1840–1850, Bd. 1, Karlsruhe 1905, S. 43.

16 Vgl. MAZ Nr. 168, 20. 7. 1843, S. 571; Oberrheinische Zeitung Nr. 200, 22. 7. 1843, S. 1024; MAZ Nr. 178, 1. 8. 1843, S. 614.

17 MAZ Nr. 192, 17. 8. 1843, S. 765. Vgl. zu Konstanz im Vormärz und zu Karl Hüetlin jetzt auch: E. B. *Fetscher,* Der Konstanzer Bürgermeister Karl Hüetlin und seine Zeit (1832–1849), Konstanz 1988.

18 Vgl. *Mathy,* Verfassungsfeier, S. 33, 46, 258; MAZ Nr. 185, 9. 8. 1843, S. 737f.

19 *Mathy,* Verfassungsfeier, S. 345. – Siehe auch die Rolle der »Harmonie« in Heidelberg, Heidelberger Journal Nr. 202, 26. 7. 1843, S. 831.

20 *Mathy,* Verfassungsfeier, S. 243.

21 Vgl. z.B. MAZ Nr. 188, 12. 8. 1843, S. 750; MAZ Nr. 192, 17. 8. 1843, S. 765; *Mathy,* Verfassungsfeier, S. 33, 323.

22 MAZ Nr. 192, 17. 8. 1843, S. 766.

23 Vgl. allg. zur liberalen Presse Badens im Vormärz etwa N. *Deuchert,* Vom Hambacher Fest zur Badischen Revolution, Stuttgart 1983; H. *Müller,* Liberale Presse im badischen Vormärz, Heidelberg 1986.

24 Die folgende allgemeine Skizze des »idealtypischen« Ablaufs des Verfassungsfestes von 1843 v.a. nach *Mathy,* Verfassungsfeier, und verschiedenen Zeitungsberichten.

25 Vgl. dazu sehr gut K. *Tenfelde,* Adventus. Zur historischen Ikonologie des Festzugs, in: HZ, Bd. 235, 1982, S. 45-84, der sowohl die mittelalterlichen Ursprünge des Festzugs und ihre frühneuzeitlichen Erweiterungen als auch die Adaption durch das Bürgertum im frühen 19. Jahrhundert (und später auch: durch die Arbeiterbewegung) analysiert.

26 Schon am Vortag erschienen private Kleinanzeigen in den Zeitungen, die

für solche Veranstaltungen warben und damit zeigen, daß auch private Veranstalter unabhängig von politischen Zielen das Verfassungsfest für zusätzlichen Umsatz zu nutzen versuchten. Vgl. z.B. MAZ Nr. 195, 21. 8. 1843.

27 So z.B. in Müllheim ein Abendfest im Lokal der Lesegesellschaft. Vgl. A.J. *Sievert*, Geschichte der Stadt Müllheim im Markgräflerland, Müllheim 1886, S. 130.

28 Abgedruckt bei *Mathy*, Verfassungsfeier, S. 132ff.

29 Vgl. MAZ Nr. 190, 14. 8. 1843, S. 757.

30 *Mathy*, Verfassungsfeier, S. 303, 266f.

31 Vgl. L. *Gall*, Die partei- und sozialgeschichtliche Problematik des badischen Kulturkampfes, in: ZGO, Jg. 113, 1965, S. 151-96.

32 MAZ Nr. 192, 17. 8. 1843, S. 766.

33 Vgl. *Mathy*, Verfassungsfeier, S. 324, 259, 121, 281, 174 u. pass.

34 Ebd., S. 126.

35 Stadtarchiv Freiburg C 1, Manifeste, Nr. 5. – Vgl. als ein weiteres lokales Beispiel: Verfassungsbüchlein für die Bürger des Großherzogtums Baden. Als Andenken an den 22. August 1843, den 25. Jahrestag der Staatsverfassung, Belle-Vue bei Konstanz 1843.

36 Anzeigen im Offenburger Wochenblatt Nr. 33, 18. 8. 1843, S. 284. – Mathy schätzte die Anzahl der ausgeteilten Exemplare der Verfassungsurkunde später auf »wohl über 100.000«: K. *Mathy*, Badische Zustände, in Beziehung auf allgemeine Politik und Verfassungsrechte, in: Konstitutionelle Jahrbücher, Hg. K. *Weil*, Stuttgart 1844/II, S. 237-308, hier S. 244.

37 So der Berichterstatter über die Rede in Stühlingen; *Mathy*, Verfassungsfeier, S. 324.

38 Gemeinderat Sieber in Bruchsal; ebd., S. 123.

39 Vgl. zur Begründung dieser These im einzelnen P. *Nolte*, Bürgerideal, Gemeinde und Republik. »Klassischer Republikanismus« im frühen deutschen Liberalismus, in: HZ, Bd. 254, 1992, S. 609-56; *ders.*, Der südwestdeutsche Frühliberalismus in der Kontinuität der Frühen Neuzeit, in: GWU, Jg. 43, 1992, S. 743-56; *ders.*, Gemeindebürgertum und Liberalismus, bes. Kap. III.4. Vgl. grundsätzlich weiterhin L. *Gall*, Liberalismus und »bürgerliche Gesellschaft«. Zu Charakter und Entwicklung der liberalen Bewegung in Deutschland, in: HZ, Bd. 220, 1975, S. 324-56.

40 *Mathy*, Verfassungsfeier, S. 4, 168.

41 Ebd., S. 52.

42 So jedenfalls *Foerster*, Abgeordnetenfeste, S. 134.

43 Diese Verfassungstreue galt auch für den Radikalismus der späteren 1840er Jahre; erst in der Revolution von 1848/49 sagte sich der linke Flügel der Republikaner von der Verfassung los, was ihm denn auch an der Basis nicht sonderlich honoriert wurde.

44 *Mathy*, Verfassungsfeier, S. 228.

45 Vgl. ebd., S. 169, 52.

46 Nur am Rande sei hier auf das Verhältnis von badischem Staatsbewußtsein und Nationalbewußtsein, wie es sich im Verfassungsfest äußerte, hingewie-

sen. Der Blick auf die deutsche Nation spielte in den meisten Reden eine Rolle, war aber diffus und nicht auf einen National*staat* gerichtet. Man kann das Verfassungsfest sogar in mancher Hinsicht als den Höhepunkt eines »partikularen« badischen Staats- *und Volks*bewußtseins verstehen. Die aufgezogenen Flaggen zeigten überall nur die badischen Landesfarben.

47 Vgl. *Mathy,* Verfassungsfeier, S. 122, 347.

48 Also im Sinne des »klassischen Republikanismus«. Vgl. dazu und zum folgenden *Nolte,* Bürgerideal.

49 Die Rede Weißgerbers ist vollständig abgedruckt im Offenburger Wochenblatt Nr. 38, 22. 9. 1843, S. 338-40; Nr. 39, 28. 9. 1843, S. 348-50. Die Zitate: Nr. 38, S. 339.

50 *Mathy,* Verfassungsfeier, S. 61, 228. – Vgl. auch K. *v. Rotteck,* Gemeingeist, Gemeinsinn, in: *ders.* u. C.T. *Welcker* (Hg.), Staats-Lexikon, Bd. 5, Altona 1847[2], S. 514-22; C.T. *Welcker,* Bürgertugend, Bürgersinn, in: ebd. Bd. 2, Altona 1846[2], S. 763-70.

51 *Mathy,* Verfassungsfeier, S. 146. – Vgl. ebd., S. 276: »Kein Unterschied der Stände war sichtbar. Einer reichte dem Andern die Bruderhand« (Fest in Müllheim und Badenweiler).

52 Vgl. v.a. *Gall,* Liberalismus und »bürgerliche Gesellschaft«; *ders.,* Bürgertum in Deutschland, Berlin 1989.

53 Z.B. Toast Anton Kreuzers in Konstanz; *Mathy,* Verfassungsfeier, S. 343; Toast Gemeinderat Siebers in Bruchsal; ebd., S. 129; u. pass.

54 Ebd., S. 197.

55 Dies und das folgende v.a. orientiert an der recht typischen, »durchschnittlichen« Zugordnung in Villingen; vgl. ebd., S. 302.

56 Vgl. dazu M. *Hörner,* Die Wahlen zur badischen zweiten Kammer im Vormärz (1819–1847), Göttingen 1987, S. 205-31.

57 Vgl. zur – im allgemeinen geringen – Rolle der Zünfte bei den Verfassungsfeiern z.B. *Mathy,* Verfassungsfeier, S. 66 (Eberbach), S. 82f. (Mosbach); für Mannheim: ebd., S. 3.

58 Vgl. ebd., S. 174-79. – Vgl. dazu etwa P. *Tauch,* Die wirtschaftliche Entwicklung der Pforzheimer Bijouterieindustrie im 19. Jahrhundert und ihre wesentlichen Bestimmungsfaktoren, Diss. Tübingen 1982.

59 Vgl. dazu u. zum folgenden auch *Nolte,* Gemeindeliberalismus.

60 *Mathy,* Verfassungsfeier, S. 78.

61 Vgl. ebd., S. 203-12; Augsburger Allgemeine Zeitung Nr. 237, 25. 8. 1843, S. 1892.

62 *Mathy,* Verfassungsfeier, S. 243f.

63 Vgl. zu den Parteikämpfen in Heidelberg H. *Derwein,* Heidelberg im Vormärz und in der Revolution 1848/49, Heidelberg 1958; zum Verfassungsfest: *Mathy,* Verfassungsfeier, S. 88ff. Buchhändler Winter wurde im September 1843, also kurz nach dem Verfassungsfest, zum 2. Bürgermeister von Heidelberg gewählt und löste Ritzhaupt im Mai 1845 als 1. Bürgermeister ab.

64 Ebd., S. 149-52. Vgl. zur Parteibildung und zu sozialen Konflikten in Ettlingen: J.R. *Wilson,* Seedbed of Protest. Social Structure and Radical Politics

in Ettlingen, Grand Duchy of Baden, 1815–1850, Ph.D. Diss. Johns Hopkins University 1981; P.H. *Stemmermann*, Philip Thiebauth. Revolutionär und Bürgermeister. Ettlingen in den politischen Strömungen des 19. Jahrhunderts, Karlsruhe 1964; P. *Nolte*, Parteien und Propaganda im Vormärz. Die schwierigen Anfänge staatlicher Meinungslenkung in einer politisierten Gesellschaft, in: U. Daniel u. W. Siemann (Hg.), Propaganda. Meinungskampf, Verführung und politische Sinnstiftung (1789–1989), Frankfurt 1993.

65 Vgl. *Mathy*, Verfassungsfeier, S. 13; vgl. ebd., S. 80f.: Zwei offenbar ebenfalls sozial differenzierte Festmähler in Wiesloch.

66 Ebd., S. 237f.

67 Z.B. bei *Hannig* oder auch bei *Gailus* (obwohl die sozialen Trennlinien in Berlin und anderen preußischen Städten, die Gailus beschreibt, sicher schärfer ausgeprägt waren als in Südwestdeutschland).

68 Bericht des Amtes Oberkirch an das Regierungsdirektorium des Mittelrheinkreises, 8. 8. 1844; GLA 236/15041.

69 Bericht des Amtes Oberkirch, 3. 8. 1844; ebd.; u. Bericht des MdI an Staatsministerium, die Feier des Verfassungsfestes in Ettlingen und Oberkirch betreffend; GLA 233/32633.

70 Regierungsdirektor des Mittelrheinkreises an MdI, 29. 7. 1844; GLA 236/15041.

71 Vgl. MdI an Staatsministerium, 13. 9. 1844; GLA 233/32633; vgl. Offenburger Wochenblatt Nr. 32, 9. 8. 1844, S. 284.

72 Zur Vorbereitung des Ettlinger Festes vgl. GLA 236/15041.

73 MdI, 10. 8. 1844, an Bezirksamt Oberkirch; ebd.

74 Vgl. MdI, 13. 9. 1844; GLA 233/32633.

75 Dies u. das folgende nach dem ausführlichen Bericht des Oberkircher Oberamtmanns Häfelin vom 31. 8. 1844 an MdI; GLA 236/15041.

76 Ebd.

77 Ebd.; der Redner konnte von Häfelin bzw. seinen Auskunftgebern nicht identifiziert werden.

78 Dies u. das folgende nach MdI, 13. 9. 1844; GLA 233/32633; u.v.a. den Berichten des Bezirksamtes Ettlingen an MdI, 2. 9. u. 3. 9. 1844; GLA 236/15041.

79 Vernehmungsprotokoll des Bezirksamtes Ettlingen, 3. 9. 1844; ebd.

80 Gendarmeriebericht Oberkirch, 23. 8. 1845; GLA 236/2243.

81 Bericht des Amtes Bühl, 22. 8. 1847; Bericht des Amtes Ettlingen, 25. 8. 1847; vgl. Bericht des Amtes Achern, 22. 8. 1847; alle GLA 236/15041.

82 »Wird das badische Volk am 22. August 1843 ein Verfassungsfest feiern?«, in: Heidelberger Journal Nr. 223, 16. 8. 1843, S. 922f., hier S. 923.

83 F.J. *Buß*, Das Rongetum in der badischen Abgeordnetenkammer, Freiburg 1846, S. 6.

Manfred Hettling

Das Begräbnis der Märzgefallenen 1848 in Berlin

I.

»Ja, meine Herren, so was ist noch nicht dagewesen; das ist ja die reine Verhöhnung, alles versprochen und dann schießen lassen, und auf wen? auf *uns*, auf ganz reputierliche Leute, die Front machen und grüßen, wenn eine Prinzessin vorbeifährt, und die prompt ihre Steuern bezahlen!« Mit diesen Worten bringt in Fontanes Autobiographie der Apotheker Jung, bei dem Fontane angestellt war, seine Empörung über die Vorfälle auf dem Berliner Schloßplatz am Nachmittag des 18. März 1848 zum Ausdruck. Auf die Nachricht von der Gewährung der Pressefreiheit und der Einberufung des Vereinigten Landtags hin hatte sich dort eine zahlreiche Menschenmenge versammelt, um dem König dafür zu danken. Aus ungeklärten Umständen fielen dabei zwei Schüsse, die dann den Anstoß für die folgenden Kämpfe in der Stadt gaben.

In den zwei, drei Wochen vor diesem Tag hatte die politische Anspannung in der Stadt ständig zugenommen, war es zu vereinzelten Zusammenstößen zwischen Militär und Zivilbevölkerung gekommen, wuchsen Revolutionsangst auf der einen Seite und Reformhoffnungen auf der anderen an – eine brisante Mischung von hochgesteckten Erwartungen und Ratlosigkeit über konkrete Handlungsmöglichkeiten war entstanden. Nur auf diesem Hintergrund ist zu verstehen, daß die Situation so schnell eskalierte.

Als am nächsten Morgen bekannt wurde, daß die Armee die Stadt verließ, fühlte sich die Zivilbevölkerung plötzlich als Sieger, glaubte, das verhaßte Militär endgültig besiegt zu haben. Eine große Euphorie breitete sich aus, bei der »man nachträglich die Freiheit beschwor, für die, wenn sie überhaupt da war, ganz andere gesorgt hatten«.[1]

Allgemein verbreitet war nun die Erwartung, daß sich Grundlegendes geändert hätte, daß eine neue Zeit beginne. Diese Hoffnungen waren jedoch unbestimmt, denn man hatte nicht für einen bestimmten Zweck gekämpft, »einen politischen Charakter hat die Revolution vom 18. und 19. März erst, nachdem sie vollendet war, erhalten«. Am deutlichsten konnten wohl die Angehörigen der Unterschichten, die die Mehrheit der eigentlichen Barrikadenkämpfer gestellt hatten, Hoffnungen benennen. Paul Börner, 1848 Jurastudent, später dann Arzt und medizinischer Publizist, beschreibt eine Episode des 19. März. »›Jetzt wird's nun anders!‹ hörte ich einen Mann aus Borsigs großer Fabrik sprechen, ›jetzt soll unser Leben sich ändern‹.«[2]

Die in der Nacht vom 18. auf den 19. März gefallenen Zivilisten beglaubigten diese Veränderung. Karl Gutzkow, der Schriftsteller des Jungen Deutschland, beschwor diesen Gedanken in pathetischen Worten in seiner ›Ansprache an die Berliner‹. Wenn Errungenschaften wie z.B. Pressefreiheit oder frei gewählte Abgeordnete von oben zugestanden worden wären, so hätte daraus kein dauerhaftes System entstehen können. »Das Fundament mußte gelegt werden durch euch selbst.« Entscheidend seien nicht die Toten des Gegners gewesen, »Ihr triumphiertet mit euren eigenen Toten«.[3]

Das spezifische und besondere an der Situation nach dem 18. März war die Unerwartetheit der Veränderung, die *Plötzlichkeit* der neuen Konstellation. Dadurch entstand gleichsam ein Vakuum an politischer Deutung der Ereignisse, das erst nach und nach gefüllt werden konnte. Nur begrenzt ließen sich die gewohnten, herkömmlichen politischen Deutungsmuster auf die neue Situation anwenden. Man war sich bewußt, daß sie nur noch begrenzt auf die nun schlagartig veränderte – oder zumindest verändert erscheinende – Lage übertragbar waren. Gleichzeitig war das aber auch die Voraussetzung für neue, mit den Traditionen und engen Grenzen herkömmlicher Deutungsmuster brechenden Erklärungen und Erwartungen. Die Verherrlichung der toten Barrikadenkämpfer und die festliche Inszenierung des Begräbnisses leisteten somit zweierlei. Im Begräbnis als Fest manifestierte sich das Selbstbewußtsein einer Gesellschaft, die noch nicht antimonarchisch war, aber auch nicht mehr primär auf eine dynastische Legitimität aufbaute, und im Totenkult fand man ein Medium, die noch nicht gefundene neue politische Deutung der Situation zu überbrükken.

Das Begräbnis dieser Toten am 22. März war denn auch mehr als nur ein humanitäres oder religiöses Ereignis, es war ein groß begangenes politisches Fest, ein Staatsbegräbnis, gewissermaßen ein *Staatsakt von unten.* Wenige Tage nach den bürgerkriegsähnlichen Auseinandersetzungen versuchte hier eine Gesellschaft, einen neuen Konsens zu bekräftigen und inhaltlich zu explizieren. Während Feste meist dazu dienen, vergangene Ereignisse zu erinnern, ging es hier darum, einen Gründungsmythos zu schaffen, auf dem die zukünftige Entwicklung basieren sollte. Für die Zeitgenossen war demgemäß das Begräbnis vom 22. das weit gewichtigere Ereignis als der Umritt des Königs vom 21. März, denn an diesem Tage war man in Berlin vor allem beschäftigt mit den Vorbereitungen für die Aufbahrung und den Trauerzug. Von konservativer Seite wurde später auch zugegeben, daß dieser Umritt Friedrich Wilhelms IV. – bei welchem er sich mit der schwarz-rot-goldenen Fahne dekoriert hatte – beabsichtigte, die öffentliche Aufmerksamkeit vom Begräbnis abzulenken und die preußische Dynastie nach außen mit den neuen Werten zu verbinden, da man ansonsten unkontrollierbare Entwicklungen am Begräbnistag fürchtete.[4]

II.

Noch am 19. März wurden die toten Zivilisten, gleichsam als Beleg für das getäuschte Vertrauen des Volkes gegenüber dem König, in Gruppen in den Schloßhof getragen. Man zeigte die Leichen Friedrich Wilhelm IV., man zwang ihn, die Kopfbedekkung abzunehmen. In nie gekannter Weise war der preußische Königshof verunsichert. Das zeigte sich nicht zuletzt auch daran, daß im Schloß sowohl ein Teil der Toten bis zum Begräbnis aufbewahrt wurde, als auch eine Anzahl Verwundeter gepflegt und versorgt wurde, und daß sich daran sogar die Königin beteiligte. Während die Dynastie damit nach außen hin ihre Verbundenheit mit der Bevölkerung zu bekunden versuchte, wurden ebenso auch Fluchtpläne entworfen. Der Berliner Bevölkerung fehlte damals jedoch jeglicher antidynastische Impetus, in diesen Tagen war man viel mehr mit sich selber und den Vorbereitungen für das Begräbnis beschäftigt.

Man hatte ein Bestattungskomitee gebildet, das im wesentlichen aus Mitgliedern der städtischen Behörden bestand.[5] Es tagte auf dem Kölnischen Rathaus gewissermaßen in Permanenz, d.h. den ganzen Tag über waren mehrere Mitglieder anwesend, um eventuell notwendige Entscheidungen sofort treffen zu können. Das Komitee bestimmte den Begräbnisplatz – den im städtischen Besitz befindlichen, erst vor wenigen Jahren angelegten Park im Friedrichshain –, regelte die Zusammensetzung des Leichenzugs, dessen Weg, die kirchlichen Feiern usw. Zuerst hatte das Komitee bestimmt, daß die toten Zivilisten und Soldaten gemeinsam bestattet werden sollten; gegen diese Entscheidung erhob sich dann alsbald breiter öffentlicher Protest.

Auf den Straßen diskutierte man über das geplante gemeinsame Begräbnis, es entstanden spontan Versammlungen, auf denen über die Begräbnisfeier gesprochen wurde. Dabei bildete sich sehr bald die Mehrheitsmeinung, daß »die Feier zu einer rein bürgerlichen, das bürgerliche Heldentum verherrlichenden zu machen« sei. Auch in der Zeitungshalle von Julius – dem Herausgeber der gleichnamigen, sich innerhalb der kürzesten Zeit zu einem führenden demokratischen Blatt entwikkelnden Zeitschrift – fand eine derartige Versammlung statt. Einzelne Redner wandten sich gegen das geplante gemeinsame Bestatten der Toten, denn das sei eine Bekundung, »Berlin habe keine Revolution gemacht, sondern ein unglücklicher Zufall habe stattgefunden«. Man beschloß deshalb, eine Deputation an den König zu senden und um eine getrennte Bestattung zu bitten. Dieser Vorfall zeigt, wie unsicher man über die Lage war, in der man sich befand. Um deutlich zu machen, daß ein politischer Wandel stattgefunden habe, wünschte man eine getrennte Beerdigung der Toten. Genau darum bat man jedoch den König – der damit weiterhin die höchste Entscheidungsinstanz verkörperte. In diesem Fall führte das aber nicht weiter; Graf Arnim, der Ministerpräsident, erklärte, die Entscheidung darüber liege bei der Stadt bzw. beim Bestattungskomitee.

Es ist ungewiß, ob der Druck der Öffentlichkeit und der Straße ausgereicht hätten, die versöhnende Form des gemeinsamen Begräbnisses zu verhindern, denn noch am 21. März sprach sich die Stadtverordnetenversammlung auf einen Antrag des Stadtrats Daniel Alexander Benda mit einem *einstimmigen* Beschluß für eine gemeinsame Beerdigung aus. Letztlich ausschlaggebend dürfte gewesen sein, daß die Militärbehörden genaue Angaben über die Zahl der getöteten Soldaten verweigerten und schließlich erklärten, daß sie eine gesonderte Beerdigung wünschten. Daraufhin wurden die Soldaten am 24. März ohne große öffentliche Vorbereitungen auf dem Invalidenfriedhof beigesetzt.[6]

Parallel zu dieser Frage beschäftigte ein zweites Problem die Berliner – die Fürsorge für und Versorgung der bei den Kämpfen Verwundeten sowie der Angehörigen der Getöteten. Das Spenden für durch Naturkatastrophen oder Seuchen in Not geratene Menschen war im Vormärz weit verbreitet. Die Zeitungen enthielten immer wieder Listen mit Spendern und der Höhe der Beiträge, die für die Opfer von Naturkatastrophen oder Epidemien zusammengetragen wurden. Derartige karitative Maßnahmen sind als ein Teil der traditionellen Armenfürsorge zu sehen, die Woge an Sympathie, die den »Barrikadenhelden« entgegengebracht wurde, erhöhte nur noch die Bereitschaft, zu spenden.

Gleichzeitig erfolgte durch den Magistrat auch eine Reihe von Maßnahmen, die wohl eher als Versuche zu charakterisieren sind, die Unterschichten zu beruhigen und den sozialen Druck, der auf den unterbürgerlichen Bewohnern Berlins lastete, zu verringern. Der Magistrat beschloß am 25. März, alle Mietsteuerreste und alle Rückstände an Schulgeld, die bis zum 31. Dezember 1847 angefallen waren, sowie alle festgesetzten Strafgelder zu erlassen. Außerdem sollten, auf Erlaß des Königs, alle Pfänder mit einem Wert von weniger als fünf Talern zurückgegeben werden. Gleichzeitig bemühte man sich, für Bauarbeiten eine größere Zahl von ungelernten Arbeitern anzustellen.[7]

Die pathetische Form der Wohltätigkeit bildeten jedoch die Spenden direkt für die Verwundeten und Hinterbliebenen. Damit bot sich die Möglichkeit, noch einmal öffentlich zu den Ereignissen des 18. März Stellung zu nehmen, man konnte sich gewissermaßen symbolisch auf die Seite der Barrikaden stellen und am Ruhm der Helden partizipieren. Die Spenden und vor allem die Öffentlichkeit des Spendenaktes schufen eine Bühne, auf der die in diesen Tagen so oft proklamierte Einheit des »Volkes« über alle sozialen Grenzen hinweg inszeniert werden konnte. Außerdem konnten auch jene, die die Nacht vom 18. zum 19. März nicht auf der Straße und nicht hinter den Barrikaden verbracht hatten, sich noch nachträglich mit diesem emphatischen Ereignis in Verbindung bringen.

Teilweise gab es auch Kritik an der Spendenpraxis, sie konnte sich aber nicht durchsetzen und scheint keine Wirkung gehabt zu haben. Der schon erwähnte Stadtrat Benda äußerte in der Zeitungshalle vom 21. März, daß das Sammeln von Almosen für die Hinterbliebenen unwürdig sei, statt dessen solle man aus »Staatsmitteln« für sie sorgen. Die Tatsache, daß er mit diesem Vorschlag keine größere öffentliche Resonanz erzielen konnte, ist ein weiteres Indiz dafür, wie groß das Bedürfnis war, symbolisch die Verbundenheit mit den Barrikadenkämpfern zu zeigen. Eine anonyme Kostenübernahme durch die öffentliche Hand konnte dieses Bedürfnis nicht erfüllen.

In der Vossischen Zeitung erschien bereits am 19. März ein Spendenaufruf, gleichzeitig gab man bekannt, daß die Zeitung Beiträge entgegennehme. In den folgenden Tagen wurden sowohl in der Vossischen als auch in der Spenerschen wiederholt die Namen von stadtbekannten Personen, etwa Stadtverordneten, veröffentlicht, bei denen man Beiträge abgeben konnte und die sie an das dafür gebildete Generalkomitee weiterreichen würden.[8] Die Vossische druckte dann bald auch Spendenlisten ab. In sehr vielen Theatern und Vergnügungslokalen, von den Reiterbühnen und Variétés bis zum königlichen Schauspielhaus – dort spielte man Lessings Nathan – wurden Benefizveranstaltungen durchgeführt, deren Erlös den Hinterbliebenen zu Gute kommen sollte. Für diesen Zweck wurden eigene Aufführungen veranstaltet, aber auch die vom Berliner Verein für den Kölner Dombau in der Rotunde des königlichen Museums veranstaltete Ausstellung stellte ihre Eintrittsgelder nun für diesen Zweck zur Verfügung. Bald auch erschienen Flugblätter und Broschüren, mit deren Kauf man einen Beitrag leisten konnte, Kollekten und Sammlungen sehr vieler Einzelpersonen gingen ein. Es scheint auch vorgekommen zu sein, daß man von einzelnen, die am 18. März für das Militär gesprochen hatten, regelrechte Sühnegelder eingetrieben hat. Gleichzeitig wurden auch Sachspenden zusammengetragen und Kleidungsstücke gesammelt – ein Bereich, der traditionell der Wohltätigkeit der Frauen anheimfiel. Zeitweise scheint fast ein Mangel an Objekten der Mildtätigkeit geherrscht zu haben. Ende März erschien ein Inserat, in dem ein weibliches Komitee, das sich um Waisen der am 18. März Getöteten kümmern wollte, um Informationen über derartige Kinder bat.[9]

War die Wohltätigkeit in den gut situierten, bürgerlichen Kreisen als soziale Praxis auch breit verankert, so konnte sie das Ausmaß an Not in den unterbürgerlichen Schichten kaum mildern. Berlin war im 19. Jahrhundert eine rapide wachsende Stadt, die große Mehrheit der Bevölkerung gehörte unterbürgerlichen Sozialgruppen an. Individuelle Fürsorge konnte dadurch bestenfalls Einzelfällen Linderung bringen.

Tab. 1: Bevölkerung Berlins 1846 (in %)[10]

Bürgertum/Oberschicht	4,1
Mittelschichten	15,1
Unterschichten	80,8
proletarische Selbständige	10,8
Proletarier, qualifizierte Arbeitskräfte	37,8
Proletarier, unqualifizierte Arbeitskräfte	26,9
Subproletariat	–

Wie aus der Protestforschung der letzten Jahre bekannt ist, stellten diese proletaroiden Gruppen auch die Hauptträger bei den Aktionen des sozialen Protests. Für Berlin liegen nun inzwischen Angaben vor, die weitaus detaillierter sind als die seit langem bekannten Analysen der Märzgefallenen. Knapp 300 Personen wurden am 18./19. März vom Militär getötet, ca. 50 verwundet und über 500 von den Soldaten verhaftet. Faßt man diese drei Gruppen zusammen, so sieht die soziale Verteilung dieser ›Märzkämpfer‹ wie folgt aus:

Tab. 2: Märzkämpfer 1848 in Berlin (in %)[11]

Bürgertum/Oberschicht	2,9
Mittelschichten	9,8
Unterschichten	85,5
proletarische Selbständige	7,5
Proletarier, qualifizierte Arbeitskräfte	62,4
Proletarier, unqualifizierte Arbeitskräfte	15,6
Subproletariat	–
Übrige	1,8

Diese Zahlen legen es nahe, die gängige Aussage, daß bei den Märzkämpfen bürgerliche Vertreter kaum beteiligt waren, zu relativieren. Da die Gesamtstruktur der Berliner Bevölkerung derart eindeutig eine Mehrheit des Unterschichtenanteils aufwies, weicht die hohe Repräsentanz von Gesellen und qualifizierten Facharbeitern bei den Märzkämpfern nicht allzusehr vom Bevölkerungsdurchschnitt ab. Betrachtet man nur die bürgerlichen Gruppen, so verringert sich die Differenz zwischen Märzkämpfern (12,7%) und Gesamtbevölkerung (19,2%) noch weiter, wenn nur die Gefangenen und nach Spandau gebrachten (15,8%) verglichen werden. Auch wenn man berücksichtigt, daß in dieser Gruppe auch Unbeteiligte zu finden sind, die vom Militär willkürlich verschleppt wurden, kann man andrerseits doch davon ausgehen, daß Bürgerliche in der Nacht auf den 19. März wohl weniger schnell verfolgt und verhaftet wurden als etwa Gesellen.

Wenn man zudem noch die Angaben zu den Spendern heranzieht, läßt sich damit die *symbolische* Beteiligung bürgerlicher Gruppen am Kampfgeschehen belegen. Gegen das Militär – und den König gleichsam außer Acht lassend – inszenierte man nach dem 18. März eine fast mythische Einheit des Volkes, die alle sozialen Trennlinien ausblendete. Dieser Integrationsanspruch blieb jedoch fragil und wurde alsbald wieder in Frage gestellt.

Vorerst aber suchte man die soziale Harmonie zwischen arm und reich. Man kolportierte, Rothschild – schon damals die Verkörperung von Reichtum schlechthin – und einige andere Vermögende hätten allein 15000 Taler gespendet; daneben wirkten die 20 Taler, die Varnhagen von Ense, der ehemalige Diplomat und bekannte Publizist, nach der in der Vossischen veröffentlichten Liste beisteuerte, geradezu bescheiden. Die Einzelspenden betrugen im Schnitt rund 25 Taler, die häufigste Summe war 15 Taler.[12]

Gespendet wurde, vor allem für die zivilen Opfer, reichlich. Bis Oktober 1848 waren über 100.000 Taler zusammengekommen, bis Ende 1849 waren es dann schließlich 110.694 Taler und 20 Silbergroschen. In diesen zwei Jahren wurde auch rund die Hälfte des Geldes ausgegeben. 1323 Personen erhielten kleinere Beträge, 888 Personen bzw. Familien größere oder mehrmalige Leistungen, nach dem 1. September 1848 erhielten noch 202 Haushalte Leistungen zwischen 1 und 16 Talern monatlich. Georg Jung beantragte am 2. Oktober in der preußischen Natio-

Tab. 3: Spender für Verwundete und Hinterbliebene der Barrikadenkämpfer wie des Militärs (20. März bis 17. April 1848)[13]

	Barrikadenkämpfer		Militär	
	absolut	in %	absolut	in %
Bürgertum	186	71,3	44	38,9
Wirtschaftsbürger	48		8	
höhere Beamte	72		22	
Bildungsbürger	59		14	
Rentiers	6		–	
Studenten	1		–	
Mittelschicht	36	13,8	7	6,2
Handwerksmeister	9		2	
mittlere u. untere Beamte	16		3	
kleine Kaufleute	5		2	
Gastwirte u.ä.	5		–	
Journalisten	1		–	
Unterschicht	15	5,75	8	7,1
Arbeiter	5		2	
Gesellen	4		1	
Lohnabhängige in Dienstleistungen	6		5	
Nichtbürgerliche, zivile höhere Sozialschichten	9	3,4	4	3,5
Gutsbesitzer	8		2	
höherer Adel	1		2	
Militär	15	5,75	50	44,2
Offiziere	14		46	
Mannschaftsgrade	1		4	
	261	100	113	100

nalversammlung, die Auszahlung der Gelder in staatliche Obhut zu übernehmen und damit über die Erschöpfung des Spendenfonds hinaus zu garantieren.[14] Später wurde von den Konservativen der Vorwurf erhoben, vom Magistrat sei den Teilnehmern an den Barrikadenkämpfen als Ganzes eine Rente ausgesetzt worden. Die dabei genannte Summe, 15 Silbergroschen, entsprach etwa dem Verdienst eines Tagearbeiters pro Tag. Die konservative Seite versuchte damit, den Revolutionsmythos als Ergebnis simpler materieller Interessen von Unterschichtsangehörigen zu denunzieren.[15]

Der Appell zur sozialen Versöhnung und die Beschwörung der Einheit des Volkes erreichten ihren Höhepunkt am Begräbnistag, am 22. März. Auch die Ausgrenzung des Militärs, die zur getrennten Bestattung der gefallenen Soldaten führte, hielt in dieser Konsequenz nicht lange vor. Schon am 29. März kehrten die ersten Truppenteile in die Stadt zurück und wurden dabei von der Zivilbevölkerung festlich empfangen. Beim Begräbnis blieb jedoch der Bezug auf das Gegenüber der Kämpfe, das Militär, ausgegrenzt. Selbst der König spielte letztlich nur eine Nebenrolle, indem er am Trauerzug nicht teilnahm, sondern nur ›am Rande‹, d.h. auf dem Balkon des Schlosses stehend, vor den Toten seinen Helm abnahm. Durch das Tragen der Uniform blieb Friedrich Wilhelm IV. zusätzlich ausgegrenzt, stellte er sich damit doch auf die Seite des Militärs. Gleichzeitig versinnbildlicht diese Episode aber auch das Verwirrspiel mit der politischen Hierarchie, das in jenen Tagen herrschte. Der König verneigte sich und nahm seine Kopfbedeckung ab, damit ehrte er die Toten und schien seine Autorität zu relativieren. Andrerseits aber stand er auf dem Balkon *über* dem Festzug und bewahrte somit seinen Anspruch auf eine herausgehobene Machtstellung. An diesem Tag konzentrierte sich die Wahrnehmung jedoch ganz auf die proklamierte Eintracht des Volkes. Inszeniert wurde der Entwurf einer neuen, bürgerlich dominierten Gesellschaft.

Die Feierlichkeiten am 22. März waren ein öffentlicher Akt, waren ein »Staatsbegräbnis von unten«; das private Abschiednehmen von den Toten war nur am 21. März möglich gewesen. An diesem Tag wurden die Särge in der Neuen Kirche aufgebahrt, wurde noch einmal die Möglichkeit gegeben, die bis dahin noch unbekannten Leichen zu identifizieren, konnten die Angehörigen für sich allein den Toten gegenübertreten. In der Nacht zum Mittwoch dann wurde vor dem Portal der Kirche ein großer Katafalk errichtet und in den frühen Morgenstunden dort die Särge aufgestellt und geschmückt. Damit begann der öffentliche, der politische Teil des Begräbnisses, der das gesamte Leben Berlins an diesem Tag bestimmte. Die allermeisten Geschäfte und Fabriken hatten geschlossen, die Menschen nahmen entweder am Trauerzug selber teil oder standen als Zuschauer Spalier.

Am Vormittag wurde die Aufstellung des Festzuges vorbereitet und die ganze Stadt mit schwarz-rot-goldnen und mit schwarzen Fahnen geschmückt. Auch das Schloß und die Denkmäler in der Innenstadt, etwa jene von Scharnhorst und Blücher, wurden auf diese Weise dekoriert. Gegen Mittag versammelten sich die Angehörigen der Toten in der Kirche und wurden dort von der evangelischen Geistlichkeit Berlins und der vieler Nachbarstädte empfangen. Katholische und jüdische Geistliche standen an der Kirchentür. Man sang den Choral ›Jesus meine Zuversicht‹, verließ die Kirche und ging zu den Särgen. Diese waren mit Blumen aus den königlichen Gärten drapiert worden, ebenso erhielten die Angehörigen Blumensträuße aus den Schloßgärten. Kurze Weihereden der Vertreter der drei Konfessionen, die nachher am Grabe auch die Predigten hielten, bildeten den Abschluß der kirchlichen Feier, dann wurden die Särge jeweils von sechs Mann auf Bahren getragen und in den Zug eingereiht. Sydow, der evangelische Prediger, beschwor die »segensreichen Folgen für das Vaterland«, die aus dem Kampf entstanden seien, dieser Kampf werde »jetzt das Band der Liebe und Einigkeit um das ganze deutsche Vaterland« schlingen. Der Rabbiner Sachs wies darauf hin, daß »alle Scheidewände, welche bisher den Bruder vom Bruder getrennt hätten, mit diesem herrlichen Werke gefallen seien«, sich alle nun die Hand reichten und auch die jüdische Glaubensgemeinschaft freudig an diesem Bund teilnähme. Die Vossische Zeitung bemerkte zu diesem Zusammenwirken der drei Konfessionen, »es war ein historischer Moment, der ebenso ohne Beispiel in der Geschichte dasteht, als diese ganze Feierlichkeit selbst«.[16]

Um 14 Uhr begann der Festzug seinen Weg von der Neuen Kirche zum Friedrichshain. Er bestand aus mehr als 20000 Teilnehmern, dauerte vier Stunden und erreichte eine Länge von 7,5 km. Man kann davon ausgehen, daß ein Großteil der Berliner Bevölkerung als Zuschauer an diesem Ereignis teilnahm, daß sicherlich weit mehr Berliner den Festzug sahen als am Tag zuvor Friedrich Wilhelm IV. auf seinem Ritt durch die Stadt. Man war sich der Bedeutung des Tages bewußt. In den Insignien des Zuges, d.h. den mitgeführten Symbolen und Zeichen, »schien sich die ganze Geschichte unseres Vaterlandes zu verkörpern«, schrieb die Vossische Zeitung, deren gesamte Redaktion am Begräbnis teilnahm. Zu diesen äußeren Zeichen gehörten die Fahnen von anderen Städten, aus denen Delegationen am Zug teilnahmen,[17] sowie von einzelnen Gewerben in der Stadt. Dazu gehörte aber auch, daß fast keine Uniformen zu sehen waren und kaum Orden, daß nur Auszeichnungen für die Teilnahme an den Feldzügen von 1813 getragen wurden. Das Erscheinungsbild wurde dominiert durch die schwarze Kleidung der Menschen. Das entsprach dem Begräbnischarakter, es entsprach aber auch dem feierlichen Grundtenor, und vor allem spiegelte es den bürgerlichen Habitus der Veranstaltung wider. Schwarzer Rock und Zylinder statt der Uniform bei den sonstigen, vom Militär geprägten Umzügen bestimmten das Äußere.[18] Eine Kette von 3000 Personen, bestehend aus Mitgliedern des Handwerkervereins und der Bürgergarde sowie aus Studenten, ordnete das Publikum und verschaffte dem Festzug freie Bahn bis zum Friedrichshain.

Der Zug selber war eingerahmt durch und vielfach durchsetzt mit Abteilungen der Bürgerwehr. An der Spitze gingen die Deputationen und Abgesandten aus den anderen Städten, danach folgte ein Mitglied des Bestattungskomitees als Trauermarschall. Danach erschien der Bezirksvorsteher Drewitz, er trug ein Kissen mit der gestickten Aufschrift »Den gefallenen Helden des 18. und 19. März 1848 die Frauen und Jungfrauen des Neuenmarkts-Bezirks«. Ihm folgten 15 junge Mädchen vom Familienverein der Jakobsstraße, jede trug auf einem Kissen einen weißen Kranz. Danach kam der Hauptteil des Festzuges, die Toten. Gegliedert nach der Gewerbezugehörigkeit wurden Gruppen gebildet; den Vertretern der jeweiligen Gewerbe mit Fahnen und Abzeichen folgten die dieser Branche zugehörigen Toten. Ihnen schlossen sich alle Geistlichen an, die mit den Angehörigen eine Abteilung bildeten. Als nächster Block folgten die offiziellen Institutionen, an ihrer Spitze die Universität, angeführt von Alexander von Humboldt und dem Rektor. Weiter waren vertreten alle staatlichen Behörden, sogar das Staatsministerium, die Akademie mit den Künstlervereinen, der Magistrat, die Stadtverordneten und die Kommunalbeamten. Den Abschluß bildete dann eine große Anzahl von Abteilungen der Bürgerwehr.

Dem Festzug angeschlossen hatten sich auch die polnische Legion mit einer eigenen Gruppe, mit Säbeln bewaffnet, unter der polnischen und deutschen Fahne einhergehend, sowie eine Formation von Italienern – im wesentlichen aus den Sängern der Oper bestehend – mit der italienischen Trikolore. Die Vertretungen des Handwerkervereins nahmen am Zug bewaffnet teil, ebenso wie die Abordnungen der Gymnasien und höheren Lehranstalten.

Die im Festzug symbolisierte Ordnung entsprach damit nur zum Teil dem so eindringlich beschworenen Geschehen des 18. März. Nicht alle sozialen Gruppen, die an den Kämpfen um die Barrikaden beteiligt waren, nahmen waffentragend am Festzug teil. Die Fabrikarbeiter etwa, deren Mut und Engagement in diesen Tagen vielfach gerühmt wurden, erschienen ohne Waffen. Sie gruppierten sich nach ihrer Betriebszugehörigkeit, ihnen voran schritten die »Fabrikherren«. Auch ein in diesen Tagen besonders gefeierter Arbeiter, Gustav Hesse aus Halle, erschien ohne Waffen, jedoch in seinem blauen Arbeiterhemd und reich bekränzt. Vor ihm präsentierte die Bürgerwehr das Gewehr und die Zuschauer grüßten mit entblößtem Haupt.[19] Das Waffentragen wurde den Polen zugestanden sowie den bürgerlichen Kreisen und Gruppen wie dem Handwerkerverein, der sich, wie die Vossische Zeitung in ihrer Beschreibung des Festzuges hervorhob, in den letzten Jahren durch »Einsicht und Bildungsstreben« sehr ausgezeichnet hätte. Die Abgrenzung einer genuin bürgerlichen Sphäre gegenüber dem Militär implizierte damit nicht, daß diese Gesellschaft sich als vollkommen amilitärisch verstand. Im Gegenteil, man verstand es als politische Errungenschaft, den waffentragenden Bürger an die Stelle des unverantwortlichen, nur dem militärischen Gehorsam unterworfenen Soldaten setzen zu können.[20] Die Differenzierung in waffentragende und waffenlose Teilnehmer am Begräbniszug zeigt damit auch, welche Gruppen in dieser sich präsentierenden bürgerlichen Gesellschaft nur bedingt als gleiche akzeptiert wurden.

Der Weg des Festzugs führte auch am Schloß vorbei. Um zu verhindern, daß die Situation eventuell unkontrollierbar wurde, hatte man sich beim Begräbniskomitee vorher erkundigt, ob der König auch persönlich auf dem Balkon erscheinen werde. Friedrich Wilhelm ließ versichern, daß er den Toten »seine Achtung bezeigen« und persönlich auf dem Balkon erscheinen wolle. Am Nachmittag dann trat er bei jeder vorbeigetragenen Sarggruppe heraus und nahm seinen Helm ab. Diese Geste symbolisierte ein Stück verkehrte Welt. Während sonst der Monarch auf dem Balkon stehend die Huldigung der Bevölkerung entgegennahm, erfolgte die Reverenzerweisung nun in der umgekehrten Richtung, von oben nach unten in Richtung auf die Straße. Das traditionelle Gefälle von unten und oben blieb jedoch gewahrt – ein Symbol dafür, daß die herkömmliche Herrschaftsstruktur noch nicht prinzipiell in Frage gestellt worden war. Die beteiligten Personen dieses Geschehens blieben gewissermaßen auf ihren angestammten Positionen und agierten so, ›als ob‹ eine Veränderung stattgefunden hätte.[21]

Im Friedrichshain wurden die Särge dann um eine karreeförmige Erhöhung herum aufgebaut, auf welcher ein Altar aufgestellt worden war und man einen hohen Mast errichtet hatte, an dem ein verschleierter deutscher Adler, das Wappen der Stadt Berlin sowie Lorbeer- und Zypressenzweige angebracht worden waren. Auf diesem Plateau versammelten sich sodann die Geistlichen aller Konfessionen. Der evangelische Prediger Sydow, der katholische Kaplan Ruland und der Rabbiner Sachs hielten Gedächtnisreden, der evangelische Bischof Neander sprach den Segen. Die Fahnen wurden in militärischer Weise gesenkt, das Schützenkorps feuerte eine Ehrensalve. In Anschluß an dieses offizielle Programm hielt der Demokrat Jung ebenfalls noch eine Rede, auch das ein Indiz dafür, wie sehr das Begräbnis ein politischer Festakt war.

Am ausführlichsten sprachen Sydow und Jung. Sydow, Prediger an der Neuen Kirche in Berlin und später – ebenso wie Jung – als Abgeordneter in die preußische Nationalversammlung gewählt, stellte seine Worte ganz unter das Motto der Versöhnung. Als Leitmotiv wählte er den Satz »Wahrlich, wahrlich, ich sage Euch, es sei denn, daß das Weizenkorn in die Erde falle und ersterbe, sonst bleibt es allein: wo es aber erstirbt, bringt es viele Früchte.« Damit benannte er schon den Grundtenor seiner Erörterungen, das *Opfer* der auf den Straßen Berlins Gefallenen, die gestorben seien für die »Zukunft« des Vaterlandes. Seine Rede gliederte sich in eine Ansprache an die Angehörigen, deren Trost es sein solle, daß diese Geschehnisse göttlicher Fügung entstammten und zugleich zum Wohl des Vaterlandes beitragen würden. Im Mittelteil von Sydows Ausführungen stand der Aufruf zur Versöhnung. Den »braven Gegner« solle man ehren und nicht hassen; zwar seien Taten der »Grausamkeit« geschehen, aber man solle nun vergeben, denn »der Siege göttlichster ist das Vergeben«. Unausgesprochen blieb dabei, wem vergeben werden sollte – dem Militär, der Regierung oder dem König. Im Schlußteil schließlich bemühte sich Sydow um eine Erklärung der Vorfälle. Schicksalsmetaphern werden beschworen, wenn sich »zwischen den König und sein treues Volk eine schwüle unheilvolle Wolke hat lagern können«, die sein treues Herz verwirrt habe. Nun aber hätte sich alles geändert, sei ein Wendepunkt in der Entwicklung des Vaterlandes von »weltgeschichtlicher Bedeutung« geschehen. Der König sei dem Volk nun wieder wie neu geschenkt, er habe einen »kühnen Griff« – das reklamierte wenige Monate später auch Heinrich von Gagern in der Paulskirche für sich – getan in die Gestaltung des deutschen Vaterlandes. Wofür in den Freiheitskriegen gekämpft worden sei, das sei »jetzt errungen«, nämlich »Ehre jedem Stande, und jeder gerechten Forderung gerechte Rücksicht«. Konkreter benennt Sydow die Märzerrungenschaften nicht, auch die anderen religiösen Redner bleiben unverbindlich. Sein Deutungsangebot ist ein christologisches; ohne daß er explizit politische Inhalte erwähnt, werden die Toten zu »Märtyrern« von »Freiheiten und Rechten«, die nicht genauer benannt werden.[22]

Genau an diesem Punkt setzte die Rede des Demokraten Jung ein. Er begann mit der Aufnahme des Versöhnungsappells der Prediger, ergänzte ihn aber mit der Aufforderung, die Toten zu »sühnen« und ihr »heiliges Vermächtnis« zu übernehmen und »durchzukämpfen, wofür die gestorben sind«. Es sollte keine Rache angestrebt werden, aber nun eine neue Gesinnung herrschen. Jung fuhr fort: »Wohlauf, meine Herren, wie Antonius das Testament des gemordeten Cäsars, eröffne ich ihnen das Testament des gemordeten Volkes«.

Auch er rief explizit zur Versöhnung auf, forderte jedoch vor allem die Harmonie der verschiedenen Klassen. »Wenn ihr vereint auf den Barrikaden sterben konntet, so werdet ihr vereint auch leben können«, die Barrieren der Menschen untereinander sollten nun verschwinden, »es gibt keinen Pöbel, keinen roten Haufen, kein Gesindel mehr; denn wir, so sprechen die Toten, haben mit unserem Blute euren Bürger- und Freiheitsbrief besiegelt«. Nur weil die Soldaten vom »Vaterlande« getrennt worden wären, hätten sie so handeln können. Auch Jung benutzte dann die Opfermetapher – »so erwachse aus unserem Blute statt des wilden Rachegeistes die Rose der Freiheit und Verbrüderung« –, im Gegensatz zu Sydow benannte er konkrete politische Forderungen. Noch nicht gewährt seien das allgemeine Wahlrecht, die Sicherheit der Person vor der Gewalt der Polizei, das freie Vereinigungs- und Versammlungsrecht, die freie Wahl von Abgeordneten.[23]

Jung konnte zwar kein anderes Deutungsmuster als das von Sydow verwandte Opferbild anbieten, er versuchte jedoch, es mit politischen Inhalten für die zukünftige Gestaltung zu füllen. In diesen Tagen, so kurz nach dem 18. März, war aber das allgemeine Bedürfnis viel mehr auf Versöhnung und Wiederherstellung der Ordnung ausgerichtet. Am Begräbnistag wurde diese Differenz noch nicht wahrgenommen und erörtert, statt dessen genoß man die Feierlichkeit des Tages und die vermeintliche Bedeutung des Augenblicks.

Dabei wurde bei der Deutung des Ereignisses durch die Zeitgenossen besonders betont, in welch geordneten Bahnen das Begräbnis stattgefunden hätte. Die Vossische kommentierte, es fand »die ganze Feierlichkeit mit der größten Ordnung, wir dürfen sagen Ehrerbietung statt. Kein Gensdarm, keine Polizei, kein Soldat, waren zu sehen, und dennoch fiel nicht die geringste Störung vor, weil eben alle derselbe gute Wille und dieselbe Einigkeit lenkte. Ein Volk, welches sich in einem so bewegten und so kritischen Moment so sehr selbst zu beherrschen vermag, ist gewiß reif für die Freiheit!« Hierin spiegelte sich der Anspruch der bürgerlichen Gesellschaft wider, auch ohne die Instrumente des absolutistischen Staates, ohne Militär und Polizei, die öffentliche Ordnung gewährleisten zu können. In der breiten Welle von Bürgerwehrgründungen im Frühjahr 1848, mit denen man letztlich die stehenden Heere zu ersetzen hoffte, ist dasselbe Ideal der sich selber regulierenden Gesellschaft zu finden. Dieses Ideal aber, auch das wird hier deutlich, basierte auf der Homogenität der Interessen, implizierte eine prinzipielle Gleichheit als Voraussetzung. Deshalb wurden »guter Wille« und »Einigkeit« besonders erwähnt. Schon angelegt war damit auch die Ratlosigkeit, wie die »Freiheit« erlangt werden könne, falls sich die »Einigkeit« als brüchig erweisen sollte, falls sich das Volk nicht mehr zu ›beherrschen‹ vermöge.[24] Letztlich scheint hier aber auch ein traditionales Verständnis von bürgerlicher Gesellschaft durch, das nicht auf individuellen, universalistischen Prinzipien beruht, sondern vielmehr die Unterschiedlichkeit verschiedener Gruppen und Korporationen voraussetzt, diese aber gleichermaßen an der bürgerlichen Gesellschaft teilhaben läßt.

Schon am nächsten Tag sollte deutlich werden, daß die so betont proklamierte Eintracht ein fragiles Gebilde war, daß sie eher dem Wunsch als der Realität entsprach. Noch war die Illusion der Harmonie aber so stark, daß man sich gegen den Störenfried heftig zur Wehr setzte – gegen Gustav Julius, Redakteur und Herausgeber der demokratischen ›Zeitungshalle‹.[25]

Am 23. März veröffentlichte er in einem Extrablatt seiner Zeitung einen Artikel, in dem er sich mit der am Vortage so intensiv beschworenen Versöhnung beschäftigte. »Versöhnung! Mit wem denn und womit?« Einige antworteten: mit den Soldaten. Das sei nicht nötig, entgegnete Julius, jene seien nur »Werkzeuge wie die Kanonen« gewesen, keiner verspüre Haß gegen sie. Mit dem Soldaten*stand* aber dürfe es keine Versöhnung geben, er müsse ausgerottet werden, »bis kein Unterschied mehr zwischen Bürger und Soldaten« sei.

Der Versöhnung bedürfe es aber auf einem anderen Gebiet. Wie in Frankreich und England sei »der Bruch zwischen der Bürgerklasse und der Arbeiterklasse schon vollendet«. Nicht »zwischen dem Königtum und uns« sei Krieg, sondern zwischen den »Besitzenden und den mit ihrer Arbeitskraft sich zum Besitze drängenden«. Julius begrüßte es, daß der König sich an die Spitze der Bewegung stellen wolle. Frieden könne aber nur dann erlangt werden, wenn der König ganz mit dem »bisherigen System« breche. Konkret forderte Julius in seinem Artikel das allgemeine Wahlrecht, welches in »diesem Augenblick der Anarchie ... oktroyiert« werden müsse. Als zweites verlangte er ein Ministerium für die Regelung der Arbeitsverhältnisse. Er warnte die »Bürgerklasse« vor der Illusion, daß sich der Arbeiter einschläfern lasse, forderte eine öffentliche Diskussion und schloß mit dem Appell: »Und keine Ruhe, keine keine Ruhe! Nicht eher Ruhe als bis wir etwas Tüchtiges erarbeitet haben werden.«[26]

Weit mehr als Jungs Rede am Grab störte dieser Artikel die beschworene Harmonie aller untereinander. Den Unmut darüber bekam Julius zu spüren. Der österreichische Gesandte bezeichnete den Artikel als eine der »ärgsten Manifestationen aufrührerischer Art«, welche alle »noch nicht in das letzte Stadium der Revolution gelangten Gemüter« empöre. Denn die »besitzenden Bürger« lebten in großer Angst vor der »besitzlosen Klasse« und würden »Tränen darüber vergießen«, daß die Truppen Berlin verlassen hätten. Diese Angst würde ihnen aber wohl die »Lust zu revolutionieren« auf einige Zeit austreiben.[27]

Den ganzen Tag über (am 23. März) versammelte sich eine größere Anzahl Menschen in den Räumlichkeiten der Zeitungshalle, darunter waren auch Graf Schwerin, Borsig, Woeniger. Man drohte Julius, ihm die Fensterscheiben einzuwerfen und die Druckerpressen zu zerstören, man warf ihm vor, die einzelnen Klassen gegeneinander aufzuhetzen, man versuchte ihn zu belehren, indem Meister mit ihren Gesellen erschienen und betonten, wie einträchtig sie zusammen arbeiteten und lebten. Noch am selben Abend erschien eine zweite Extrabeilage der Zeitungshalle, in der von zwei Unterzeichnern betont wurde, daß Julius zwar die Zwietracht der Klassen nicht habe aufstacheln wollen, er aber übersehen hätte, daß der von ihm zum Thema gemachte Bruch der Klassen »hier bei uns, wo Bürger und Arbeiter eben aus einem gemeinsamen Kampfe hervorgehen, in der Tat nicht vorhanden« sei. Eine Gruppe versicherte, sie wolle »nur Frieden unter allen Klassen, damit die sie trennenden Schranken fallen«. Damit, ergänzte Julius, stimme er völlig überein.

In einem weiteren Extrablatt am 24. März erläuterte er dann seine Ansicht noch einmal. Er unterstrich, daß er Eigentum für eine Notwendigkeit halte, daß »das Eigentum ... die Wurzel aller Zivilisation« sei. Jedem müsse Gelegenheit gegeben werden, durch Arbeit Eigentum zu erwerben, das sei die »Wurzel des Gemeinwohls«. Deshalb auch stünden sich zwei Klassen gegenüber, jene, die Eigentum besitze und jene, der es daran mangele. Die Gesellschaft müsse eingreifen, damit auch die Eigentumslosen die Möglichkeit zu Wohlstand erlangten. Diese Erläuterungen konnten die Gemüter nur zum Teil besänftigen. Die Wolffsche Chronik bemerkte dazu, »vor allem war das bürgerliche Gemüt empört, daß der Artikel wiederholt ausrufe: ›keine, keine Ruhe‹«. Am pointiertesten reagierte die Kaufmannschaft. In einer »Parodie des Ballhausschwurs«, wie Wolff spottete, gelobten sie in einer Versammlung in der Börse, das Gebäude der Zeitungshalle nicht mehr zu betreten, das Blatt nicht mehr zu abonnieren und die Börsenkurse nicht mehr in der Zeitungshalle zu veröffentlichen. Dieser Boykott wurde eingehalten; zunächst verzichteten auch mehrere andere Zeitungslesesäle auf Julius' Blatt, nahmen es dann aber bald wieder in ihr Programm auf.[28]

Am selben Tag noch ließ der Magistrat ein Flugblatt plakatieren, in welchem er ebenfalls warnte, eine »Spaltung zwischen den verschiedenen Klassen« könnte die Wohlfahrt gefährden. Er versprach, daß die »Besitzenden« die Beteiligung der »ärmeren Brüder« am Kampf nicht vergessen würden. Der Magistrat wolle alles versuchen, »organische Einrichtungen« herbeizuführen, um »die Lasten der bürgerlichen Gesellschaft« gerecht zu verteilen, um den Anspruch jedes Menschen auf »Bildung« zu befriedigen. Dazu benötige man ein Wahlrecht für »jeden Staatsbürger«. Falsch sei es jedoch, das mit Hilfe einer »Rechtsverletzung« durch den König, d.h. mit einem Wahlrechtsoktroi zu erlangen. Deshalb müsse man den Beschluß des Landtags abwarten.[29]

III.

Im Juni hieß es dann erneut, »Berlin hat gestern ein großartiges Fest begangen«.[30] Nach einer Konsolidierung der Verhältnisse in den Wochen nach dem Begräbnis war nun wiederum eine kritische Situation entstanden, herrschte Ungewißheit über die weitere politische Entwicklung. Ende Mai kehrte Wilhelm, der Prinz von Preußen, wieder nach Berlin zurück. Er galt als Symbol des verhaßten Militärsystems und überdies machte man ihn für den harten Einsatz der Armee am 18. März verantwortlich. Aus Protest gegen seine Rückkehr kam es zu Katzenmusiken und Straßendemonstrationen, wurden Flugblätter und Spottgedichte verfaßt. Protestaktionen richteten sich nun auch immer mehr gegen einzelne Exponenten des gegnerischen Lagers, Ende Mai etwa gegen Louis Schneider, den Militärpropagandisten und Verfasser des »Soldatenfreundes«. Die zunehmende Politisierung und Polarisierung der Gesellschaft wurde in derartigen Handlungen evident; die während des Begräbnisses beschworene Eintracht der sozialen Klassen verschwand hinter dem Streit politischer Gruppen. Das Ideal gesellschaftlicher Harmonie erschien somit immer mehr als Illusion.

Anfang Juni begann die Berliner Nationalversammlung mit ihrer Tätigkeit. Damit wurde die Frage nach dem Selbstverständnis dieser Institution, letztlich nach dem politischen Programm der Repräsentanten akut. Ausgelöst wurde die Debatte darüber durch Camphausen, den neuen ›bürgerlichen‹ Ministerpräsidenten, als er in der konstituierenden Sitzung der Nationalversammlung den 18. März eine »Begebenheit« nannte und den Begriff »Revolution« vermied. Fanny Lewald notierte dazu unter dem Datum des 6. Juni in ihrem Tagebuch, »meine Furcht vor den fremden, neuen Worten, vor den Errungenschaften und Vereinbarungen scheint nicht grundlos gewesen zu sein, denn jetzt schon ist das Wort ›Revolution‹ offenbar ›mißliebig‹ geworden, wie man das in der vormärzlichen Zeit zu bezeichnen pflegte«. Sie beklagte, daß gerade Camphausen sich nicht zu diesem Begriff bekannte, müßten doch gerade die neuen Minister »diese Revolution als ihre Mutter« achten.[31]

Aus Protest gegen diese Distanzierung vom Gründungsmythos der revolutionären Neugestaltung und der Beteiligung des Volkes an der Macht initiierte die Berliner Studentenschaft am 4. Juni einen Festzug zum Friedrichshain. Diese abermalige »Revolutionsfeier« war kein bloßes Totengedenken, erneut sollte sie primär einer politischen Standortbestimmung dienen. Dabei ging es jedoch bereits um die Verteidigung jener Positionen, die man im März dauerhaft errungen zu haben glaubte. In einem Flugblatt wurde gefragt, »haben wir eine Revolution gehabt?« Oder sei alles nur eine »Revolte« gewesen, kurz, waren die Märzgefallenen »Helden oder Verbrecher«?[32]

In einem Gedicht über die Feier am 4. Juni hieß es:

> »Das freie Volk hat seine Macht erkannt
> Die blut'ge Weihe jener heil'gen Nacht
> Hat es zu einem Brüdervolk gemacht! –
> Und nun bebt Ihr vor einem Wort zurück?
> Und nun senkt scheu zu Boden Ihr den Blick?
> Kaum Frühling ist's und Ihr verleugnet schon
> Die große Tat, die Revolution?«[33]

Der Ablauf der Feier im Juni ähnelte weitgehend dem Begräbnis im März. Der Demokratische Klub versammelte auf dem Dönhofsplatz etwa 1500 Personen zu einer Vorfeier, auf der eine Fahne geweiht wurde. Sie war von den weiblichen Mitgliedern des Klubs angefertigt worden, auf rotem Grund war in Gold gestickt »Der Demokratische Klub« und »Der 18. und 19. März«. Um 16 Uhr versammelte man sich dann auf dem Gensdarmenmarkt, von dort startete der Festzug, er nahm den gleichen Weg wie am 22. März und dauerte drei Stunden. Auch die Struktur des Zuges war an den Begräbnisfestzug angelehnt, jedoch gab es Unterschiede. Mehr als im März waren nun Deputationen und Abordnungen der politischen Vereine vertreten, ebenfalls eingefügt waren wieder die Abordnungen der verschiedenen Gewerbe und beruflichen Gruppen. Darunter war auch eine Abteilung der ›Rehberger‹ – eine knapp 1000 Mann starke Teilgruppe der Erdarbeiter, die die Rehberge im Wedding planieren sollten und 1848 in der Stadt zum leibhaftig gewordenen Schreckbild des »Pöbels« geworden waren – und eine Gruppe mit einem Transparent »Brotlose Arbeiter«. Anders als im März fehlten nun aber die »Fabrikherren«, die damals zusammen mit ihren Arbeitern teilgenommen hatten. Ebenfalls im Unterschied zum März fehlten auch die Vertreter der Institutionen. Weder die städtischen oder staatlichen Behörden noch die Universität waren als solche mit eigenen Abteilungen vertreten, auch die Bürgerwehr hatte es ihren Einheiten untersagt, geschlossen als Organisation teilzunehmen und nur das Mitgehen im Zug als Privatperson, ohne Uniform und ohne Waffen, gestattet. Die Berliner Nationalversammlung hatte eine geschlossene Teilnahme ebenfalls abgelehnt, es marschierten aber ca. 130 Abgeordnete des demokratischen Lagers im Festzug mit. Insgesamt gehen die zeitgenössischen Berichte dahin, daß bis zu 100000 Personen teilnahmen, mit den Zuschauern sollen bis zu zwei Dritteln der gesamten Bevölkerung beteiligt gewesen sein.[34] Trotz der großen Beteiligung war unübersehbar, daß die im März beschworene Eintracht nun auch durch den Appell an die Aura und die Bedeutung der Märzgefallenen nicht mehr reproduzierbar war, daß politische und soziale Trennlinien nun in stärkerem Maße die Gruppen konstituierten.

Im Friedrichshain versammelte man sich um die Gräber, es gab zahlreiche Verkaufsstände von Lebensmitteln, »der Platz hatte hier eher das Aussehen eines Jahrmarkts, als einer Trauerbühne«. Im Zentrum versammelten sich die ausgewählten Redner und die weiblichen Mitglieder des Demokratischen Klubs. Es sprachen zwölf Redner.[35]

Die Beteiligung von Stefan Born vom Arbeiterkomitee und von Reich, dem Vertreter der Erdarbeiter, zeigt, daß der Kult um die Märzgefallenen gerade bei den Unterschichten populär war, politisches Selbstbewußtsein bei ihnen aus dem Rückgriff auf den 18. März entstand. Diese beiden Redner betonten auch immer noch die Einigkeit zwischen den sozialen Klassen, für sie resultierte aus diesem Datum die politische Mündigkeit, die Zugehörigkeit zur Gesellschaft. »Der Arbeiter ist Bürger und der Bürger ist Arbeiter, alle zusammen das Volk«, so Reich. Stärker politische Akzente wurden von den Demokraten gesetzt. Jung, der schon am 22. März gesprochen hatte, betonte, das Volk von Berlin wolle »nichts für sich, es will nur die Freiheit für alle, doch gleich soll sie verteilt werden«. Reichenbach spitzte dieses Argument noch zu und forderte die »Volksherrschaft«. Börner, der im Auftrag des Demokratischen Klubs sprach, kritisierte die Haltung des Ministeriums; man hätte große Hoffnungen in es gesetzt, »aber es bewies uns jede Tat, daß sie unsere größte Heldentat verschmähten, daß sie es vorzogen, sich lieber auf ein Patent, einen Landtag zu stützen, als auf das Volk, als auf das Recht der Revolution«. Deshalb habe man alle Hoffnung auf die Nationalversammlung gesetzt, sei aber auch von ihr enttäuscht worden. Nun hoffte man statt dessen auf den »Stern der Volkssouveränität«. Mit diesem Festzug »erkennen wir hiermit das letzte heiligste Recht der Völker an, das ewige Recht unserer Revolution«. Folgerichtig konnte v. Salis, der Vertreter der Studentenschaft, den »Geist der Revolution« auffordern, noch einmal herabzusteigen, »auf daß wir ein echtes Pfingsten feiern«.

In der politischen Situation des Sommers 1848 zeigte dieser

Appell an das Recht zur Revolution bereits die geringen Handlungsspielräume des demokratischen Lagers an. In der Nationalversammlung unterlag die Linke mit ihrem Antrag auf »Anerkennung der Revolution«, statt dessen bekannte sich die Mehrheit des Parlaments zum Vereinbarungsprinzip und negierte damit den im Friedrichshain proklamierten revolutionären Ursprung.[36] Auch die Demokraten aber ersetzten letztlich die revolutionäre Aktion durch die Revolutionsfeier. Es gab in Berlin keine Versuche oder auch nur Vorbereitungen des demokratischen Lagers, die Macht gewaltsam zu übernehmen. Die Beschwörung der Toten diente statt dessen der Vergewisserung darüber, daß eine Revolution bereits stattgefunden hätte.

IV.

In der Forschung ist mit plausiblen Argumenten der Streit über die Staatsformen ›Republik‹ versus ›konstitutionelle Monarchie‹ als einer der Grundkonflikte von 1848 beschrieben worden. Hinter diesen Begriffen verbargen sich auch tiefgreifende Unterschiede in sozialen Erwartungen und gesellschaftlichen Reformvorstellungen.[37] In Berlin – und auch in den anderen Regionen – kristallisierte sich der Konflikt jedoch weniger um den Begriff der Republik, sondern um den der »Volkssouveränität«. Die reklamierte Volksherrschaft ermöglichte es, das Problem der Monarchie und der Stellung des Königs gleichsam auszublenden. Nur von einem sehr kleinen Teil des politischen Spektrums wurde überdies die Abschaffung der Dynastien in den Einzelstaaten gefordert, die Forderung nach Republik bezog sich meist nur auf die Staatsform des erst noch zu schaffenden Deutschland. Statt dessen diente die Diskussion um die Bedeutung des 18. März – sehr bald auch die Frage, ob die Ereignisse des 18. März als ›Revolution‹ zu bezeichnen seien –, die seit Ende März in Zeitungen, Flugblättern und Broschüren in Berlin ausgetragen wurde, als Medium, um den Anspruch auf Volksherrschaft zu erheben. Das zentrale Argument war die Berufung auf die Märzgefallenen. Parallel dazu bestand jedoch eine weitreichende Unsicherheit darüber, wie diese Volksherrschaft zu gestalten sei. In den Reden der Feiern, in der gesamten Revolutionsrhetorik blieb es meist beim Appell an die »Eintracht unter dem Volke« und der Betonung der erhebenden und ruhigen »Haltung« des Volkes.[38] Die Märzgefallenen waren zum Symbol für die ›Revolution‹ geworden – und ersetzten eine letztlich nur von wenigen gewollte Realität revolutionärer Veränderungen.

Im Begräbnis der Märzgefallenen im Frühjahr 1848 scheint auch für kurze Zeit eine mögliche Veränderung des Verständnisses von Bürgerlichkeit und der bürgerlichen Durchdringung des politischen Systems auf. Der Totenkult der Barrikaden war innerhalb der zivilen, bürgerlichen Gesellschaft prinzipiell egalitär. Die Gleichheit im Tode spiegelte auch die erstrebte bürgerliche Gleichheit im Leben wider. Die darin enthaltene politische Implikation war die der *staatsbürgerlichen* Gleichheit. Das blieb jedoch vorerst ein Versprechen. Statt dessen dominierte weiterhin die bestehende ständisch imprägnierte Bürgergesellschaft mit ihren sozialen Unterschieden. Das zeigte sich auch in den Begräbnisfeierlichkeiten, bei denen die verschiedenen bürgerlichen Gruppen getrennt aufmarschierten. Die *»real existierende Bürgergesellschaft«* verweigerte sich 1848 der Universalisierung des bürgerlichen Freiheits- und Gleichheitsanspruchs und blieb eine dynastisch gestützte Untertanengesellschaft.

Anmerkungen

1 *T. Fontane,* Von 20 bis 30, Berlin 1982, S. 348, 362. Fontane schrieb seine Erinnerungen erst im Kaiserreich, er richtet darin – subtil und ironisch – vor allem über seinen eigenen revolutionären Romantizismus der damaligen Zeit. Sein Werk ist deshalb weniger als Quelle denn als Deutungsversuch zu lesen. – Für Hinweise, Kritik und Überlassung von Material danke ich Rüdiger Hachtmann ganz herzlich.

2 *A. Streckfuß,* 1848, Köln 1983, S. 128; *P. Börner,* Erinnerungen eines Revolutionärs, Bd. 1, Leipzig 1920, S. 185. Zu den Erwartungen, die von Teilen der Unterschichten mit den politischen Veränderungen verbunden wurden, vgl.

M. Gailus, Rauchen in den Straßen und anderer Unfug. Kleine Straßenkonflikte in Berlin (1830–1850), in: W. Ribbe (Hg.), Berlin-Forschungen, Bd. 3, Berlin 1988, S. 11-42; *ders.*, Straße und Brot, Göttingen 1990.

Vgl. auch die Äußerung eines Dr. A. Küttge in der demokratischen Zeitungshalle, in der Ausgabe vom 22. 3. 1848: »Die Ereignisse, welche wir in den letzten Tagen erlebt haben, bilden einen Wendepunkt in der Geschichte Preußens. Sagen wir es frei und offen, nach allen Seiten hin: das alte System ist für immer gebrochen und ein neues muß an seine Stelle treten.«

3 *K. Gutzkow*, Ansprache an die Berliner, in: P. Müller (Hg.), Gutzkows Werke, Bd. 3, Leipzig o.J., S. 79, 78.

4 Signatura Temporis, Berlin 1848, S. 36f.; ganz ähnlich auch *Börner*, Erinnerungen, S. 209ff.; *A. Wolff* (Hg.), Berliner Revolutionschronik, Berlin 1851, I, S. 301.

5 Stadtarchiv (= StA) Berlin, GB Nr. 2441; *Wolff*, Revolutionschronik, I, S. 302.

6 *Ebd.*, I, S. 304, 310, 315, 414; StA Berlin, Rep. 00-02/1, Nr. 128, Protokolle der Stadtverordnetenversammlung von Berlin 1848.

7 StA Berlin, Rep. 01, Nr. 2439; Rep. 03, Nr. 639. Welche Bedeutung das Leihhaus für die Unterschichten als – notwendige und zugleich verhaßte – Überbrückungsinstitution hatte, ist für Krefeld gezeigt worden; *P. Kriedte*, Eine Stadt am seidenen Faden, Göttingen 1991, S. 284f., 290f. In Berlin konnten pro Tag nur knapp 1800 Pfänder zurückgegeben werden, die Auslösung dauerte deshalb bis in den April hinein an; *Wolff*, Revolutionschronik, I, S. 405.

8 Ihm gehörten an die Stadträte Kranske und Güßfeldt, die Stadtverordneten Duncker, Behrendt, Holfelder, Pinkert, Heymann und Riese sowie der erste Vorsitzende der Kaufmannschaft Carl; Spenersche Zeitung 24. 3. 1848.

9 *Wolff*, Revolutionschronik, I, S. 262f.; vor allem in der Vossischen erschienen viele Anzeigen, die auf Benefizkonzerte hinweisen; Zeitungshalle 27. 3. 1848 (Waisenkomitee).

10 Die Angaben zu den Märzkämpfern und zur Gesamtbevölkerung nach den vorläufigen Ergebnissen der in Arbeit befindlichen Habilitationsschrift von Rüdiger Hachtmann über die Revolution von 1848 in Berlin.

11 Wie Anmerkung 10.

12 *J. Lasker* u. *F. Gerhard*, Des deutschen Volkes Erhebung im Jahre 1848, sein Kampf um freie Institutionen u. sein Siegesjubel, Danzig 1848, S. 419.

13 Nach den Spendenlisten in der Vossischen Zeitung; ausgewertet wurden die in diesem Zeitraum veröffentlichten Spendenlisten unter der Rubrik »Liebesopfer«, das war die umfangreichste derartige Sammlung und verzeichnete Spenden für die Angehörigen sowohl der zivilen Opfer als auch der militärischen. 567 Spenden von einzelnen Personen für die zivilen Opfer wurden erfaßt, davon sind 207 Namen mit einer Berufsangabe versehen; die häufigste Einzelspende betrug hier 15 Taler. Für das Militär wurden 256 Spender erfaßt, davon 100 mit Berufsangabe; die häufigste Einzelspende betrug 3 Taler.

Tab. 4: Durchschnittliche Spendenhöhe (in Talern)

	Barrikadenkämpfer	Militär
ohne Beruf	22,1	10,9
Besitzbürger	50,4	12,9
Bildungsbürger	15,9	8,7
Beamte	21,8	19,6
Kleinbürger	17,4	9
Arbeiter	3,3	14,8
Adel	300	143,1
Gesamt	24,2	13,7

14 Bericht über die Verwaltung der Stadt Berlin in den Jahren 1841 bis incl. 1850, Berlin 1853, S. 31, 167; Der Magistrat von Berlin und die Märzhelden, in: Volksblätter 31. 10. 1848, Nr. 44; StA Berlin, Rep. 03, Nr. 639.

15 Voss. Zeitung 28. 6. 1850, 1. Beil., Nr. 147; 7. 7., Nr. 155; 8. 7., Nr. 156; 16. 7., 2. Beil., Nr. 162; in Frankreich wurden die »Bastillesieger« auch erst nach 1830 mit einer Rente versorgt – die Glorifizierung der Toten war billiger und leichter durchführbar; vgl. *W. Schulze,* Der 14. Juli 1789, Stuttgart 1989, S. 217ff.; *A. de Baecque,* Le Corps Meurtri de la Revolution. Le discours politique et les blessures des martyrs (1792–1794), in: Annales Historiques de la Revolution Française, Jg. 59, 1987, S. 17-41.

16 Voss. Zeitung 24. 3. 1848.

17 Charlottenburg, Spandau, Potsdam, Brandenburg, Stettin, Fürstenwalde, Breslau, Frankfurt/Oder, Magdeburg, Braunschweig, Hamburg u.a.; allein aus Frankfurt waren über 1000 Personen gekommen; Spenersche Zeitung 23. 3. 1848; Voss. Zeitung 24. 3. 1848.

18 Zur Veranschaulichung des sonstigen Straßenbildes Berlins können die Bilder von Franz Krüger und Eduard Gaertner dienen; Exerzierfeld der Moderne. Industriekultur in Berlin im 19. Jh., München 1984, S. 52ff.

19 Zu Hesse vgl. eine Abbildung in: Rede, gehalten von dem Arbeiter u. Mitkämpfer an den Barrikaden Gustav Hesse, in der Volksversammlung am 26. März 1848, Berlin 1848; *W. Blos,* Die deutsche Revolution. Geschichte der deutschen Bewegung von 1848 und 1849, Berlin 1893/ND 1978, S. 145.

20 Vgl. dazu *M. Hettling,* Bürger oder Soldaten? Kriegerdenkmäler 1848 bis 1854, in: *R. Koselleck* u. *M. Jeismann* (Hg.), Der politische Totenkult der Neuzeit, München 1993.

21 *Wolff,* Revolutionschronik, I, S. 318.

22 *C. Homrichhausen,* Evangelische Christen in der Paulskirche 1848/49, Diss. Heidelberg 1980, S. 269ff.; hier auch die Wiedergabe der Reden der anderen Prediger.

23 Jungs Rede am Grabe der am 18. und 19. März gefallenen Kämpfer, gehalten am 22. März 1848. Zum Besten der Hinterbliebenen, Berlin 1848; ganz ähnliche Forderungen erhob auch der Vorzeigearbeiter G. Hesse in einer Versammlung am 26. März, Rede gehalten von dem Arbeiter.

24 Zur Betonung der ›Ordnung‹ während des Begräbnisses vgl. auch *Wolff*, Revolutionschronik, I, S. 318. Feste und öffentliche Veranstaltungen wurden in der zeitgenössischen Wahrnehmung so verstanden und danach beurteilt. 1841 etwa, als in Württemberg das 25-jährige Regierungsjubiläum des Königs Wilhelm I. gefeiert wurde, hieß es in einer Beschreibung der Feierlichkeit: »Die Haltung eines Volkes, da, wo es sich selbst vertritt, ist der Maßstab seiner politischen Kultur«, zit. nach *M. Hettling*, Reform ohne Revolution, Göttingen 1990, S. 12.

25 Die Berliner Presse, in: Grenzboten 1849/II, S. 436-41; *O. Michalsky*, Zur Geschichte der kleinbürgerlich-demokratischen Zeitung »Berliner Zeitungs-Halle« in Vormärz und Revolution, in: Theorie und Praxis des sozialistischen Journalismus, Jg. 16, 1988, H. 4, S. 273-78, H. 5, S. 339-45.

26 Zeitungshalle 23. 3. 1848, Extrablatt.

27 Staatsarchiv Wien, StK Preußen, Karton 199, Bl. 483, 23. 3. 1848. Nicht bestätigen läßt sich die Äußerung des Gesandten, daß die Studenten Julius »durch eine tüchtige Lehre auf den Rücken« bestraft hätten; ebd. 24. 3. 1848.

28 *Wolff*, Revolutionschronik, I, S. 383ff.

29 Mitbürger! ... Berlin, den 24sten März 1848. Der Magistrat, Friedländersche Sammlung, S. 144; vgl. weiter auch Offener Brief an den Dr. Julius, Redakteur der Berliner Zeitungshalle, in: Der Publizist 29. 3. 1848, Nr. 24, S. 198f.

30 Zeitungshalle 6. 6. 1848, Nr. 129, Beil.

31 *F. Lewald*, Freiheit des Herzens, Berlin 1987, S. 249.

32 Hurrah, nach dem Friedrichshain!, Friedländersche Sammlung, S. 158.

33 An den Gräbern im Friedrichshain, von *C.O. Hoffmann*, Friedländersche Sammlung, S. 208.

34 *Wolff*, Revolutionschronik, III, S. 129.

35 Vom Komitee, das den Zug organisiert hatte, waren elf Redner geplant gewesen, der zwölfte, Held, wurde im Friedrichshain von den Zuhörern gefordert und erhielt deshalb Gelegenheit zur Ansprache. Es sprachen: Graf Reichenbach, Abg. (für die Nationalversammlung); Stefan Born (Arbeiterkomitee); Jung, Abg.; Müller, Abg. (im Namen der Provinzen); Reich (Erdarbeiter); v. Berg, Kaplan; Börner (Demokratischer Klub); Wander, Abg.; Pietsch (Verein für Volksrechte); v. Salis (Studentenschaft); Benary (Volksklub); Held; vgl. *Wolff*, Revolutionschronik, III, S. 130ff.; danach auch die folgenden Zitate. Einzelne Reden sind vollständig gedruckt: *Börner*, in: Extrablatt zum Demokraten 5. 6. 1848; *v. Salis*, in: Demokrat 6. 6. 1848, Nr. 6, S. 45-47; *Held*, Rede bei der Totenfeier zur Ehre der Märzhelden, Berlin 1848.

36 *B. Kettner*, Die Anerkennung der Revolution, Diss. Greifswald 1913.

37 *D. Langewiesche*, Republik, konstitutionelle Monarchie und »Soziale Frage«. Grundprobleme der deutschen Revolution von 1848/49, in: HZ, Bd. 230, 1980, S. 529-48.

38 Voss. Zeitung 6. 6. 1848, Nr. 129; Der Demokrat 6. 6. 1848, Nr. 6; Nationalzeitung 6. 6. 1848, Nr. 64.

Hans-Walter Schmuhl

Die Tausendjahrfeier der Stadt Braunschweig im Jahre 1861

Zur Selbstinszenierung des städtischen Bürgertums

Die Tausendjahrfeier der Stadt Braunschweig im Jahre 1861 markiert in der öffentlichen Festkultur des Braunschweiger Bürgertums den Übergang von den oppositionellen Nationalfeiern des Vormärz und der Revolution zu den konservativen Nationalfeiern des Kaiserreichs. Auf der politischen Bedeutungsebene kann die Tausendjahrfeier daher als symbolischer Endpunkt der Revolutionsära verstanden werden, als feierlicher Friedensschluß zwischen dem bürgerlichen Liberalismus und der konstitutionellen Monarchie. Auf der sozialen Bedeutungsebene diente die Tausendjahrfeier der Selbstinszenierung des in der Entstehung begriffenen städtischen Bürgertums moderner Prägung – öffentliche Festkultur stellte sich hier als ein Medium der kulturellen Vergesellschaftung des Bürgertums zu einer sozialen Klasse dar.

I.

Die Braunschweiger Tausendjahrfeier erstreckte sich über drei Tage. Sie begann am Montag, dem 19. August, vormittags mit einem Festzug der Schuljugend. Unter feierlichem Glockengeläut zogen die rd. 5500 Schüler des Ober- und Progymnasiums, des Realgymnasiums, der Bürger- und Volksschulen, der Katholischen, der Garnisons- und Waisenhausschule sowie der Privatschulen in geschlossenen Formationen von ihren Schulen zum Altstadtmarkt, wo sie das Kirchenlied »Nun danket alle Gott« sangen. Gemeinsam zogen die Kinder dann zum Schloßplatz, wo sie von Herzog Wilhelm erwartet wurden. Nachdem Oberbürgermeister H. Caspari ein Hoch auf den Herzog ausgebracht hatte, ging der Zug weiter zum Monumentsplatz. Hier hielt der Schulinspektor Lang von der Waisenhausschule eine kurze Ansprache, die in einem Hoch auf den Fürsten gipfelte. Mit dem Absingen der ersten Strophe der Braunschweiger Hymne »Heil unserm Wilhelm, Heil!« endete der Festzug der Schuljugend.

Am Nachmittag des 19. August versammelten sich um 16 Uhr das Festkomitee und die auswärtigen Delegationen im Altstadtrathaus, während sich die Gesangvereine und »die Bürger der Stadt« auf dem Altstadtmarkt trafen. Um 17 Uhr setzte sich der »Männerzug« in Bewegung und begab sich auf demselben Weg, den auch der Festzug der Schuljugend genommen hatte, zum Schloßplatz. Dort ordnete sich der Zug vor dem Balkon des Residenzschlosses, auf dem Herzog Wilhelm, umgeben von seinen Ministern und Adjutanten, Platz genommen hatte, und brachte eine Serenade dar. Ein von Caspari ausgebrachtes Hoch auf den Herzog schloß sich an. Während sich eine Deputation unter der Führung Casparis zur Audienz beim Herzog ins Schloß begab, wurde draußen weiter gesungen. Danach marschierte man zum Burgplatz, wo weitere Gesangsdarbietungen folgten. Caspari gab den Dank des Herzogs an die versammelten Bürger weiter, die mit einem Hoch auf den Landesherrn antworteten. Dem schloß sich ein Hoch »Auf unser großes deutsches Vaterland« an. – Am Abend wurde der Altstadtmarkt festlich beleuchtet, während im Altstadtrathaus eine gesellige Zusammenkunft stattfand.

Dienstag, der 20. August 1861, war zum eigentlichen Festtag bestimmt worden, weil er der Tag des Braunschweiger Stadtpatrons St. Au(c)tor war. Bereits um sechs Uhr morgens wurde das Signal zum Beginn der Festhandlungen gegeben. Das Festkomitee, die städtischen Behörden und die auswärtigen Gäste trafen sich im Neustadtrathaus und begaben sich von dort aus zur Brüdernkirche, der eigentlichen Stadtkirche, während der Herzog mit seinem Gefolge die Domkirche aufsuchte. Um neun Uhr begann in allen Gotteshäusern der Stadt Braunschweig – auch in der Synagoge – ein Festgottesdienst. Danach fand im Neustadtrathaus der offizielle Empfang der auswärtigen Delegationen statt. Es schloß sich eine Reihe von Festessen an. Schauplatz des offiziellen Festbanketts, an dem das Festkomitee, die städtischen Behörden, die auswärtigen Gäste usw. teilnahmen, war die ehemalige Ägidienkirche, die 1811 profaniert worden war. Parallel dazu veranstaltete der Bürgerverein ein Festessen im Odeonsaal, bei dem »hauptsächlich der Bürgerstand«[1] vertreten war. Mehrere Gilden und Genossenschaften hatten eigene Festmahlzeiten organisiert.

Am Abend gab das Hoftheater eine Vorstellung, die durch einen von dem Dramatiker R. Griepenkerl verfaßten, von der Hofschauspielerin Otto-Thate vorgetragenen Festprolog eröffnet wurde. Auf der Bühne wurde dazu die Gründung der Stadt Braunschweig, wie sie in der Sage überliefert wird, als lebendes Bild dargestellt. Es folgte Webers Jubelouvertüre. Den Abschluß der Vorstellung bildete ein Schauspiel in vier Akten mit dem Titel »Brunswiks Leu, stark und treu«.

Der dritte Tag der Braunschweiger Tausendjahrfeier, Mittwoch, der 21. August 1861, stand ganz im Zeichen des Großen Festzuges der Bürgerschaft, Gilden und Corporationen, in einer der Festchroniken treffend »Bürger-Prunkzug«[2] genannt. Der Zug bestand aus 59 Abteilungen, die von den Handwerksgilden und anderen Berufsverbänden, von Privatfirmen, von Vereinen (z.B. Landbauverein, Turn- und Gesangvereinen, Kaufmannsverein), vom Collegium Carolinum und von der Berliner Delegation gestellt wurden. Er läßt sich keinem Festzugstyp eindeutig zuordnen – in ihm mischten sich vielmehr Elemente des historischen Festzuges, des Schützen-, Turner- und Sängerfestzuges, des Festzuges der Gewerbe und Innungen, des Universitätsfestzuges und des Karnevalszuges.[3] Der Festzug zog durch das Petritor in die Stadt ein, durchquerte sie von

Westen nach Osten, verließ sie durch das Fallersleber Tor und endete auf dem Kleinen Exerzierplatz. Hier klang die Braunschweiger Tausendjahrfeier in einem Volksfest mit Tanzzelten, Karussells, Schießständen, Kletterstangen usw. aus. Den feierlichen Abschluß bildete ein großes Feuerwerk.

II.

Wer zuerst auf die Idee gekommen ist, die tausendjährige Wiederkehr des in der Sage überlieferten Gründungsdatums der Stadt Braunschweig im Jahre 1861 zum Anlaß für ein »geschichtliches Volksfest«[4] zu nehmen, läßt sich nicht mehr feststellen – es kann aber als gesichert gelten, daß die Idee ursprünglich aus der Braunschweiger Bürgerschaft stammte, auch wenn die Initiative schon bald auf die städtischen Behörden überging.[5] Bereits am 17. Januar 1860 forderte Oberbürgermeister Caspari die Stadtverordneten auf, Deputierte zu wählen, die gemeinsam mit ihm und zwei weiteren Magistratsmitgliedern den Kern des Festkomitees bilden sollten. Die gemeindlichen Gremien kamen überein, je zwei Vertreter der wichtigsten Vereine und Berufsverbände, ferner zwei »Historiographen«, den Stadtbaumeister sowie »einige der höheren Beamten als Vertreter dieser Einwohnerclasse«[6] in das Komitee aufzunehmen. Als das Festkomitee am 17. April 1860 zu seiner ersten Sitzung zusammentrat, umfaßte es 26 Mitglieder, von denen drei vom Magistrat, vier von der Stadtverordnetenversammlung, je zwei vom Bürgerverein, vom Kunstclub, vom Kaufmannsverein und von den vereinigten Gilden, je einer vom Männergesangverein und von der Liedertafel entsandt worden waren. Weitere sieben Komiteemitglieder waren persönlich eingeladen worden; davon vertraten vier – der ehemalige Staatsminister F. Schulz, Finanzdirektor A. P. v. Amsberg, Kreisgerichtsdirektor E. Riesell und Polizeidirektor H.R. Cleve – die staatliche Beamtenschaft, drei – die Oberlehrer Prof. W. Aßmann und Dr. H. Dürre und der Privatgelehrte Dr. C. Schiller – waren als Kenner der braunschweigischen Geschichte hinzugezogen worden. Dazu kamen der Stadtbaumeister C. Tappe (der nicht dem Magistrat angehörte) und – wohl auf Betreiben des einflußreichen Verlagsbuchhändlers E. Vieweg – der Redakteur der Deutschen Reichszeitung R. Otto.[7]

Betrachtet man die Berufe der Komiteemitglieder, so erhält man – wenn man die persönlich eingeladenen Staatsbeamten außer acht läßt – einen repräsentativen Querschnitt durch das Braunschweiger Bürgertum. Das Wirtschaftsbürgertum war mit drei Kaufleuten, zwei Fabrikbesitzern, zwei Kaufleuten *und* Fabrikbesitzern, dazu zwei Buchhändlern, die im Grenzbereich zwischen Wirtschafts- und Bildungsbürgertum anzusiedeln sind, stark vertreten. Aus dem alten Mittelstand kamen vier Handwerksmeister. Dem standen aus dem Bildungsbürgertum ein Advokat, ein Landsyndicus, zwei Lehrer, ein Privatgelehrter, ein akademisch gebildeter Künstler, ein Redakteur und zwei Kommunalbeamte gegenüber. Hier spiegelt sich die verhältnismäßig starke Stellung der bildungsbürgerlichen Erwerbsklassen innerhalb des Braunschweiger Bürgertums wider, wie sie für eine Verwaltungs- und Residenzstadt typisch ist.[8]

Das Festkomitee war eng mit der politischen Elite der Stadt verflochten. Klammert man die vier persönlich eingeladenen Staatsbeamten wieder aus, so gehörten neun von 22 Komiteemitgliedern im Jahre 1861 den gemeindlichen Gremien an (also zwei mehr, als es dem Proporz entsprach), ein weiteres war ehemaliger Stadtverordneter, drei Komiteemitglieder wurden später in das Stadtparlament gewählt. Mit nur einer Ausnahme sind diese 13 Männer zur politischen Elite im engeren Sinne zu rechnen, d.h. sie gehörten entweder dem Magistrat an oder hatten das Amt eines Stadtverordneten länger als eine Wahlperiode inne. Noch deutlicher wird die Einbindung des Komitees in die politische Elite, wenn man die engeren Verkehrskreise der Komiteemitglieder analysiert: Verwandtschafts-, Freundschafts-, Nachbarschafts- und Patenschaftsverhältnisse lassen sich zu nicht weniger als 30 Stadtverordneten und Magistratsmitgliedern nachweisen.[9] Hier zeichnet sich ein engmaschiges Beziehungsnetz ab, das vor allem die zum Wirtschafts-

und Bildungsbürgertum zählenden Komiteemitglieder einbezog, während die Handwerksmeister und die Staatsbeamten weitgehend ausgeschlossen blieben.

Ein etwas anderes Bild ergibt sich, wenn man – anhand der Mitgliedschaft in geselligen, kulturellen und politischen Vereinen – die weiteren Verkehrskreise untersucht. 16 der 26 Komiteemitglieder gehörten dem *Großen Club* an, dem bedeutendsten der geselligen Vereine in der Stadt Braunschweig, darunter acht der neun Bildungsbürger, sechs der neun Wirtschaftsbürger, immerhin zwei der vier Staatsbeamten, aber keiner der vier Handwerksmeister. Das entsprach der sozialen Struktur des Großen Clubs, dessen 494 Mitglieder im Jahre 1865 zu 34,6% dem Wirtschaftsbürgertum, zu 29,3% dem Bildungsbürgertum, zu 25,5% der staatlichen Beamtenschaft, zu 6,9% dem Offizierkorps und nur zu 3,6% sonstigen Berufsgruppen zuzurechnen sind.[10] Auf dieser Ebene schloß also der bürgerliche Verkehrskreis auch die staatliche Beamtenschaft und das Offizierkorps mit ein, während der alte Mittelstand ausgegrenzt wurde. Ganz ähnlich verhält es sich bei den kulturellen Vereinen. 17 der 26 Komiteemitglieder gehörten dem Kunstverein an, fünf waren gleichzeitig Mitglied des Kunstclubs. Während der *Kunstclub*, der 1838 aus dem zehn Jahre zuvor gegründeten *Leberwurstclub* (seit 1836: *Palette*) hervorgegangen war, ein exklusiver Zirkel von eher geselliger Natur war, der dem Gedankenaustausch über die neusten Entwicklungen auf dem Gebiet der bildenden Kunst diente, hatte sich der *Kunstverein*, der 1832 gegründet worden war, vor allem die Veranstaltung von Kunstausstellungen, den Ankauf von Werken zeitgenössischer Künstler und den Aufbau einer Vereinsgalerie zur Aufgabe gesetzt, trat also als Mäzen auf.[11] Von den 133 Mitgliedern des Kunstclubs im Jahre 1850 können 7,5% zum Wirtschaftsbürgertum, 55,7% zum Bildungsbürgertum, 24,8% zur Staatsbeamtenschaft (fast ausschließlich aus der Bauverwaltung), 9% zum Offizierkorps und nur 3% zur Handwerkerschaft gerechnet werden.[12] Von den 451 Mitgliedern des Kunstvereins im Jahre 1853 zählten 19,5% zum Wirtschaftsbürgertum, 22,4% zum Bildungsbürgertum, 27,5% zur Staatsbeamtenschaft, 6,4% zum Offizierkorps und nur 2,7% zur Handwerkerschaft – 10,2% entfielen auf sonstige Gruppen bzw. auf Männer ohne Berufsangabe, 11,3% auf Frauen.[13] Auch in der Kulturszene verkehrten die wirtschafts- und bildungsbürgerlichen Kerngruppen also mit der Staatsbeamtenschaft und dem Offizierkorps, während die Handwerkerschaft kaum Zugang hatte. Dementsprechend waren auch die vier im Festkomitee vertretenen Handwerksmeister nicht Mitglied im Kunstverein, wohl aber sämtliche Staatsbeamte, acht von neun Wirtschaftsbürgern und fünf von neun Bildungsbürgern.

Bei den politischen Vereinen sieht es anders aus. Hier sind vor allem der *Bürgerverein* von 1831, »eine konservative Gründung mit weitgehend humanitärer Zielsetzung«, der *Vaterländische Verein,* der sich Ende März 1848 »als erste politische Organisation der 48er Bewegung in Braunschweig« aus dem Bürgerverein heraus entwickelte und für die konstitutionelle Monarchie eintrat, und der linksliberale *Volksverein,* der sich im Juli 1848 vom Vaterländischen Verein abspaltete und »eindeutig demokratische Ziele anstrebte«,[14] zu berücksichtigen. Neun der Komiteemitglieder sind als Mitglieder des Bürgervereins nachweisbar, 18 gehörten dem Vaterländischen Verein an, aber nur drei dem Volksverein.[15] Die politische Grundausrichtung innerhalb des Festkomitees – wie auch in der städtischen Führungsgruppe insgesamt – kann daher als liberal-konservativ beschrieben werden. Es fällt auf, daß die vier im Festkomitee vertretenen Handwerksmeister in das politische Vereinswesen des städtischen Bürgertums eingebunden waren, während drei der vier Staatsbeamten in keinem politischen Verein nachgewiesen werden können. Dieser Befund stimmt recht gut mit der sozialen Struktur der Vereine überein. 22,8% der 254 Mitglieder des Bürgervereins entstammten dem Wirtschaftsbürgertum, 13% dem Bildungsbürgertum, 40,2% der Handwerkerschaft, nur 4,7% der Staatsbeamtenschaft und 2,4% dem Offizierkorps; 16,9% entfielen auf andere Berufsgruppen oder Männer ohne Berufsangabe.[16] Im Bürgerverein waren also Wirtschafts- und Bildungsbürger sowie Handwerksmeister unter sich. Der Vaterländische Verein weist ein weniger scharfes Sozialprofil auf. Sein insgesamt 599 Personen umfassender Mitgliederstamm läßt sich zu 23% dem Wirtschaftsbürgertum, zu 21,7% dem Bildungsbürgertum, zu 12,3% dem Handwerk, zu 24,9% der Staatsbeamtenschaft (zum größten Teil allerdings der Subalternbeamtenschaft) und zu 9,5% dem Militär zuordnen; 8,5% entfielen auf sonstige Gruppen oder Männer ohne Berufsangabe. Differenziert man diesen Befund nach dem Eintrittsdatum, zeigt sich, daß der Vaterländische Verein in der Gründungsphase vor allem Zulauf aus bildungs- und wirtschaftsbürgerlichen Berufsgruppen hatte und Handwerksmeister, Staatsbeamte sowie Militärangehörige erst im Zuge der politischen Polarisierung in größerer Zahl in den Verein eintraten.[17] Nach der Abspaltung des Volksvereins entwickelte sich der Vaterländische Verein also zu einem Sammelbecken der gemäßigt liberalen Kräfte aus allen Berufsklassen.

Vier der Komiteemitglieder gehörten dem Nationalverein an oder standen ihm nahe. Bezeichnend ist, daß zwar der Vorsitzende der Braunschweiger Ortsgruppe, der Advokat O. Häusler, Mitglied des Vaterländischen Vereins seit April 1848, dem Komitee angehörte, nicht aber der Agent des Nationalvereins im Herzogtum Braunschweig, der Advokat E. Lucius, der in der demokratischen Bewegung von 1848 eine bedeutende Rolle gespielt hatte.[18] Hier zeigt sich, daß die Trägergruppen der Braunschweiger Tausendjahrfeier – politisch gesehen – dem gemäßigt liberalen Lager aus dem Umkreis des Vaterländischen Vereins zuzurechnen sind, während die demokratische Bewegung weitgehend ausgeschlossen wurde.

III.

Die Trennlinie zwischen Festteilnehmern und -zuschauern bei den städtischen Bürgerfesten ist insofern von Interesse, als sie in etwa mit den Außengrenzen des städtischen Bürgertums (unter Einschluß aller Randgruppen) zusammenfällt. Sie wurde in den einzelnen Abschnitten der Braunschweiger Tausendjahrfeier mal enger, mal weiter gezogen. Kriterien der sozialen

Distinktion waren Geschlecht, Erwerbs-, Einkommens- und Vermögensverhältnisse sowie politische Position. Dabei lassen sich fünf Abstufungen unterscheiden:

1) Der exklusivste Programmpunkt war der offizielle Empfang der auswärtigen Delegationen im Neustadtrathaus, an dem nur die Mitglieder des Magistrats und der Stadtverordnetenversammlung, also die politischen Führungsgruppen des städtischen Bürgertums, teilnahmen.

2) Zwei weitere Programmpunkte mit eindeutig politischem Bedeutungsgehalt – die Serenade für den Herzog und das offizielle Festbankett in der Ägidienkirche – waren dem städtischen Bürgertum vorbehalten, wobei die Grenzziehung durch informelle Exklusionsmechanismen vorgenommen wurde. Zu der Serenade waren zunächst die städtischen Behörden, die auswärtigen Delegationen, das Festkomitee, Deputationen der mitwirkenden Vereine und Gilden, die städtischen Beamten und die Braunschweiger Gesangvereine zugelassen – doch konnte sich, wie das Festprogramm vermerkte, jeder dem Zug anschließen, »der in der vorgeschriebenen festlichen Kleidung – Frack, weiße Weste, weißes Halstuch, weiße Handschuh und runder schwarzer Hut – erscheint«.[19] Das aber bedeutete, daß nur Männer an der Serenade teilnehmen konnten, die sich diese Kleidung leisten konnten, wodurch der Teilnehmerkreis *de facto* auf das städtische Bürgertum eingeschränkt wurde.

Ähnlich verhielt es sich mit dem Festbankett in der Ägidienkirche. Offiziell waren die Gedecke wohl frei verkäuflich, doch bei einem Preis von 3 Th. pro Gedeck war ein Platz an der Festtafel nur für eine kleine Minderheit der Bevölkerung erschwinglich, so daß nicht einmal die vorgesehene Zahl von 800 Teilnehmern erreicht wurde.[20] Sogar ein Teil des Wirtschafts- und Bildungsbürgertums wich offenbar auf das Festbankett des Bürgervereins im Odeon aus, während die in Gilden und Genossenschaften zusammengeschlossene Handwerkerschaft von vornherein eigene Festessen veranstaltete. Anders als bei der Serenade trat das Braunschweiger Bürgertum beim Festbankett also nicht geschlossen in Erscheinung, vielmehr spiegelten die verschiedenen, gleichzeitig stattfindenden Bankette die innere Differenzierung dieser sozialen Formation wider.

3) Etwas weiter gefaßt war der Teilnehmerkreis beim Großen Festzug, der auch die Randgruppen des Braunschweiger Bürgertums einschloß, in Teilbereichen – so etwa bei den Handwerkergilden, die sowohl Meister als auch Gesellen in ihren Reihen mitmarschieren ließen – die Grenzen des Bürgertums im engeren Sinne sogar überschritt. Abhängig Beschäftigte außerhalb des Handwerks (die vom Erwerb des städtischen Bürgerrechts gesetzlich ausgeschlossen waren) hatten dagegen keine Möglichkeit, am Großen Festzug teilzunehmen, ebenso Frauen und Kinder, sofern sie nicht allegorische Figuren verkörperten.

Interessant ist der innere Aufbau des Festzuges, der die Binnenstrukturen des städtischen Bürgertums abbildete – oder doch zumindest die Abstufungen im bürgerlichen Selbstbild widerspiegelte.

Nachdem die Reihenfolge der von den einzelnen Berufsverbänden, Privatfirmen, Vereinen usw. gestalteten Festabteilungen zunächst »zur Vermeidung jeglichen Rangstreits« ausgelost worden war, hatte man sich später auf »eine Aufstellung nach bestimmten Kategorien« geeinigt: Demnach machten die Gewerbe den Anfang, die »den primitiven Lebensbedürfnissen« dienten; es folgten die Berufsgruppen, die »dem Luxus, dem Vertriebe und der Intelligenz« zugerechnet wurden; »die höchste Fabriktätigkeit, in der viele einzelne Factoren aufgehen«, bildete den Schluß.[21] Zu den ersten beiden Kategorien, die insgesamt 46 Festabteilungen umfaßten, wurden die Landwirtschaft (vertreten durch den Landbauverein) sowie die Handwerke gezählt. Die Festabteilungen der Turn- und Gesangvereine markierten den Übergang zu den eigentlich bürgerlichen Berufen. Die Festabteilung des Kaufmannsvereins bildete die dritte Kategorie, die dem Handel vorbehalten war. In die vierte Kategorie, die Intelligenz, fielen die Festabteilungen des *Collegium Carolinum*, die der Buchdrucker, Buchhändler, Schriftgießer, Stein- und Kupferdrucker und Holzschneider sowie die der Typographen. Zur fünften Kategorie, der höheren Fabriktätigkeit, wurden schließlich die Festabteilungen der Zichorien-, Musikinstrumenten-, Tabak- und Zigarren-, Maschinen-, Wagen- und Zuckerfabrikanten gerechnet.

An dieser Festzugsordnung fällt auf, daß die Kaufmannschaft, die stärkste wirtschaftliche und politische Kraft in der Stadt Braunschweig, in der sozialen Rangabstufung unter der Intelligenz und den gewerblichen Unternehmern rangierte. Daraus läßt sich zweierlei folgern. Zum einen genossen die bildungsbürgerlichen Berufsklassen in der Verwaltungs- und Residenzstadt Braunschweig offenbar ein hohes Maß an Sozialprestige, das ihre Einkommens- und Vermögensverhältnisse bei weitem überstieg, denn nur wenige Berufsgruppen im Grenzbereich von Bildungs- und Wirtschaftsbürgertum, z.B. die Verlagsbuchhändler, konnten es an Wirtschaftskraft mit der Großkaufmannschaft aufnehmen. Der soziale Rang des Bildungsbürgertums dürfte sich auf Bildungspatente, Expertenwissen, kulturelle Kompetenz und politischen Einfluß (vor allem auch auf der städtischen Ebene) gegründet haben. Zum anderen beanspruchte die neu entstandene Erwerbsklasse der gewerblichen Unternehmer – offenbar mit einigem Erfolg – den obersten Rang in der sozialen Hierarchie des städtischen Bürgertums für sich, obwohl sie erst in den 1880er Jahren zur bestimmenden Kraft in der Kommunalpolitik aufstieg. Von den Einkommens- und Vermögensverhältnissen her der Großkaufmannschaft ebenbürtig, begründete die Unternehmerschaft ihren Anspruch auf eine Vorrangstellung selbstbewußt mit ihrer *Erwerbsart*, die aufgrund ihrer Komplexität (Arbeitsteilung, Beschäftigung von Lohnarbeitern, Maschineneinsatz usw.) an der Spitze des wirtschaftlichen Fortschritts zu stehen schien.

4) Zwei Festteile standen – im Gegensatz zu den Programmpunkten mit politischem Bedeutungskern – Männern *und* Frauen aus allen Schichten der Bevölkerung offen: der Festzug der Schuljugend am Anfang und das Volksfest am Ende der Tausendjahrfeier. Da der letzte Programmpunkt der Tausendjahrfeier ausschließlich der Unterhaltung diente, wurde es als selbstverständlich angesehen, daß er für beide Geschlechter, alle Altersgruppen und Bevölkerungsschichten offen war. An-

ders im Falle des ersten Programmpunkts: Ausdrücklich heben die Festchroniken den Umstand hervor, daß sowohl Jungen als auch Mädchen, und zwar aus allen Gruppen, Schichten und Klassen der städtischen Gesellschaft, am Festzug der Schuljugend teilnehmen durften, und verteidigen die Entscheidung der Veranstalter gegen potentielle Kritik.[22] Daß *alle* Braunschweiger Schulen (mit Ausnahme der Höheren Töchterschulen), d.h. Kinder beiderlei Geschlechts, aller Konfessionen und aller Bevölkerungsschichten, gemeinsam eine *patriotische* Feier veranstalteten (die übrigens nach bürgerlichem Politikverständnis noch keine *politische* Feier im engeren Sinne war), hatte offenbar einen hohen Symbolwert, wurde als Vorgriff auf die Zukunft verstanden, von der man sich die fortschreitende *Verbürgerlichung* der Frau, des Arbeiters, der religiösen Minderheiten usw. versprach. Hier kam die Universalisierungstendenz des Sozialmodells der bürgerlichen Gesellschaft zum Ausdruck.

IV.

Auf der politischen Bedeutungsebene erfüllte die Braunschweiger Tausendjahrfeier eine Doppelfunktion: Zum einen stellte sie den nationalen Gedanken in den Vordergrund, zum anderen diente sie der Huldigung an den Landesfürsten. Die symbolische Verkopplung dieser beiden Elemente enthält eine klare politische Aussage: Die bürgerlichen Trägergruppen des Festes signalisierten, daß sie die deutsche Einheit auf dem Boden der konstitutionellen Monarchie und des föderativen Prinzips anstrebten, republikanische und radikaldemokratische Bestrebungen dagegen ablehnten. Sie gaben damit zu erkennen, daß ihre Forderungen nach politischer Partizipation mit der Staats- und Gemeindeverfassung des Herzogtums Braunschweig, wie sie sich seit den 1830er Jahren herausgebildet hatte, saturiert waren.

Um den politischen Hintergrund der Braunschweiger Tausendjahrfeier auszuleuchten, muß man bis in die späten 1820er

Jahre zurückgehen. Mit der Übernahme der Regierungsgeschäfte durch Herzog Karl im Jahre 1826 begann für das Herzogtum Braunschweig eine Zeit schwerer innen- und außenpolitischer Krisen. Am Anfang stand eine Verfassungskrise. Durch seinen neoabsolutistischen Kurs brachte Herzog Karl die Führungsschicht aus Adel, Militär, höherer Beamtenschaft und Großbürgertum gegen sich auf. Die Machtbalance, die sich zwischen 1815 und 1826 in der braunschweigischen Innenpolitik eingespielt hatte, wurde empfindlich gestört. Im Sommer 1830 wurde die Verfassungskrise zudem durch eine Wirtschaftskrise überlagert. Nachdem die Pariser Julirevolution die Hemmschwelle entscheidend herabgesetzt hatte, entlud sich das Protestpotential, das sich in den Unterschichten der Stadt Braunschweig aufgestaut hatte, in den Unruhen am 6./7. September 1830, bei denen der Herzog gestürzt und vertrieben, das Braunschweiger Residenzschloß erstürmt, geplündert und niedergebrannt wurde.

Hatte die adelig-bürgerliche Führungsschicht dem sozialen Protest der Unterschichten anfangs freien Lauf gelassen, um ihren eigenen Forderungen gegenüber dem Herzog Nachdruck zu verleihen, so änderte sich ihre Haltung schlagartig, als das Schloß in Flammen aufging. Für das Braunschweiger Bürgertum wurde der Schloßbrand zu einer traumatischen Erfahrung. In dem Augenblick, als der Unterschichtenprotest der Kontrolle der politischen Elite zu entgleiten drohte, ging die Braunschweiger Bürgerschaft unter Führung des Magistrats daran, die Unruhen mit Gewalt zu unterdrücken. Doch der Schock saß tief. Um die städtischen Unterschichten in Schach zu halten, gingen Adel und Bürgertum ein Zweckbündnis mit dem neuen Herzog ein.

Die braunschweigische Innenpolitik war fortan durch die Allianz zwischen Herzog, Adel, Militär, höherer Beamtenschaft und Großbürgertum geprägt. Dies hatte zur Folge, daß sich das Herzogtum Braunschweig »nach 1830 zu einem der fortschrittlichsten Länder in Deutschland entwickelte«.[23] Stadt und Land erhielten ein »verhältnismäßig hohes Maß an Selbstverwaltung«.[24] Grundpfeiler der neuen Ordnung war die Neue

Landschaftsordnung vom 12. Oktober 1832, eine »Repräsentativverfassung mit einem bemerkenswert umfassenden Grundrechtekatalog«, mit der Braunschweig »unstreitig ... in das Lager der konstitutionellen deutschen Staaten«[25] überwechselte. Von daher erklärt es sich, daß es 1848 in Braunschweig, abgesehen von vereinzelten Ausschreitungen gegen die Häuser unbeliebter Stadträte, ruhig blieb. Die demokratische Bewegung fand nur wenige Ansatzpunkte für eine entschiedene Opposition, und so überrascht es nicht, daß auch sie – ebenso wie das liberale Lager – bald in das nationale Fahrwasser abdriftete.[26]

Aufgrund der besonderen innen- und außenpolitischen Konstellation schienen daher die Widersprüche zwischen dem Anspruch des Bürgertums auf politische Partizipation und der Fürstenmacht, zwischen Landespatriotismus und Nationalbewegung im Herzogtum Braunschweig weitgehend eingeebnet. Die politische Funktion der Braunschweiger Tausendjahrfeier bestand darin, das Zweckbündnis der staatstragenden Kräfte, das die innenpolitische Entwicklung des Herzogtums seit 1830 bestimmt hatte, nach den Irritationen der Revolutionsära von der Seite der Bürger aus feierlich zu bekräftigen.

Besonders deutlich tritt die politische Kernaussage der Braunschweiger Tausendjahrfeier in den Trinksprüchen zutage, die beim Festbankett in der Ägidienkirche ausgebracht wurden. Zunächst würdigte der Toast Casparis auf den Herzog die staats- und verfassungsrechtliche Entwicklung des Herzogtums seit 1830:

»Handel und Gewerbe sind gehoben, der Ackerbau ist von den früheren beengenden Schranken befreit, das Gemeindeleben hat durch freisinnige Gemeindeordnungen, die Rechtspflege durch auf Öffentlichkeit und Mündlichkeit gegründete Gesetze, der Staat durch eine den Zeitverhältnissen entsprechende Verfassung feste Grundlagen erhalten, die Schulen sind verbessert und eine vernünftige religiöse Duldung hat uns vor ... unseligen Streitigkeiten bewahrt«.

Der begeisterte Applaus, mit dem Casparis Toast aufgenommen wurde, und das Abspielen der Braunschweiger Hymne signalisieren die volle Übereinstimmung des Bürgertums mit der Politik des Herzogs. Der Landesherr wußte diese Unterstützung zu würdigen: Kaum hatte Caspari seinen Trinkspruch ausgebracht, wurde ihm das Kommandeurkreuz des herzoglichen Ordens Heinrichs des Löwen, eine der höchsten Auszeichnungen des Landes Braunschweig, überreicht, was bei den Festteilnehmern einen Begeisterungssturm hervorrief. Der Huldigung an den Landesherren schloß sich der Hinweis auf die städtische Selbstverwaltung an, indem der Vorsitzende der Stadtverordnetenversammlung, der Landsyndicus Österreich, einen Toast auf die Stadt Braunschweig als »eine der wichtigsten Pflanzstätten selbständigen deutschen Bürgertums« ausbrachte. Höhepunkt des Festmahls war der Toast Aßmanns auf Deutschland. Wie selbstverständlich griff der Geschichtslehrer auf die Zeit der sächsischen Kaiser zurück, um das Modell eines föderativen, auf dem Prinzip der konstitutionellen Monarchie beruhenden Nationalstaates zu entwerfen:

»In echt deutscher Weise ehrten die sächsischen Herrscher die Freiheit aller einzelnen Glieder des deutschen Volkes, und eben dadurch knüpften sie das Band der Einheit um so fester! In echt *deutscher* Weise bestand seitdem Jahrhunderte hindurch ein deutsches Reich unter dem Kaiser als dem gemeinsamen Oberhaupte, gegliedert in eine Reihe von einzelnen Gebieten, von Fürstenländern und freien Städten! Denn unvertilgbar wurzelt in dem deutschen Volke die Treue gegen seine angestammten Fürsten wie die Liebe zu freier Selbständigkeit im engern Gemeinwesen. Darum hinweg mit dem *un*deutschen Gedanken eines massenhaften Einheitsstaates, bei dem die naturgemäße Gliederung des Volkes nach Ständen und Beschäftigungen, nach selbständigen Gemeinden und Landgebieten zu Grunde geht. Jedes Gemeinwesen verwalte in möglichster Freiheit seine eigenen Angelegenheiten, aber das größte wie das kleinste ordne sich willig dem großen Ganzen unter, ohne dessen Gedeihen auch die Glieder verkümmern! *Freiheit* – nicht ohne wahre Einheit! *Einheit* – nicht ohne wahre Freiheit«.

Die Trias Huldigung an den Landesherrn, Selbstverwaltungsanspruch der Stadt und Bekenntnis zum Nationalstaat findet sich auch in anderen Festteilen wieder, allerdings – da sie in größerer Öffentlichkeit vonstatten gingen – in verschlüsselter Form. Sie begegnet uns z.B. in den Liedtexten wieder, die bei der Serenade für den Herzog am 19. August gesungen wurden. Der vom Hofkomponisten und -kapellmeister F. Abt komponierte, von T. Röhmeyer gedichtete »Festgruß an Seine Hoheit«, den die Braunschweiger Gesangvereine dem Herzog auf dem Schloßplatz als erstes darbrachten, ist als musikalischer Huldigungsakt zu verstehen:

> »Es stehen Deine Bürger hier,
> Sie meinen's treu und wahr,
> Sie bringen Braunschweigs Liebe Dir
> Heut' ungeheuchelt dar.
> Heil Dir, Du Welfensohn,
> Heil Deinem Thron.«[27]

Daß dieser Festteil als Huldigungsfeier verstanden wurde, kann auch aus der Wahl des Festortes ersehen werden. Ausgangspunkt des Zuges war der Altstadtmarkt, wo der Landesherr im Mittelalter die Huldigung der Bürgerschaft entgegengenommen hatte. Vom Ort der mittelalterlichen Huldigung verlagerte sich das Festgeschehen vor das herzogliche Schloß, die höfische Enklave innerhalb der bürgerlichen Stadt des 19. Jahrhunderts.

Daß die Huldigung der Bürger an politische Bedingungen geknüpft wurde, wird an der weiteren Liedfolge deutlich. Während sich die von Caspari angeführte Deputation Braunschweiger Bürger zur Audienz beim Herzog in das Schloß begab, stimmten die versammelten Bürger die Hymne »Freude, Friede, Freiheit« an, die von dem Herzog Ernst II. zu Sachsen-Coburg-Gotha komponiert worden war, der den bürgerlichen Liberalen als Vorbild eines aufgeklärten Landesherren galt. Es schloß sich die von dem Hofkomponisten und -kapellmeister A. Methfessel komponierte Jubelhymne auf die »Welfenstadt Brunonia« an, in der sich das Selbstbewußtsein des Braunschweiger Bürgertums widerspiegelte.

Damit weitete sich der Blickwinkel, und dies kam schon rein äußerlich in einem Ortwechsel zum Ausdruck. Der Ort der weiteren Festhandlung an diesem Nachmittag, der freie Raum vor dem Löwenstandbild auf dem Burgplatz, war klug gewählt. Das Standbild, das Heinrich der Löwe im Jahre 1166 hatte errichten lassen, galt als das Wahrzeichen des Welfenhauses. Der Löwe war aber auch das Wappentier der Stadt Braunschweig. Schließlich war das Löwenstandbild ein nationales Symbol, seitdem im Königreich Westphalen der Plan, den Löwen nach Paris schaffen zu lassen, am Widerstand der Braunschweiger Bürgerschaft gescheitert war.[28]

Auf die Rolle des Herzogtums Braunschweig in den Befreiungskriegen spielte auch die von dem Berliner Graveur W. Kullrich gestaltete Festmedaille zur Braunschweiger Tausendjahrfeier an. Sie zeigte auf dem Avers eine allegorische Darstellung der Brunonia, auf dem Revers das Löwenstandbild, umgeben von einem mit heraldischen Löwen gezierten Spruchband: »Um's Vaterland Freiheit und Ehre ich tapfer und ehrlich mich wehre.«[29]

Der Burglöwe symbolisierte also die Trias von Stadt, Land und Nation. Musikalisch wurde dies versinnbildlicht, indem die auf dem Burgplatz versammelte Menge zunächst das von F. Abt komponierte Lied »Braunschweig, Braunschweig! Hoch in Ehren stehst Du da im deutschen Land« anstimmte, ehe zum Abschluß und als Höhepunkt dieses Festteils Abts »Weihegesang«, eine pathetische Apotheose des Vaterlands, zum Vortrag kam:

»Brüder, weihet Herz und Hand
Freudig gern dem Vaterland!
Tausend Herzen, tausend Flammen
Lodern liebevoll zusammen,
Glüh'n, ein einz'ger Opferbrand
Dir, o teures Vaterland.«[30]

Die Trias Stadt-Land-Reich wurde auch auf der Ebene der politischen Symbole und Embleme immer wieder aufgenommen. Dies sei an der Verwendung der Farben verdeutlicht. In den Kulissen und Kostümen der Braunschweiger Tausendjahrfeier dominierten ganz eindeutig die Stadtfarben Rot und Weiß, die Landesfarben Blau und Gelb sowie die Reichsfarben Schwarz, Rot und Gold. Um den politischen Bedeutungsgehalt dieser Farbgebung verstehen zu können, muß man sich vergegenwärtigen, wie die Stadt-, Landes- und Reichsfarben in den politischen Kämpfen des Jahres 1848 eingesetzt worden waren. Seit dem Verbrüderungsfest am 22. März 1848 war »die deutsche Kokarde der Hutschmuck der Männer, aber auch die Frauen beeiferten sich, durch Anlegen der drei Farben den wiedererwachten Patriotismus an den Tag zu legen«. Gleichsam als Gegenbewegung legte daraufhin die konservative Fraktion der Braunschweiger Bürgerschaft »Kokarden mit den städtischen Farben« an, doch sei, wie der Chronist der 48er Revolution in Braunschweig, E. Heusinger, berichtet, »dieses Zeichen früherer particularer Selbständigkeit ... nach wenigen Tagen verschwunden«.[31]

Dienten also im Revolutionsjahr 1848 die Stadtfarben im Gegensatz zu den Reichsfarben dazu, dem Protest gegen die Revolution, der Distanzierung vom Nationalstaatsgedanken und der Loyalität gegenüber dem Landesherrn symbolisch Ausdruck zu verleihen, so wurden sie bei der Tausendjahrfeier mitunter gerade umgekehrt dazu verwendet, den Wunsch nach einem deutschen Nationalstaat zu versinnbildlichen – so etwa auf dem Festwagen der Weber, wo während des Großen Festzuges auf zwei Webstühlen ein rot-weißer Stoff gewebt wurde, wobei das Motto den nationalen Bezug herstellte:

»Geliebtes deutsches Vaterland,
Zu weben Dir der Einheit Band
Wär uns're Arbeit höchste Zier.«

Häufig wurden die Stadt- und die Landesfarben, manchmal auch die Reichsfarben nebeneinander verwendet, um deutlich zu machen, daß der politische Gegensatz von 1848 überwunden sei. Das zeigte sich nicht nur an der Kleidung der Festteilnehmer, sondern auch an dem Fassadenschmuck der Braunschweiger Bürgerhäuser.

V.

An wen war die politische Botschaft der Braunschweiger Tausendjahrfeier gerichtet? Hauptadressat war offensichtlich Herzog Wilhelm, der die ihm zugedachte Rolle auch annahm. Er wohnte nicht nur allen drei Festzügen bei – der Festzug der Schuljugend wurde sogar auf den ausdrücklichen Wunsch des Herzogs am Schloßplatz vorbeigeführt –, die Audienz der Bürgerdeputation nach der Serenade auf dem Schloßplatz, der Kirchgang des Herzogs zum Festgottesdienst, der Empfang der Delegationen aus Berlin und Hannover, die Verleihung des Welfenordens an Caspari und der Festgruß während des Festbanketts in der Ägidienkirche, der Festschmuck der öffentlichen Gebäude – das alles spricht dafür, daß auch dem Herzog daran gelegen war, die Allianz mit dem Bürgertum feierlich zu bekräftigen. Er nahm daher die Huldigung der Braunschweiger Bürgerschaft bereitwillig entgegen, zumal es ihm die Veranstalter leicht machten, indem sie die allzu offene Manifestation deutschen Nationalgefühls in Gegenwart des Herzogs vermieden.

Zum Adressatenkreis der Braunschweiger Tausendjahrfeier gehörten aber auch die Bevölkerung und die Regierungen der anderen norddeutschen Städte und Staaten. Die Veranstalter wollten von Anfang an »keine bloß lokale Feier zum Gedächtnis partikularistischer Ereignisse«, vielmehr wurde schon im Festaufruf des Organisationskomitees der Hoffnung Ausdruck gegeben, daß sich die Feier »zu einem wahrhaft *deutschen Feste*«[32] gestalten werde.

Die Besucherzahlen übertrafen noch die Erwartungen der Veranstalter. Eine zeitgenössische Schätzung geht davon aus, daß etwa 30.000 Besucher allein mit der Eisenbahn anreisten – für damalige Verhältnisse eine sehr hohe Besucherzahl, wenn man bedenkt, daß Braunschweig im Jahre 1861 gerade erst 42.000 Einwohner zählte.[33] Im Einzugsgebiet des Eisenbahnnetzes, in das Braunschweig eingebunden war, lagen auch die 27 Städte, die offizielle Delegationen entsandt hatten, darunter elf aus dem Herzogtum Braunschweig, zehn aus dem Königreich Hannover, vier aus Preußen und zwei aus dem Fürstentum Schaumburg-Lippe.[34] Die zahlenmäßig stärksten und ranghöchsten Delegationen stammten aus Berlin und Hannover. Besonders die Berliner Delegation hatte die politische Dimension der Braunschweiger Tausendjahrfeier klar erkannt und nutzte ihr Auftreten, um die engen Bindungen zwischen Preußen und Braunschweig zu festigen.

Zum Adressatenkreis der politischen Botschaft der Braunschweiger Tausendjahrfeier gehörten schließlich auch die Reste der demokratischen Bewegung von 1848. Hier allerdings stieß sie nicht auf ungeteilte Zustimmung. An manchen Stellen trat die Kritik der Demokraten offen zutage – so etwa in der von den Innungen der Buchdrucker, Buchhändler, Schriftgießer, Stein- und Kupferdrucker und Holzschneider gestalteten Abteilung des Großen Festzuges. Sie lehnte sich formal an den Nürnberger Maximilianszug an, den Archetyp des historischen Festzugs.[35] Voran ritten drei im Stil des 16. Jahrhunderts gekleidete Herolde auf rot-weiß geschirrten Schimmeln »mit dem durch Kaiserspruch den Buchdruckern verliehenen Reichsbanner«. Sechs von Trabanten in historischen Kostümen geführte Schimmel, ebenfalls mit rot-weißem Geschirr, zogen den Festwagen. Dieser trug sechs schwarz-rot-goldene Säulen, auf denen silberne Greife thronten. Zwischen den Säulen waren Festons aus Eichenlaub gespannt, an denen vier Schilder mit den Aufschriften »Preßfreiheit«, »Redefreiheit«, »Religionsfreiheit« und »Bürgerliche Freiheit« angebracht waren. Darüber wehte die Reichsfahne. An der Vorderseite des Wagens befand sich ein großes Wappenschild mit dem braunschweigischen Pferd auf rotem Feld sowie den Inschriften »Numquam retrorsum« und »Der edlen Welfen Wahrspruch sei auch unser Wahlspruch«. Auf dem Wagen verkörperten drei Personen in historischen Kostümen – nach dem Vorbild der 1858 in Frankfurt von dem Bildhauer E. Laumitz aufgestellten Figurengruppe – J. Gutenberg, seinen Geldgeber J. Fust und dessen Schwiegersohn P. Schöffer. Hinzu kamen mehrere Druckerpressen in Arbeit – die während des Festzuges gedruckten Gedichte wurden sogleich unter den Zuschauern verteilt. Unmittelbar hinter dem Festwagen folgte eine schwarz verhangene Schindmähre, die einen Leichenkarren zog, »auf dem die Zensur zu Grabe getragen« wurde. »Ihr auf dem Sargdeckel ruhendes Attribut wird in Gestalt des krampfhaft sich aufbäumenden Zopfes von der Parzenschere abgeschnitten.«[36]

Unter den wenigen Festwagen, die überhaupt politische Themen aufgriffen, nahm dieser eine Sonderstellung ein. Zwar stellte auch er eine Verbindung her zwischen der Stadt (symbolisiert durch die rot-weißen Stadtfarben), dem Landesherrn (repräsentiert durch sein Wappen und seinen Wahlspruch) und der Nation (symbolisiert durch die Reichsfahne). Während jedoch alle anderen Festabteilungen, die auf die Nation Bezug nahmen, den Aspekt der *Einheit* in den Vordergrund rückten – als Beispiel seien hier die Hutmacher erwähnt, die einen riesigen Hut mit der Reichskokarde trugen, an dessen Krempe die 32 Wappenschilde der deutschen Bundesstaaten befestigt waren[37] –, stellte der Festwagen der Buchdrucker ganz auf den Aspekt der *Freiheit* ab. Er verwies auf die uneingelöste Forderung des Bürgertums nach Presse-, Rede-, Religions- und – ganz allgemein – nach bürgerlicher Freiheit, die auch im Herzogtum Braunschweig noch nicht verwirklicht war. Das Grabgeleit für die Zensur war ein Vorgriff auf die Zukunft – denn auch mit der neuen Landesverfassung von 1832 und dem Gesetz über die Freiheit der Presse und des Buchhandels vom 4. Mai 1848 war die Zensur keineswegs abgeschafft worden.[38] Der Festwagen kann daher als Protest gegen die weiter fortbestehenden Einschränkungen der bürgerlichen Freiheiten, besonders der Pressefreiheit, verstanden werden, als Protest aber auch gegen die Intentionen der Tausendjahrfeier, die den Begriff der *Nation* gegen den der *Demokratie* auszuspielen versuchte.

Dieser Protest hatte eine Vorgeschichte. Im Vorfeld der Vierhundertjahrfeier der Erfindung der Buchdruckerkunst im Jahre 1840 war es vor allem der Braunschweiger Buchdruckereibesitzer und Verlagsbuchhändler Dr. J. H. Meyer mit seinem 1834 gegründeten »Journal für Buchdruckerkunst, Schriftgießerei und verwandte Fächer« gewesen, der – im Gegensatz zu vielen anderen, die das Gutenbergfest als *Nationalfest* begehen wollten – für ein *Humanitätsfest* plädiert hatte. Hinter den »konkurrierenden Festintentionen« verbarg sich ein »politische(r) Dissens«. Verband das Konzept des Nationalfestes die Erfindung Gutenbergs vor allem mit der Hoffnung, die durch die Pressefreiheit hergestellte Öffentlichkeit werde zwangsläufig zur Einigung Deutschlands führen, so ging das Konzept des Humanitätsfestes von der Vorstellung aus, die Buchdruckerkunst habe »die Voraussetzungen und Bedingungen für Emanzipation und Freiheit schlechthin geschaffen«. War der ›liberale‹ Gutenberg des Nationalfestes ein »Künder konstitutioneller Rechte«, so stand der ›demokratische‹ Gutenberg des Humanitätsfestes »für Republik und Volkssouveränität«. 1840 hatte Meyer seine Ideen zur Gestaltung des Braunschweiger Gutenbergfestes nur sehr beschränkt verwirklichen können, 1861 brachte er sie – als Mitglied des Festkomitees – in die Tausendjahrfeier ein. Allerdings hatten die politischen Ideen Meyers, der 1848 den Weg in das Lager des konstitutionellen Liberalismus gefunden hatte, in der Zwischenzeit offenbar einiges von ihrer Radikalität verloren. So war in den Diskussionen im Vorfeld der Gutenbergfeiern im Jahre 1840 »als zentraler Programmpunkt ... eine Presse ›in Tätigkeit‹ am Ort der Versammlung in Aussicht genommen« worden. Dabei sollten am Ende der Veranstaltung die gerade gehaltenen Reden gedruckt und verteilt werden. »Der direkte Weg vom Autor über die Presse zum Publikum, ohne dazwischentretende Zensur, veranschaulichte unmittelbar das politische Ziel: die ›freie‹ Presse.«[39] 1861 nun konnte dieser Programmpunkt verwirklicht werden – was jedoch frisch aus der Druckerpresse unter den Zuschauern des Großen Festzuges verteilt wurde, waren zumeist humoristische Gedichte, die – sieht man von gelegentlichen Seitenhieben gegen die städtischen Behörden ab – völlig unpolitisch waren. Es muß offen bleiben, ob dies einzig und allein auf den weiter fortwirkenden Zensurdruck zurückzuführen war oder ob hier nicht schon die Schere im Kopf am Werk war.

VI.

Die Braunschweiger Tausendjahrfeier war als *historisches* Fest konzipiert – sie diente sowohl der Selbstvergewisserung des Braunschweiger Bürgertums durch die festliche Aneignung von städtischer Geschichte als auch der historischen Legitimierung der politischen Botschaft des Festes. Dieser Brückenschlag in eine teilweise verschüttete Vergangenheit, mit dem Traditionslinien bis in die Gegenwart hinein gezogen werden sollten, gab der Stadtgeschichtsschreibung starke Impulse. Das Festkomitee beauftragte den Gymnasialprofessor Aßmann, eine Festschrift über »Die geschichtliche Bedeutung der Stadt Braunschweig« zu verfassen, und bewilligte finanzielle Zuschüsse für die bis heute wichtige »Geschichte der Stadt Braunschweig im Mittelalter« von H. Dürre, die »Geschichte der Residenzstadt Braunschweig in den Jahren 1806 bis 1831« von E. Heusinger und die Herausgabe des Braunschweiger Urkundenbuchs.[40] Darüber hinaus führte die Tausendjahrfeier zur Gründung des Stadtarchivs, der Stadtbibliothek und des Städtischen Museums.[41] Unter dem Eindruck der Tausendjahrfeier luden die städtischen Behörden im Jahre 1863 die Generalversammlung der deutschen Geschichts- und Altertumsvereine nach Braunschweig ein, und 1873 gründete sich der Ortsverein für Geschichte und Altertumskunde zu Braunschweig und Wolfenbüttel im Rahmen des Harzvereins für Geschichte und Altertumskunde.[42] Auch die Erhaltung wertvoller Baudenkmäler in der Stadt Braunschweig stand in unmittelbarem Zusammenhang mit der Tausendjahrfeier: Die städtischen Behörden und die Landesregierung ließen mehrere alte Gebäude, u.a. die Alte Waage, restaurieren, der Landtag bewilligte anläßlich der Tausendjahrfeier 30000 Thaler zur Restaurierung der Brüdernkirche, und eine Reihe von Braunschweiger Bürgerhäusern wurde zur Tausendjahrfeier von Privatleuten restauriert.[43]

Obwohl die Stadtgeschichtsschreibung durch die Braunschweiger Tausendjahrfeier starken Auftrieb erhielt, bestand von Anfang an ein Spannungsverhältnis zwischen wissenschaftlich disziplinierter Historiographie und soziokulturell motivierter Geschichtsinterpretation. Der Konflikt entzündete sich an dem *Anlaß* der Feier. Die Veranstalter erklärten sie zum tausendjährigen Stadtjubiläum, wobei sie sich auf die spätmittelalterliche Gründungssage beriefen.[44] Aus heutiger Sicht gilt das tausendjährige Stadtjubiläum von 1861 daher als irrig, und auch von Zeitgenossen wurde es bereits kritisiert.[45]

Aßmann räumte in seiner vom Festkomitee in Auftrag gegebenen Festschrift ohne weiteres ein, daß die Braunschweiger Gründungssage, was den Zeitpunkt, die Identität der handelnden Personen und die überlieferten Umstände angeht, geschichtlich ungesichert sei. Er rechtfertigte aber die Entscheidung der städtischen Behörden, im Jahre 1861 das tausendjährige Stadtjubiläum zu begehen, aus zwei Gründen. Zum einen betonte er, daß das Jahr 861 im öffentlichen Bewußtsein als Gründungsjahr der Stadt fest verankert sei, so daß die Braunschweiger Bevölkerung von sich aus auf die Millenarfeier dränge. Diesem Drängen, so Aßmann, müsse man umso eher nachgeben, da in dem »Bewußtsein, wie glücklich sich die Gegenwart unter der Regierung unseres geliebten Landesfürsten gestaltet«, die »rechte Stimmung« für ein »Jubelfest« vorhanden sei. Hier zeigt sich noch einmal sehr deutlich, daß nicht ein allgemeines historisches Interesse, sondern der aktuelle politische Kontext, wie er vorn geschildert worden ist, den Ausschlag für die Tausendjahrfeier gegeben hat. Zum anderen, so Aßmann, enthalte die Gründungssage einen wahren Kern, den er folgendermaßen zusammenfaßte:

»Braunschweig verdankt seinen Ursprung einem erlauchten Geschlechte; der erhabenen Bestimmung des Fürstenberufes gedenk übernahm dieses den Schutz der Bedrängten gegen innere und äußere Gefahren. So bereitet es durch Sicherung der friedlichen Beschäftigungen das Aufblühen eines städtischen Gemeinwesens vor; durch seine erhabene Stellung aber beruft es zugleich die ihm in dankbarer Treue zugetanen Schutzbefohlenen zu inniger Teilnahme an den Angelegenheiten des Gesamtvaterlandes.«[46]

Diese Interpretation der Braunschweiger Gründungssage kam, wie unschwer zu erkennen ist, den politischen Intentionen entgegen, die der Tausendjahrfeier zugrundelagen: Indem der Ursprung der Stadt auf einen fürstlichen Gründungsakt zurückgeführt, das gegenseitige Treueverhältnis zwischen der Stadt und dem Landesherrn hervorgehoben und die sächsischen Kaiser zu Vorkämpfern der deutschen Einigung erklärt wurden, konnte die politische Doppelfunktion der Tausendjahrfeier als Huldigungs- und Nationalfest historisch fundiert werden. Dies war freilich nur möglich durch eine äußerst selektive Rezeption der Stadtgeschichte. Analysiert man die historischen Exkurse, die sich in den Festaufrufen, in den Festchroniken, in den Predigten anläßlich des Festgottesdienstes am Au(c)torstag usw. finden, so zeigt sich, daß große Abschnitte der Stadtgeschichte aus dem geschichtlichen Gedenken ausgeblendet wurden. Während die Entwicklung der Stadt Braunschweig vom 9. bis zum 13. Jahrhundert verhältnismäßig breit dargestellt wurde, blieb der Zeitraum zwischen dem 13. Jahrhundert und 1671 weitgehend im Dunkeln. Besonders die zahlreichen innerstädtischen Konflikte und die gewaltsamen Auseinandersetzungen zwischen Stadt und Landesherrn fanden nur am Rande Erwähnung, fügten sie sich doch nicht in die harmonisierende Interpretation der Stadtgeschichte. Stattdessen standen die Mitgliedschaft Braunschweigs in der Hanse, die als Vorläufer der deutschen Nationalbewegung gedeutet wurde, und die Reformation im Vordergrund. Auch der Zeitraum von der Unterwerfung der Stadt Braunschweig durch den Landesherrn im Jahre 1671 bis zur Mitte des 19. Jahrhunderts wurde eher kursorisch behandelt – das Augenmerk galt hier vor allem dem Anteil des braunschweigischen Hofes an der deutschen Aufklärung und der Rolle der braunschweigischen Herzöge in den Befreiungskriegen.[47]

Der durch die politischen Intentionen der Tausendjahrfeier ausgeübte Zwang zur selektiven Rezeption der Lokalgeschichte dürfte die Ursache dafür sein, daß die Veranstalter davon absahen, den Großen Festzug als rein historischen Festzug zu konzipieren, dessen innerer Aufbau sich an den Wendepunkten der Stadtgeschichte orientiert hätte – die durch die bürgerliche Selbstbeschränkung entstandenen Lücken wären allzu offensichtlich gewesen. Dennoch nutzten einige Gilden und Vereine den Großen Festzug, um die kollektive Identität der von ihnen vertretenen Berufsgruppen durch Rückgriffe auf die Geschichte (oder gar auf vorgeschichtliche Zeiten) in ältere Traditionszusammenhänge zu stellen. Solche historischen oder mythologischen Bezüge lassen sich in 18 der 59 Festabteilungen nachweisen. Dabei wurde die Geschichte eines Gewerbes zumeist entweder durch die Darbietung von Erzeugnissen aus verschiedenen Zeitaltern oder durch die Darstellung von historischen Persönlichkeiten, die mit einem Gewerbe in Zusammenhang gebracht wurden, sagenhaften Gründergestalten oder griechisch-römischen Gottheiten symbolisch repräsentiert. Dazu ein Beispiel:

Der Festwagen der Schuhmacher zeigte vorn ein Bildnis des Heiligen Crispin, des Patrons der Schuster, Sattler und Gerber, sowie die Bildnisse des Philosophen und Schuhmachers Jakob Böhme und des Hans von Sagan, des Sohns eines Schuhmachers aus Königsberg, der – nach der Sage – in der Schlacht von Rudau im Jahre 1370 das Heer des Deutschen Ordens zum Sieg über die Litauer geführt haben soll. Auf dem Wagen erschien, von einem Schuhmacher in historischem Kostüm dargestellt, Hans Sachs mit Schusterschemel und Dichterpult, in der Hand die schwarz-weiße Fahne des Deutschen Ordens. Dieses lebende Bild verknüpfte das Motiv der Ostkolonisation, das starke Bezüge zur deutschen Nationalbewegung, besonders auch zu den ethnischen Konflikten zwischen Deutschen und Polen in Ostelbien, aufwies, mit dem Motiv des *Altdeutschen*, das auf die Kulturträgerrolle des (städtischen) Bürgertums abhob. Es war kein Zufall, daß hier wie fast überall im Großen Festzug *bürgerliche* Persönlichkeiten im Mittelpunkt der historischen Reminiszenzen standen, wobei der Archetyp des Handwerker-Künstlers (Sachs) oder Handwerker-Gelehrten (Böhme) – trotz der durch das Motto des Festwagens erreichten ironischen Brechung (»Hans Sachs war ein Schuh- / macher und Poet dazu«,

»Schuster, bleib bei deinem Leisten«) – das Selbstverständnis der Schöpfer dieses Festwagens widerspiegelt. Im hinteren Teil des Wagens war eine Schusterwerkstatt nachgebaut, in der Schuhmacher in Trachten aus vier Jahrhunderten Schuhwerk aus allen Zeiten und Weltgegenden herstellten, das – zusammen mit Gedichten von Hans Sachs – unter den Zuschauern verteilt wurde.

Traditionslinien ganz anderer Art stellte die Festabteilung des *Collegium Carolinum* her. Die Kollegiaten, »in Koller, Kanonen und Samtrock, mit weiß-roten Cerevismützen und Schlägern«, folgten einem Banner, das die Minerva zeigte, und einer Büste Herzog Karls I., des Stifters des Collegiums, und trugen lorbeerbekränzte Medaillonstandarten mit den Bildnissen hervorragender Gelehrter, Schriftsteller und Künstler aus dem Umkreis des *Collegium Carolinum*. Dazu gehörten der Abt und Hofprediger J.F.W. Jerusalem, Gründer, Kurator und Direktor des Collegiums, G.E. Lessing, der 1770 Bibliothekar in Wolfenbüttel wurde, die »Bremer Beiträger« K.C. Gärtner, J.A. Ebert und J.F.W. Zachariä, der Shakespeare-Übersetzer J.J. Eschenburg, Bibliothekar am *Collegium Carolinum*, der Professor für griechische, lateinische und englische Sprache J.F.F. Emperius, der Dichter J.A. Leisewitz (der auch maßgeblich an der Reform des Braunschweiger Armenwesens beteiligt war), der Mathematiker K.F. Gauß, der Schüler am *Collegium Carolinum* gewesen war, sowie der Mathematiker und Physiker E.A.W. Zimmermann, die Baumeister C.T. Ottmer und P.J. Krahe, der Militärschriftsteller und Physiokrat J. Mauvillon, die Historiker J.A. Remer und A.F. Lüder und schließlich der Landschaftsmaler Pascha Weitsch.[48] Deutlich erkennbar ist der Versuch, die Tradition einer braunschweigischen Gelehrtenkultur zu begründen, die alle Bereiche der Wissenschaft und Kunst umfaßte. Dabei ist zu berücksichtigen, daß das *Collegium Carolinum* eine *hohe Schule* zwischen Gymnasium und Universität war (1862 wandelte es sich in ein Polytechnikum um), in der auch die künftigen Beamten des Landes, Kaufleute und Ingenieuroffiziere vorgebildet wurden – die kulturellen Traditionen, die auf die Bildungsschichten zurückgeführt wurden, die sich im

18. Jahrhundert außerhalb des alten Stadtbürgerverbandes herausgebildet hatten, stärkten deshalb nicht nur die kollektive Identität der bildungsbürgerlichen Berufsklassen, sondern strahlten auch auf andere Gruppen des Braunschweiger Bürgertums aus.

In den letzten, von den gewerblichen Unternehmern gestalteten Abteilungen des Großen Festzugs sind historische Reminiszenzen die Ausnahme – hier überwiegen die Symbole des Fortschritts wie die »Locomobile« (auf dem Festwagen der Maschinenfabrik F. Seele & Comp.) oder der Dampfkessel (auf dem Festwagen der Braunschweiger Zuckerraffinerie).[49] Wie der Brückenschlag zwischen Vergangenheit und Zukunft symbolisch repräsentiert werden konnte, zeigt auch der Einsatz des künstlichen Lichts bei der Braunschweiger Tausendjahrfeier. Im Mittelpunkt der Lichtspiele standen der Bahnhof und der Altstadtmarkt.[50] Die Bahnhofshalle wurde durch tausende von Gassternen erleuchtet. Am Ende der Halle strahlte das geflügelte Rad über dem Stadt- und Landeswappen, dazwischen die Zahlen 861 und 1861, darunter ein Transparent mit der Aufschrift:

»Willkommen deutsche Brüder aus jedem Land!
Der Vorzeit Feier knüpfe der Eintracht eisern Band!«

Das Flügelrad als Symbol der Eisenbahn wird hier mit dem Gaslicht (das in der Stadt Braunschweig im Jahre 1852 eingeführt worden war) kombiniert – die beiden im 19. Jahrhundert meistbenutzten Symbole des Fortschritts stehen für die Zukunft. Durch das Transparent wird eine Verbindungslinie zwischen Vergangenheit und Zukunft gezogen und zugleich der Zukunftsentwurf im Sinne des Nationalgedankens inhaltlich gefüllt.

Der Altstadtmarkt wurde am Abend des 19. und des 20. August vom Einbruch der Dämmerung bis um Mitternacht beleuchtet. Für das Altstadtrathaus und die Martinikirche benutzte man bengalisches Feuer, und zwar für die Außenbeleuchtung weißes Licht, um die architektonischen Details der beiden gotischen Bauwerke plastisch hervortreten zu lassen, für die Innenbeleuchtung rotes Licht, um Kerzenschein zu simulieren. Vorbild für diese Lichtgestaltung dürfte die Darstellung nächtlicher Szenen auf dem Altstadtmarkt in der Braunschweiger Historienmalerei gewesen sein – es ging um die Schaffung einer mittelalterlichen Szenerie. Den Kontrapunkt in der Lichtkomposition setzte der Brunnen auf dem Altstadtmarkt, der von hunderten von Gasflämmchen umzogen war. Das hell strahlende Gaslicht bildete einen scharfen Kontrast zu den trübe glühenden bengalischen Feuern, setzte Vergangenheit und Zukunft gegeneinander und schlug einen Bogen vom stadtbürgerlichen Regiment des Mittelalters (symbolisiert durch das Altstadtrathaus) zur städtischen Selbstverwaltung des 19. Jahrhunderts, die durch die Einführung der Gasbeleuchtung den ersten Schritt zur modernen Leistungsverwaltung getan hatte.

Die Braunschweiger Tausendjahrfeier war zugleich Rückgriff auf die Vergangenheit und Vorgriff auf die Zukunft. Sie galt dem städtischen Bürgertum als Vorwegnahme der *bürgerlichen Gesellschaft* im Sinne der liberalen Zielutopie eines sich selbst steuernden Gemeinwesens freier und gleicher, selbständiger, öffentlich debattierender und vernunftgeleitet handelnder Männer. In einer öffentlichen Bekanntmachung, die wenige Tage vor dem Beginn der Feierlichkeiten erlassen wurde, ließ Polizeidirektor Cleve – sicher in Absprache mit dem gesamten Festkomitee – verbreiten, daß die Einhaltung der Festordnung nicht durch die Androhung von Geld- oder Gefängnisstrafen erzwungen werden sollte, sondern daß man auf die »Ordnungsliebe«[51] der Braunschweiger setzte. Eine unmittelbar nach Abschluß der Feierlichkeiten veröffentlichte Verlautbarung des Magistrats lobte denn auch »die musterhafte Ruhe und Ordnung, welche sich während des ganzen Festes ... unter allen Schichten der Bevölkerung, und zwar nicht in Folge äußeren Zwanges, sondern freiwillig und als ein Ausfluß seltener Mäßigung und Wohlanständigkeit« kundgegeben und »ein beredtes Zeugnis von dem hohen Grade der Bildung und Gesittung unserer Mitbürger«[52] abgelegt habe. Die Braunschweiger Tausendjahrfeier wurde allgemein als Beweis für die Tragfähigkeit einer auf die freie Übereinkunft zwischen mündigen Bürgern gegründeten Ordnung angesehen: »Ohne alle äußere Einwirkung, völlig aus eignem Antriebe, und in dem vollsten, würdigsten *self government*, strebten einer wie alle, die Passage für den Zug freizulassen«, heißt es in einem Flugblatt, »und trotz des Jubels herrschten allgemein eine Würde und ein Anstand, daß man mit Recht sagen kann, das Bürgertum habe hier einen seiner schönsten Triumphe gefeiert«.[53]

Anmerkungen

1 T. *Gassmann*, Festchronik. Zur Erinnerung an die Tausendjährige Jubelfeier der Stadt Braunschweig, Braunschweig 1861, S. 28, 74.

2 Braunschweigs Jubeltage. Flugblatt, Braunschweig 1861, S. 4 (in: Stadtarchiv Braunschweig (=StAB) D IV 4943).

3 Vgl. W. *Hartmann*, Der historische Festzug. Seine Entstehung u. Entwicklung im 19. u. 20. Jh., München 1976, S. 125-28. In seinem Katalog (S. 233) charakterisiert Hartmann den Braunschweiger Festzug von 1861 als »Festzug der Gewerke mit einigen historischen Gruppen«.

4 W. *Aßmann*, Die geschichtliche Bedeutung der Stadt Braunschweig. Fest-Schrift zu der Jubel-Feier des tausendjährigen Bestehens von Braunschweig, Braunschweig 1861, S. 3.

5 Vgl. die öffentliche Bekanntmachung des Magistrats v. 29. 5. 1861, StAB D IV 4943; *Aßmann*, S. 2-4.

6 *Gassmann*, S. 7. Der Proporz war von der Stadtverordnetenversammlung vorgeschlagen worden, wobei ihre Anregung, auch zwei Offiziere als Vertreter des Militärs einzuladen, nicht aufgegriffen wurde. Vgl. Stadtverordnetenversammlung an Magistrat, 9. 2. 1860, StAB D IV 4943.

7 Vgl. dazu den Schriftwechsel in StAB D IV 4943; *Gassmann*, S. 7f.

8 Vgl. C. *Römer*, Veränderungen in den braunschweigischen Städten des 18. Jh. Nichtbürgerliche Bildungsschichten u. das neue Honoratiorentum, in: W. Rausch (Hg.), Städtische Kultur in der Barockzeit, Linz 1982, S. 159-76.

9 Davon waren 14 bereits vor 1861 wieder aus dem Amt ausgeschieden (z.T. auch verstorben), fünf waren 1861 im Amt und elf wurden erst nach 1861 in ein Amt gewählt.

10 Verzeichnis der Mitglieder des Großen Clubs, 1864 – 1919, StAB G XI 1: 1,3.

11 P. *Lufft*, 125 Jahre Braunschweiger Kunstverein, Braunschweig 1958, S. 7-10; *ders.*, Das Gästebuch Otto Ralfs, Braunschweig 1985, S. 9-12.

12 Verzeichnis der Mitglieder des Kunstclubs, 1850, StAB G XI 6.

13 Verzeichnis der Mitglieder des Kunstvereins, 1853, StAB G XI 5.

14 H. *Pelger*, Zur demokratischen u. sozialen Bewegung in Norddeutschland im Anschluß an die Revolution von 1848, in: Archiv für Sozialgeschichte, Jg. 8, 1968, S. 161-207, Zit. S. 168.

15 Dabei ist allerdings zu berücksichtigen, daß keine Mitgliederliste des Volksvereins vorliegt. Die Mitgliederschaft kann nur bruchstückhaft rekonstruiert werden. Da jedoch die Mehrzahl der Komiteemitglieder auch nach der Gründung des Volksvereins im Juli 1848 als Mitglieder des Vaterländischen Vereins nachgewiesen werden kann, ist mit Sicherheit davon auszugehen, daß nur eine Minderheit des Komitees dem Volksverein angehört hat.

16 Verzeichnis der Mitglieder des Bürgervereins, undatiert (1834?), StAB G XI 15.

17 Verzeichnis der Mitglieder des Vaterländischen Vereins, undatiert (1850), StAB G XI 8.

18 Vgl. K. *Lange*, Der Nationalverein im Herzogtum Braunschweig, in: Braunschweiger Heimat, Jg. 22, 1931, S. 74-80.

19 Entwurf des Festprogramms, Staatsarchiv Wolfenbüttel (= STAW) 12 Neu 4, 112.

20 *Gassmann*, S. 67.

21 Braunschweigs Jubeltage, S. 4.

22 *Gassmann*, S. 23ff.; Braunschweigs Jubeltage, S. 2f.

23 M. *Puhle*, Ein Pokal für Wilhelm Bode. Zur Braunschweiger Revolution von 1830, Braunschweig 1980, S. 21.

24 J. *König*, Landesgeschichte, in: R. Moderhack (Hg.), Braunschweigische Landesgeschichte im Überblick, Braunschweig 1976, S. 94.

25 H.-U. *Wehler*, Deutsche Gesellschaftsgeschichte, Bd. 2, München 1987, S. 349. Vgl. K.E. *Pollmann*, Die Landschaftsordnung von 1832, in: ders. u. W. Pöls (Hg.), Moderne Braunschweigische Geschichte, Hildesheim 1982, S. 6-30.

26 Vgl. *Puhle*; H.-G. *Husung*, »Das war Braunschweigs wild-kühne Tyrannenjagd«. Volksprotest und Schloßbrand 1830, in: G. Spies (Hg.), Brunswiek 1031 – Braunschweig 1981 (Folgeband), Braunschweig 1981, S. 85-92; *König*, S. 90-95; C. *Römer*, Regierung u. Volk im 19. Jh. Die Zeit Herzog Wilhelms (1831–84), Braunschweig 1979; T. *Müller*, Stadtdirektor W. Bode, Braunschweig 1963, S. 98-125, 202-09; E. *Heusinger*, Braunschweig in seiner Betheiligung an der deutschen Volkserhebung, Braunschweig 1849; O. *Böse*, Die Revolution von 1848 in Braunschweig, Hildesheim 1948; K. *Lange*, Herzog Wilhelm von Braunschweig u. die deutsche Revolution (1848–51), in: Braunschweigisches Jahrbuch 1937, S. 83-102; *Pelger*, Bewegung, S. 168f.

27 *Gassmann*, S. 68, 70, 71, 28f.

28 M. *Zeidler*, Chronik der Stadt Braunschweig, Braunschweig 1980, S. 21. Vgl. W. *Spieß* (Hg.), Der Braunschweiger Löwe, Braunschweig 1985; D. *Puhle*, Das Herzogtum Braunschweig-Wolfenbüttel im Königreich Westphalen, Braunschweig 1989, S. 276-86.

29 Vgl. den Schriftwechsel in StAB D IV 4944. Eine Beschreibung der Medaille gibt *Gassmann*, S. 13. Abbildung: Braunschweigs Jubeltage, S. 1.

30 *Gassmann*, S. 32.

31 *Heusinger*, S. 100.

32 *Gassmann*, S. 91, 6, 11. Zur Festkleidung: S. 23f., 76, 110. Zum Fassadenschmuck: S. 14-16; Braunschweigs Jubeltage, S. 2.

33 *Gassmann*, S. 12f.; E.-W. *Buchholz*, Die Bevölkerung des Raumes Braunschweig im 19. Jh. Ein Beitrag zur Sozialgeschichte der Industrialisierungsepoche, phil. Diss. Göttingen 1952, Tab. 2a.

34 *Gassmann*, S. 59.

35 Vgl. *Hartmann*, S. 11f.

36 *Gassmann*, S. 100, 109. Die Beschreibung folgt dem nach einer Zeichnung von R. Geißler gefertigten Kupferstich »Der große Festzug am 21. August auf dem Altstadtmarkt zu Braunschweig«, in: Braunschweigs Jubeltage (siehe Umschlagbild). Diese bildliche Darstellung weicht in Details von der Beschreibung im Text (S. 5) und bei *Gassmann*, S. 100-09, ab.

37 *Gassmann*, S. 94; Braunschweigs Jubeltage, S. 4.

38 Vgl. W. *Thiele*, Die Qualität der Grundrechte in der braunschweigischen Verfassung von 1832, in: Pöls u. Pollmann (Hg.), S. 31-52, hier: S. 43-49.

39 J. *Steen*, Vormärzliche Gutenbergfeste (1837 und 1840), in: D. Düding u.a. (Hg.), Öffentliche Festkultur, Reinbek 1988, S. 147-65, Zitate S. 150, 151. Vgl. Gedenkbuch der vierten Säkularfeier der Erfindung der Buchdruckerkunst zu Braunschweig am Johannisfest des Jahres 1840, Braunschweig 1840.

40 Vgl. Heusinger an Magistrat, 10.4.1861; Promemoria Dürres v. 9. 11. 1860; Berichte der Festschriftenkommission v. 9. 9. und 11. 11. 1860, StAB D IV 4943, sowie den Schriftwechsel in StAB D IV 4945; *Gassmann*, S. 8f.

41 Vgl. W. *Spieß*, Das Stadtarchiv Braunschweig. Seine Geschichte u. seine Bestände, Braunschweig 1951; R. *Moderhack*, 100 Jahre Stadtarchiv u. Stadtbibliothek Braunschweig, 1861–1961, Braunschweig 1961; *ders.* u.a., Stadtarchiv u. Stadtbibliothek Braunschweig, Wolfenbüttel 1960; M.R.W. *Garzmann* u. W.-D. *Schuegraf* (Hg.), 125 Jahre Stadtarchiv Braunschweig. 125 Jahre Stadtbibliothek Braunschweig. 75 Jahre Öffentliche Bücherei Braunschweig, Braunschweig 1985.

42 R. *Moderhack*, Braunschweigs Stadtgeschichte (= G. Spies (Hg.), Braunschweig, Das Bild der Stadt in 900 Jahren, Bd. 1), Braunschweig 1981, S. 83.

43 *Gassmann*, S. 12. Vgl. Staatsministerium an Landesversammlung, 17. 3. 1861, STAW 12 Neu 4, 112.

44 Vgl. M. *Last*, Die Anfänge der Stadt Braunschweig. Mittelalterliche Tradition im Lichte moderner Forschung, in: Spies (Hg.), Brunswiek (Folgeband), S. 25-35.

45 Vgl. z.B. L.C. *Bethmann*, Die Gründung Braunschweigs u. der Dom Heinrichs des Löwen, in: Westermann's Jahrbuch der Illustrierten deutschen Monatshefte 10 (April-September 1861), S. 525-59. Dazu auch N. *Kamp*, Herrschaft, Wirtschaft u. Gesellschaft in der Frühzeit der sächsischen Städte, in: Spies (Hg.), Brunswiek (Folgeband), S. 13-23, hier: S. 13, 21. 1981 feierte die Stadt Braunschweig – gestützt auf die Weihenotiz für die Braunschweiger St. Magni-Kirche aus dem Jahre 1031 – ihr 950jähriges Bestehen. Vgl. *Last*, S. 25f.

46 Ebd., S. 3, 10.

47 Vgl. z.B. die von Aßmann verfaßte Aufforderung zur Feier des tausendjährigen Bestehens der Stadt Braunschweig v. 29.5.1861, StAB D IV 4943 (abgedruckt in: *Gassmann*, S. 10f.), Aßmanns Festschrift oder die Festpredigt des Stadtsuperintendenten Hessenmüller in der Brüdernkirche (abgedruckt in: ebd., S. 35-45).

48 Vgl. H. *Albrecht*, Catalogus Professorum der Technischen Universität Carolo-Wilhelmina zu Braunschweig, T. 1: Lehrkräfte am Collegium Carolinum 1745–1877, Braunschweig 1986. Allgemein: *ders.*, Das Collegium Carolinum u. seine Studierenden. Ein Beitrag zur Geschichte der Technischen Universität Braunschweig, in: G. Spies (Hg.), Brunswiek (Folgeband), S. 73-84; Römer, Veränderungen.

49 *Gassmann*, S. 110. Vgl. *Hartmann*, S. 151.

50 Vgl. *Gassmann*, S. 33; Braunschweigs Jubeltage, S. 3.

51 Bekanntmachung des Polizeidirektors Cleve v. 13. 8. 1861, in: Braunschweigische Anzeigen, 102. Stück, August 1861, S. 7841-46, Zit. S. 7845.

52 *Gassmann*, S. 116f.

53 Braunschweigs Jubeltage, S. 5.

Monika Wienfort

Kaisergeburtstagsfeiern am 27. Januar 1907

Bürgerliche Feste in den Städten des Deutschen Kaiserreichs

Daß ausgerechnet die Feier des Geburtstages Wilhelms II. im deutschen Kaiserreich ein bürgerliches Fest gewesen sein soll, erscheint auf den ersten Blick nicht unmittelbar einleuchtend. Ein politisches Fest im Kaiserreich – das dient, sieht man von Arbeiterfesten als Elementen einer eigenen Subkultur ab, in der Regel als Beleg für die Inszenierung eines monarchischen Kultes, der den deutschen Bürger der Jahrhundertwende auf den Untertan eines mindestens »semiabsolutistischen« Herrschaftssystems reduzierte.[1] Sedans- und Kaisergeburtstagsfeiern kennzeichnen in dieser Interpretation geradezu den Untertanengeist einer Gesellschaft, in der jeder obrigkeitlichen Wünschen und Anordnungen eilfertig nachkam, anstatt sich für eine Reform der politisch-sozialen Ordnung einzusetzen; einer Gesellschaft also, die sich durch ein »Defizit an Bürgerlichkeit« von den westeuropäischen Gesellschaften unterschied.[2]

Tatsächlich gehörten Feste, die aus Anlaß des Herrschergeburtstages gefeiert wurden, eher in die Tradition höfischer Feste als in die traditioneller Volkskultur. In der Frühen Neuzeit feierte man dort, wo das Geburtstagskind anwesend war: in der Residenz. Allerdings wurden Glück- und Segenswünsche – nicht zuletzt für die Untertanen – in Gottesdiensten im ganzen Land ausgesprochen. Natürlich blieb es den Untertanen unbenommen, Geburtstagsgedichte zu verfassen und diese in den Zeitungen oder Zeitschriften zu veröffentlichen.[3] Aber meist endete hier die Möglichkeit der Mitwirkung.

Im Kaiserreich änderte sich das völlig. Die zentrale Geburtstagsfeier blieb zwar nach wie vor in Berlin. Der Kaiser nahm die Ehrenbezeugungen der Truppen in einer Parade ab, meist standen ein »offizieller« Empfang und ein Essen im Familienkreis auf dem Programm.[4] Von dieser Feier soll im folgenden aber nicht die Rede sein. Vielmehr gilt das Interesse den Feiern, die sich in Preußen, aber bald auch in allen anderen Gebieten des Deutschen Reiches ausbreiteten. Zwischen 1888 und 1913 fanden immer mehr Feiern unter immer größerer Beteiligung der Bevölkerung, auch und gerade in sozialer Hinsicht, statt. Viele kleine und sehr kleine Städte und Ortschaften, Dörfer oder Vorstädte, die wenige Jahre später eingemeindet wurden, meldeten Festveranstaltungen. Hier fand sich die lokale Elite ein, immer häufiger beteiligten sich aber auch Angehörige der Mittelschichten und sogar Arbeiter in den Feiern der Krieger- oder evangelischen Arbeitervereine. Sowohl in räumlicher als auch in sozialer Perspektive kann man mit einigem Recht nicht nur von bürgerlichen Festen, sondern von Volksfesten sprechen. Dabei sind allerdings zwei Einschränkungen zu machen: Von den bedeutendsten repräsentativen Ereignissen im Festprogramm der Städte waren häufig sogar mittlere Unternehmer und Handwerksmeister ausgeschlossen, für Arbeiter versteht sich dies nahezu von selbst. Zweitens blieb die SPD, die die Kaisergeburtstagsfeier grundsätzlich ablehnte, außerhalb der Festgesellschaft. Soziale und politische Exklusivität einerseits schloß andererseits jedoch bemerkenswerte Integrationsleistungen nicht aus.

Die Charakterisierung der Kaisergeburtstagsfeiern als obrigkeitsstaatliche Veranstaltungen, die man in der Literatur häufig findet, beruht zunächst auf einer verengten Perspektive, die nur Berlin im Blick hat.[5] Zusätzlich werden aber andere Argumente geltend gemacht: Der Phänotyp der Kaisergeburtstagsfeiern wurde ganz überwiegend durch militärische Schauspiele bestimmt. Paraden, Zapfenstreich und militärisches Wecken erreichten einen Großteil der Einwohner einer Stadt. In den großen Garnisonsstädten Preußens wie Magdeburg oder Köln, aber auch in Bremen oder Frankfurt gestalteten sich derartige Ereignisse natürlich eindrucksvoll. In Städten wie Essen oder Bielefeld, die über keine oder nur eine kleine Garnison verfügten, traten Vereine an die Stelle des Militärs – besonders, aber keineswegs ausschließlich die Kriegervereine – und übernahmen Umzug und Zapfenstreich. Gleichzeitig blieben die Militärparaden bis zum Ersten Weltkrieg das einzige Festelement, das sich in einer unbeschränkten Öffentlichkeit, nämlich auf Straßen und Plätzen, abspielte. Hier konnten alle Männer, Frauen und Kinder als Zuschauer dabeisein. Es fehlte ein Festumzug der städtischen Bürgerschaft, ein Element, das bei anderen Festen eine zentrale Rolle spielte und die Wahrnehmung dominieren konnte. An die Stelle des traditionellen Umzugs in der Stadt, in dem sich die Führungsschichten dem Volk präsentierten, trat also mit der Militärparade eine Demonstration der Macht des Staates.

Neben den Militärspektakeln waren die Schulfeiern in Preußen wichtige Elemente des Festprogramms. Auch hier besteht zunächst wenig Anlaß, »bürgerlichen«, gestaltenden Einfluß zu vermuten. Sie wurden von behördlicher Seite angeordnet, ihre Abhaltung lag also nicht im Ermessen der einzelnen Schulen. Die Intention der Regierung, solche Feste zur Steigerung der Loyalität der Kinder zu Kaiser und Vaterland zu nützen, liegt auf der Hand. Daß die dominierenden Erziehungsziele der Schulen des Kaiserreichs in Gehorsam und Frömmigkeit bestanden, ist bekannt. Feste spielten für die Umsetzung dieser Zielvorstellungen eine wichtige Rolle.

Militär- und Schulfeiern – letztere werden später noch näher betrachtet – wurden also zum großen Teil durch die Obrigkeit reglementiert. Das galt auch für den festlichen Schmuck der Stadt: Obwohl alle Zeitungsberichte davon sprechen, daß Privathäuser geschmückt und »illuminiert« waren, muß man doch davon ausgehen, daß öffentliche Gebäude besonders hervortraten. In Essen wurde der Strom »für Illuminationszwecke zu patriotischen Staats- oder städtischen Feiern« von der Rheinisch-Westfälisches Elektrizitätswerk AG kostenlos zur Verfügung gestellt, andernorts trug die Staatskasse die Kosten.[6] Allerdings beteiligten sich viele Geschäftsleute durch Schaufensterdekorationen etwa mit der Büste des Kaisers an den Versuchen, dem Fest einen angemessenen, »würdigen« Rahmen zu verleihen. Unbeeinflußbar aber blieb das Wetter; Ende Januar konnte man kaum auf für Veranstaltungen im Freien angenehme Bedingungen rechnen. Die Zeitungen überboten sich häufig in der poetischen Umschreibung der Winterkälte: »Richtiges Kaiserwetter« herrschte am 27. Januar 1907 in Köln, denn »golden brach die Sonne durch das steinerne Filigranwerk der Domtürme, in unzähligen Reflexen brachen sich ihre Strahlen in den glitzernden Eiskrusten und Schneeflächen auf den Mauern.«[7]

Es bleibt also, das Mögliche an Bürgerlichkeit der Kaisergeburtstagsfeiern zu erkunden. Welchen Anteil hatten die Bürger am Festprogramm, und welche Rolle spielte Bürgerlichkeit an dieser Schnittstelle zwischen Politik und Kultur? Ich möchte im folgenden zeigen, daß sich in den Städten des Kaiserreichs – in je unterschiedlicher Form, die sich auf Sozialstruktur, wirtschaftliche Entwicklung und politische Geschichte bezog – durchaus autonome politisch-kulturelle Strukturen bildeten, die nicht einfach in Untertanengehorsam aufgehen. Eher schon läßt sich die Kaisergeburtstagsfeier als Ergebnis der Mischung überkommener, stadtbürgerlicher, »korporativer« Traditionen einerseits mit den Organisationsformen des entstehenden Parteienstaats andererseits begreifen. Unter »Korporationen« werden im folgenden vor allem berufsständisch konstituierte Verbände verstanden, deren Mitgliedschaft nicht allgemein zugänglich war, z.B. eine Behörde, die Handelskammer einer Stadt oder das Lehrerkollegium einer Schule.[8]

Feierte man bis in die ersten Jahre des 20. Jahrhunderts hauptsächlich die vollzogene Einheit der Nation, also das Erreichte, verschob sich die Perspektive später mehr und mehr in die Zukunft. Macht und Größe des Reiches, erhoffte Expansion und erwartete Weltmachtrolle ließen sich in der Symbolfigur des Deutschen Kaisers für »Korporationen«, die sich zunehmend zu modernen Interessengruppen wandelten, und Parteien verbinden. Die Feiern des Jahres 1907 veranschaulichen dies in exemplarischer Weise. Beide Zeitperspektiven stoßen hier aneinander: Mit dem Blick zurück, auf das Erreichte, war man nicht mehr zufrieden, aber andererseits fehlte noch die nationalistische Aggressivität, die in den letzten Jahren des Kaiserreichs immer weiter um sich griff. Ungeduldiges Verlangen nach Fortschritt in wirtschaftlicher und politischer Hinsicht wurde mehr und mehr spürbar. Für Deutschlands Rolle als Großmacht spielte das Militär auch im Denken des Bürgertums eine immer größere Rolle, statt »Frieden« wurde »Kampf« zum zentralen Topos des Festes.

I.

Am 27. Januar 1907 fand im Essener Saalbau das Festessen von Bürgerschaft und Behörden anläßlich des Kaisergeburtstages statt. Bevor es allerdings soweit war, mußten umfangreiche Vorbereitungen getroffen werden. In Essen war für diese Vorbereitungen ein 1905 erstmals ernanntes Komitee zuständig, dem insgesamt 14 Mitglieder angehörten: der Oberbürgermeister, der Eisenbahndirektionspräsident, der Landgerichtspräsident, der Bezirkskommandeur, die ältesten Geistlichen beider Konfessionen, der dienstälteste Direktor der höheren Schulen sowie Vertreter der wichtigsten Institutionen in Essen. Dazu zählten die Handelskammer, das Rheinisch-Westfälische Kohlensyndikat, der Bergbauliche Verein, drei von der Stadtverordnetenversammlung zu wählende Bürger und selbstverständlich ein Vertreter der Firma Krupp. Den Vorsitz führte Franz Arens, ein Rentier, der von den Einkünften der väterlichen Brauerei lebte und dem Zentrum – und damit der Minderheitenfraktion – angehörte.[9] Die Stadtverordnetenversammlung war sichtlich bemüht, den Kaisergeburtstag als parteiübergreifende Veranstaltung (unter Ausschluß der SPD) zu begehen. Das Komitee hatte die Aufgabe, das Programm zu planen, sich um die Auswahl der Speisen und Getränke zu kümmern, den Festredner zu bestimmen und die Tischordnung festzulegen. Was den Festredner betraf, hatte man sich spätestens 1896 geeinigt. Oberbürgermeister, Bezirks-Commandeur, Eisenbahn-Direktionspräsident und Landgerichtspräsident wechselten sich ab.

Die Tischordnung bildete somit das Hauptproblem. Der Saalbau bot insgesamt 828 Plätze, von denen 82 als »weniger gut« galten. Die Verteilung der Plätze fand in einer nur zu diesem Zwecke anberaumten Sitzung des Komitees statt, dem 928 Anmeldungen und diverse Wünsche hinsichtlich der Tische vorlagen. Die Verteilung der Plätze war deshalb so schwierig, weil der weitaus größte Teil der Festteilnehmer als Mitglied einer »Korporation«, nicht als einzelner Bürger firmierte. Einladungen ergingen an sämtliche in Essen ansässigen Behörden, an Institutionen wie Handelskammer und Kohlensyndikat, an die Schulen (gemeint waren hier vor allem die Direktoren), schließlich an die wichtigsten Unternehmen der Stadt und die bürgerlichen Geselligkeitsvereine. In die korporative Ordnung waren die meisten Teilnehmer fest eingebunden: Sie tauchten auf den Listen ihrer Behörde oder Firma auf. Das Teilnehmerverzeichnis der Firma Krupp enthielt 134 Namen, das Kohlensyndikat wurde durch ca. 20 Direktoren, Prokuristen und Chemiker repräsentiert, das Garnisonskommando war mit 40 Offizieren vertreten und die Handelskammer übermittelte eine Liste mit 80 Namen von Bankdirektoren und -beamten, Bauunternehmern, Kaufleuten und Architekten. Auch den Stadtverordneten mitsamt Beigeordneten und den Beamten des Landgerichts stand ein gemeinsamer Tisch zu.

Eine möglichst gute Plazierung war den städtischen »Korporationen« äußerst wichtig. Die Handelskammer klagte in einem Brief an den Oberbürgermeister im Januar 1907: »Im Jahre 1905 war der Handelskammer der am weitesten links stehende vordere Tisch zugewiesen worden, während sie sich im Jahre 1906 mit Teilen von zwei im Hintergrunde des Saales stehenden Tischen begnügen musste.«[10] Auch die modernen Institutionen eines wichtigen Industriezentrums bewegten sich in gesellschaftlicher Hinsicht innerhalb eines traditionellen städtischen Raumes: Man wollte zusammen sitzen und das ganz gewiß nicht im Hintergrund. In Essen entschied sich das Komitee schließlich, die Plätze durch Verlosung zu vergeben, wobei die »Korporationen« verschiedenen Platzgruppen zugeteilt wurden, so daß schlechte Plätze in einem Jahr durch gute Plätze im nächsten ausgeglichen wurden. Ein solches System konnte nur funktionieren, da die Feierlichkeit von großer Kontinuität hinsichtlich der teilnehmenden Personen geprägt war. In allen Städten, in denen solche Bankette stattfanden, kam es irgendwann zu Konflikten um die Tischordnung, die die Sorge um den in der Stadt zu behauptenden oder neu zu erkämpfenden Rang dokumentierten.[11]

Demgegenüber blieb meist unstrittig, wer an der Ehrentafel – soweit vorhanden – Platz nehmen sollte. In Köln bot der Ehrentisch 1907 72 Plätze, die durch den Oberbürgermeister, alle Behördenpräsidenten, einige hohe Offiziere, den Kardinal und den dienstältesten evangelischen Pfarrer sowie die führenden Unternehmer der Stadt (allesamt Kommerzienräte) eingenommen wurden. Oberbürgermeister Becker und Kardinal Fischer, der den Vorsitz führte, saßen in der Mitte, einander gegenüber. Beide wurden von den höchstrangigen Militärs eingerahmt. Die Spitzen der Behörden, z.B. Oberlandesgerichtspräsident Ratjen und Oberpostdirektor Kriesche, waren besser plaziert als die Wirtschaftsbürger, die durch sechs Kommerzienräte (8,4% der Ehrengäste) vertreten waren. 50% der Spitzenplätze waren hohen Beamten vorbehalten, 12 Plätze (16,8%) wurden von Offizieren eingenommen. Kirchliche Würdenträger und einige Konsuln vervollständigten die Gästeliste.[12] Die Ehrentafel demonstrierte das Zusammenwachsen von Stadt und Staat. Gemeinsam feierte die Elite im Kaiser das Reich, und damit nicht zuletzt sich selbst.

An den Saaltischen war die Symbiose von Beamten und Bürgern noch nicht ganz so weit fortgeschritten. Die Beamten von Regierung, Eisenbahn, Post und Justiz okkupierten ganze Tische, die jeweils zwischen 30 und 40 Personen Platz boten und im rechten Winkel zur Ehrentafel standen. Aufgrund der großen Zahl hatten nur wenige Behördenmitglieder Tischnachbarn aus anderen Tätigkeitsfeldern. Mitglieder der Handelskammer saßen zwischen Oberbeamten und Vertretern der Reichsbank, 11 Vertreter des Männergesangvereins wurden neben 15 Angehörigen der Provinzialsteuerdirektion plaziert. Die Stadtverordneten als politische Vertretung des Bürgertums saßen mit den Beigeordneten und den Mitgliedern der Bürger- sowie der Lesegesellschaft an einem Tisch. Vermutlich gab es hier einige Überschneidungen. Vier Mitglieder der Stadtverordnetenversammlung, darunter die Kommerzienräte von Rath und Neven Du Mont, saßen an der Ehrentafel. Trotzdem muß man davon ausgehen, daß nicht alle Stadtverordneten zu diesem Fest erschienen waren. Alljährlich erreichten den Oberbürgermeister einige schriftliche Absagen, meist lautete die Begründung: Abwesenheit am Festtag.[13]

Die »korporative« Ordnung wurde also nur an der Spitzentafel durchbrochen: Die Funktionseliten von Staat und Stadt saßen zusammen, aber auch hier herrschte das Repräsentationsprinzip. Für die Leiter der Behörden und die Unternehmer galt: Wer vom Ratssilber aß, repräsentierte sein Amt oder seine Firma. In einer Großstadt wie Köln besaß diese Repräsentation durchaus auch eine nationale Dimension, da sie die Bedeutung der Stadt für Verwaltung und Wirtschaft des Reiches unterstrich.

Insgesamt nahmen am Kölner Festessen über 800 Personen teil, in den Worten der liberalen »Kölnischen Zeitung« »die Spitzen der kirchlichen, staatlichen, militärischen und städtischen Behörden, Vertreter aller Berufsstände und Beamtenkategorien und anderer Kreise der Bürgerschaft«. Unter »anderen Kreisen« ließen sich Mitglieder des Rudervereins oder der Gesellschaft »Erholung« verstehen, die keinem der vertretenen Berufsstände angehörten und mit Plätzen buchstäblich »am Rande« Vorlieb nehmen mußten.

Die Kölner Tischordnung spiegelte eine Gesellschaftsordnung, in der sich die bürgerlichen Gruppen unter Wahrung vor allem beruflicher Unterschiede zusammenfanden. Bildung wurde hier nahezu ausschließlich durch die Beamten repräsentiert, die gleichzeitig für die staatliche Verwaltung standen. Die führenden Fabrikanten, Mitglieder der Handels- sowie der

Handwerkskammer und einige Industrielle repräsentierten das Wirtschaftsleben Kölns, und damit auf unmittelbare Weise das Wohlergehen der Stadt. Beamte und Bürger vereinigten sich im Blick auf die nationale Perspektive, die Stadt und Staat überwölbte und sich im kaiserlichen Oberhaupt konkretisierte.

Bildete die Tischordnung also in gewisser Hinsicht eine soziale Ordnung der »bürgerlichen« Gesellschaft – scharf nach unten abgegrenzt – ab, die sich im wesentlichen an Berufen orientierte, bezogen sich die Reden deutlich auf die politischen Realitäten des beginnenden 20. Jahrhunderts. Kardinal Fischer befaßte sich in seiner Festrede mit den Parteien, die sich soeben im Reichstagswahlkampf gegenüber gestanden hatten: »Gegensätze werden auch in Zukunft bestehen. Aber es gibt einen Einigungspunkt für alle Parteien jedweder Richtung, für alle Parteien sage ich, die nicht grundsätzlich die Fundamente zu leugnen gewillt sind, auf denen sich unsere staatliche, wie gesellschaftliche Ordnung aufbaut. Dieses eine ist die Liebe zum Vaterland.«[14] Zur »Förderung seiner (des Vaterlandes, M.W.) Wohlfahrt« beizutragen solle das Ziel aller sein. Der Kardinal wies ausdrücklich darauf hin, daß sich im Saal Männer unterschiedlicher religiöser – und in Köln hieß das auch: politischer – Couleur befänden. Das Bekenntnis zum politischen System der Monarchie hing in dieser Perspektive unauflöslich mit den sozialen Bedingungen der Klassengesellschaft zusammen. Demgegenüber blieben religiöse Gegensätze sogar in der Sichtweise des katholischen Würdenträgers untergeordnet.

In der Stadtverordnetenversammlung saßen 1907 24 Liberale und 20 Zentrumsvertreter, doch die liberale Mehrheit ging im folgenden Jahr verloren. Die Äußerungen des Kardinals relativierten den politischen Gegensatz zwischen Liberalen und Zentrum zumindest, wenn es um die »Fundamente« der Gesellschaftsordnung ging. Gegen die Sozialdemokratie wurde hier die Einheit des bürgerlichen Lagers gesetzt, die sich auf städtischer Ebene konkret politisch umsetzen ließ, z.B. in der Zusammenarbeit von Zentrum und Liberalen in der städtischen Finanz- und Steuerpolitik.[15] Zwar unterschieden sich Liberale und Zentrumsmitglieder der Kölner Stadtverordnetenversammlung im Sozialprofil durchaus, auch wenn es bei den freien Berufen – Ärzte und Rechtsanwälte – einige Überschneidungen gab. Die Liberalen rekrutierten sich mehrheitlich aus dem gehobenen Wirtschaftsbürgertum: Fabrikanten und Kaufleute, Verleger und Bankdirektoren, Ärzte und Rechtsanwälte. Das Zentrum wurde dagegen durch Rechtsanwälte und Notare, Rentner, Kaufleute, einen Beamten und einen Gewerkschaftssekretär vertreten. Fabrikanten zählten nicht zu seinen Mandatsträgern. Doch der Aufruf, sich als »Kölns Bürger« zum Lob eines Monarchen zu vereinen, der »des Vaterlandes und des Volkes Güter« schütze, traf offensichtlich Ideen und Interessen der versammelten Festgesellschaft.[16]

In Essen war 1907 der Oberbürgermeister Holle an der Reihe, die Festrede zu halten. Holles Äußerungen thematisierten den Zusammenhang von Wirtschaft, Kultur und Militär: »Die mächtige Armee bildet das starke Rüstzeug des Friedens und soll der friedlichen Eroberung Vorschub leisten, als deren Pioniere deutscher Gewerbefleiß und deutsche Intelligenz die Welt einnahmen. Deutsche Erzeugnisse gehen auf deutschen Schiffen in aller Herren Länder, deutsche Wissenschaft, deutsche Sprache, deutsche Sitte sind in Ausdehnung begriffen, im Inlande hat eine Periode lebhaften Aufschwungs eingesetzt, deren Erfolge allen Teilen unseres Landes, ganz besonders auch der werktätigen Bevölkerung das Fortkommen sichern und erleichtern.« Der Oberbürgermeister bekundete unverkennbar Stolz auf die Leistungen des deutschen Bürgertums, vor allem in wirtschaftlicher Hinsicht, nicht zuletzt, da man sich durch eine positive konjunkturelle Entwicklung die Verbesserung der Lebensbedingungen der Arbeiter versprach. Ein solcher Fortschritt sollte sowohl dem »Vaterlande« als auch dem »städtischen Gemeinwesen« von Nutzen sein, indem er zur Stabilisierung der gegenwärtigen Gesellschaftsordnung beitrug. Holle schloß mit dem Wunsch, daß sich »die deutsche Nation im Wettstreit um die Güter des Friedens als Siegerin erweisen« solle.[17] Holle betonte damit die friedliche Gesinnung Deutschlands, ein Topos, der zusammen mit der Titulierung

Wilhelms II. als Friedenskaiser bis zu diesem Zeitpunkt sehr häufig in den Festreden aufgetaucht war. Großmachtstreben und Expansionsdrang sind unverkennbar, aber noch tauchte keine »feindliche« Macht auf. England und Frankreich wurden hier nicht genannt. Aber gleichzeitig war nun von »Wettstreit« und »Sieg« die Rede, von Begriffen also, die den »Kampf« voraussetzten. In den letzten Vorkriegsjahren dominierte der »ernste Kampf« die Festreden dann explizit.[18]

Sowohl die Zusammensetzung des Festkomitees als auch der Festteilnehmer war von der Sozialstruktur, Größe und staatlichen Zugehörigkeit der jeweiligen Stadt stark beeinflußt. In Essen blieben die Beamten gegenüber »Bürgern«, Handelskammer, Ärzten und Stadtverordneten in der Minderheit. Post- und Eisenbahnbeamte und Justizbediente konnten das Fehlen der in Köln reichlich vorhandenen Regierungsbeamten nicht ausgleichen. Zu einer bürgerlichen Veranstaltung trug außerdem bei, daß in Essen relativ wenige Offiziere anwesend waren.[19] Für die Kruppschen »Beamten« fand sich in mancher Stadt nicht ohne weiteres ein Äquivalent. Die Firma Krupp hatte im übrigen bereits einige Male eine eigene Feier veranstaltet. Im Jahre 1905 war es zu einer Auseinandersetzung mit dem Bezirks-Commandeur gekommen, der den Kruppschen Beamten das Anlegen der Reserveoffiziersuniform zu diesem Anlaß nicht gestatten wollte, da es sich um ein ziviles Ereignis handle. Krupp drohte mit dem Boykott der Feier und setzte die Wünsche seiner Beamten, die es sich nicht nehmen lassen wollten, ihre Würde zur Schau zu stellen, durch.[20] Die zunehmende Militarisierung der Gesellschaft war also keineswegs ohne weiteres dem Militär anzulasten, im Gegenteil gingen solche Entwicklungen von den Repräsentationsbedürfnissen einer bürgerlichen Gesellschaft aus, in der eine Uniform deutlichen Prestigegewinn gegenüber den sozial Gleichgestellten versprach.

II.

Während man über die soziale Zusammensetzung der Festteilnehmer recht präzise Aussagen machen kann, ist es weit schwieriger, über politische Orientierungen und Werte, die am Kaisergeburtstag zum Ausdruck kamen, zu sprechen. Zunächst ist festzuhalten, daß Festbankette nicht nur in preußischen Städten stattfanden, sondern auch in anderen deutschen Staaten. Die Zeitungen meldeten Festmähler der Bürgerschaft, der Behörden und der Reserveoffiziere aus München und Dresden, Stuttgart und Karlsruhe. Auch in vielen kleineren Städten, besonders in Westfalen und in Baden, wo der Kaiser wegen der dynastischen Verbindung zum badischen Herrscherhaus besonders populär war, fanden Festessen statt.[21] Allerdings unterschieden sich die Veranstaltungen sowohl in der Anzahl der Teilnehmer als auch im Charakter. Besonders engagiert zeigten sich die Bürger der badischen Hauptstadt Karlsruhe. An diesem Beispiel läßt sich gut verfolgen, daß Parteipolitik in wachsendem Maße eine Rolle auf der städtischen Ebene spielte.

In Karlsruhe fanden seit 1904 alljährlich zwei große Festbankette zu Ehren des kaiserlichen Geburtstages statt. Im Museumssaal trafen sich die »Spitzen der Civil- und Militärbehörden«. Darunter war vor allem die Verwaltungsspitze des Staates Baden zu verstehen. Den Kaisertoast brachte 1907 der Präsident des Ministeriums des Großherzoglichen Hauses und des Auswärtigen Freiherr von Marschall aus. Er nahm schon in seinen einleitenden Worten auf die Parteienkämpfe der letzten Zeit Bezug und setzte diesen die einigende Instanz des Kaisers entgegen. Der Kaiser, so fuhr von Marschall fort, habe sich um »Ehre und Machtstellung des Deutschen Reiches« verdient gemacht und den Frieden erhalten: »Dankbar schauen wir zurück in die Vergangenheit, vertrauensvoll blicken wir in die Zukunft.« Die Erwartungen waren nach vorn gerichtet; der badische Minister vergaß nicht, »die Fortschritte, die das moderne Leben auf den verschiedensten geistigen und kulturellen

Gebieten gezeigt«, besonders hervorzuheben.[22] Solche Äußerungen waren typisch für die Reden bei den offiziellen Banketten, die Teilnehmer mit unterschiedlichen politischen Standpunkten vereinten: Worin sich der Fortschritt genau zeigte, blieb offen. Mit allgemeinen Äußerungen sollte möglichst das Lebensgefühl aller Anwesenden jenseits konkreter politischer Programmatik getroffen werden. Ein solches Vorhaben genoß an einem Tag, der dem Kaiser gewidmet war und an dem die parteiliche Auseinandersetzung ruhen sollte, viel Sympathie.

Die Erfordernisse der auch hier »korporativ« organisierten Gesellschaft brachten es mit sich, daß ein Vertreter des Militärs ebenfalls zu Wort kommen mußte. In Karlsruhe bot dies keine Schwierigkeit, da ein Hoch auf den Großherzog keinesfalls fehlen durfte. In dieser Feier waren also die wichtigsten Gruppen der Feiernden, Beamte und Offiziere, ebenso repräsentiert wie der gefeierte Kaiser, dem der eigene Landesherr an die Seite gestellt wurde. In der Feier des Reichs sollte die badische Souveränität nicht untergehen.

Das in diesem Zusammenhang interessantere Ereignis stellte aber das Bankett der Bürgerschaft dar, das seit 1904 alljährlich in der Festhalle stattfand. Der Stadtrat hatte die Initiative ergriffen und ersetzte mit dieser gemeinsamen Feier die früher üblichen Einzelveranstaltungen von Vereinen, Gesellschaften und politischen Parteien. Der musikalische Teil des Programms wurde vom Männergesangverein »Badenia« und einem Hofopernsänger gestaltet. Seit 1904 war man dazu übergegangen, drei Festredner zu bestimmen, die den Kaiser, den Großherzog und das deutsche Vaterland hochleben ließen. Die »Chronik der Haupt- und Residenzstadt Karlsruhe« hatte hierzu festgestellt: »In den letzten Jahren hatte zu dieser und ähnlichen Feierlichkeiten ein Komitee eingeladen, dem Vertreter aller auf dem Boden monarchischer Staatsverfassung stehenden Parteien angehörten. (...) Die Reden wurden in einem Turnus von Angehörigen der verschiedenen Parteien gehalten.«[23] Zu diesen Parteien zählten die Konservativen, die Nationalliberalen, die Linksliberalen und das Zentrum. Während die Konservativen im liberalen Stammland Baden keine dominierende Rolle spielten und nicht in jedem Jahr einen Redner stellten, war dies für das Zentrum und die Liberalen der Fall.[24] Die »Karlsruher Zeitung« faßte die am 27. Januar gehaltenen Reden unter dem Adjektiv »patriotisch« zusammen. Den im Stadtrat kooperierenden Parteien fiel es offenbar im Normalfall nicht schwer, sich in der Feier nationaler Größe zu vereinigen. Eine Ausnahme bildete allerdings das Jahr 1906. Das Zentrum boykottierte die gemeinsame Feier und hielt eine eigene ab, da es den anderen im Stadtrat vertretenen Parteien vorwarf, die Interessen der Katholiken nicht angemessen zu berücksichtigen. Gleichwohl aber sollte an der Kaiser- und Reichstreue der badischen Zentrumspartei kein Zweifel aufkommen.

Es ist schwierig, auch für andere Städte Aussagen über die Zusammenarbeit der Parteien beim Kaisergeburtstagsfest zu machen. In der Regel kann man wohl davon ausgehen, daß den Komitees, die die Festbankette vorbereiteten, Vertreter der in der Stadtverordnetenversammlung repräsentierten Parteien angehörten. Aber Karlsruhe stellte insofern einen Sonderfall dar, als die Bürgerschaft hier ein eigenes Essen organisierte, an dem die Spitzen der Behörden eben nicht teilnahmen. Die Bürgerschaft schuf sich so einen quasi »staatsfreien« Raum, in dem dann die Parteien eine weit größere Rolle spielen konnten als anderswo.[25]

Die Kaisergeburtstagsfeiern waren nicht nur politische, sondern auch kulturelle Ereignisse. Das künstlerische Rahmenprogramm der Reden dürfte im allgemeinen wenig kontrovers gewesen sein. Was die Musik anging, so hatten die meisten Komiteemitglieder wenig Mühe, sich für Mendelssohn, Bach oder Schubert zu entscheiden. In Köln erhielten einheimische Gelegenheitsdichter die Chance, ihre Werke zu Gehör zu bringen. 1907 standen drei Lieder auf dem Programm: Ein Hoch auf Kaiser und Reich, verfaßt von einem Landgerichtsrat, »Kölns Wappen« von Amtsgerichtsrat Dr. Lauten und ein »Den deutschen Frauen« gewidmetes Lied eines Baumeisters. Vor allem die Beamten traten als Dichter besonders hervor. Die drei hier gesungenen Lieder waren typisch für das Festprogramm vieler Städte, auch wenn häufiger Werke bekannterer Künstler ausgewählt wurden. Das Lob auf den Kaiser war zu diesem Anlaß selbstverständlich; die Dichtung auf die eigenen Stadt oder Landschaft dokumentierte Lokalpatriotismus und eigenes Selbstbewußtsein, die deutschen Frauen schließlich – die gar nicht anwesend waren – fungierten als ideales Integrationsmittel: Die Wertschätzung der Frauen und Mütter, die die Sphäre des Hauses vor den gesellschaftlichen Konflikten schützten, schüttete alle Gräben zwischen den Konfessionen, den verschiedenen sozialen Positionen und den politischen Parteien der Männer zu.[26]

Schließlich blieb das Essen auszuwählen. Die Kosten für ein Gedeck beliefen sich zwischen 3,50 Mark in der Provinz und 5 Mark z.B. in Köln. In Essen reichte man 1907 Königin-Suppe, Zander, Koburger Schinken in Burgunder, Sauerkraut und Püree, Gänsebraten und zum Dessert Kaiserbombe. Man speiste »gutbürgerlich«, und sichtlich herrschte der Anspruch, eine der Bedeutung der Festgäste angemessene Eßkultur zu beweisen. Für die Gastronomen, die als Pächter der städtischen Säle oder als Lieferanten für Speisen und Getränke verantwortlich waren, wurde die Kaisergeburtstagsfeier zu einer wichtigen Gelegenheit, ihr Unternehmen zu empfehlen, ganz abgesehen von dem guten Geschäft. In vielen größeren Städten war deshalb der Wettbewerb um diesen Auftrag besonders stark.[27]

Die Atmosphäre eines offiziösen Banketts gab offenbar manchen Anlaß zur Kritik. Der »General-Anzeiger« bemerkte an der Feier im Saalbau zu Essen eine »gewisse Steifigkeit«. Es seien zu viele Personen anwesend und die »zwanglos fröhliche Stimmung, die jenem Bismarck-Essen (eine Feier, die einige Zeit vorher stattgefunden hatte, M.W.) das Gepräge gab, darf man ja von den offiziellen Feiern, wo alle Amtspersonen in der nötigen Rangabstufung gesetzt werden, nicht verlangen«.[28] Bismarck-Essen fanden also nicht in »korporativem« Rahmen statt, sondern wurden von den Bürgern als Einzelpersonen besucht. Damit gab es auch schon politische Feste, die individuelles Engagement erforderten, dafür offenbar für den Einzelnen befriedigender verliefen. Im Weltkrieg lösten sich schließlich auch die Kaisergeburtstage von ihrem »korporativen« Korsett und eröffneten damit zumindest prinzipiell alternative Festformen.

Während sich die Festbankette hinsichtlich der sozialen Zusammensetzung der Teilnehmer und der Parteizugehörigkeit unterscheiden konnten, war ihnen eines gemeinsam: Jedes Bankett fand unter einer Büste des Kaisers statt, die, mit Grün bekränzt, die Blickrichtung für die Hochsprüche und Toaste bestimmte. Die »Badische Landeszeitung« beschrieb das Szenario so: »Der unbesetzte Raum war durch eine lebende Hecke von Tannenbäumen von der Feststätte abgesperrt. An dem Kopfende des Saales war ebenfalls ein künstlicher Tannenwald zusammengestellt, dessen Mitte das Bildnis des Kaisers zierte.«[29] Das Tannengrün, fuhr die Zeitung fort, symbolisiere die Hoffnung, die sich mit der Thronbesteigung Wilhelms II. verband. Tanne für die Hoffnung oder Lorbeer für die Ehre feierten den Monarchen, drückten aber vor allem die Erwartungen der Festteilnehmer aus, die sich eine Zukunft vorstellten, die nach außen durch Macht und Stärke, nach innen durch wirtschaftliche Prosperität gekennzeichnet war.

III.

Die Autonomie der Bürgerschaft zeigte sich in den meisten deutschen Städten in der Vielfalt der Kaisergeburtstagsfeiern von Vereinen und Gesellschaften, von gut besuchten Festvorstellungen in vielen Stadttheatern und Fackelzügen. Die soziale »Reichweite« des Festes beschränkte sich durchaus nicht auf die Elite der städtischen Gesellschaft, die am offiziösen Festbankett teilnahm. Solche Feiern ließen sich nicht erzwingen: In Hannover feierten welfische Vereine Feste und Bälle aus Anlaß des Geburtstages des entthronten Welfenkönigs.[30] Die Vereinsfeiern waren die Orte des Amüsements, das der Kommentar des »Essener Generalanzeigers« schmerzlich vermißt hatte. Hier versammelten sich viele Angehörige des Kleinbürgertums, vor allem abseits der Großstädte nahmen mit Handwerksgesellen oder Landarbeitern auch unterbürgerliche Schichten teil.

Turn- und Radfahrervereine, Rauchclubs, Logen und Eisenbahnervereine legten am Kaisergeburtstag ihr Bekenntnis zum Nationalstaat ab. Für zahllose Kriegervereine in allen deutschen Staaten bot das Fest eine Gelegenheit, die Mitglieder in geselliger Runde zu versammeln. Der »Essener Generalanzeiger« meldete am 26. 1. 1907 allein 17 Feiern, mehrheitlich der Kriegervereine. Die evangelischen Arbeitervereine, Männer- und Jünglingsvereine, der Turnverein Jahn und der Telegraphenarbeiterverein schlossen sich an. Manche Feste blieben nicht einmal dem Kaiser allein vorbehalten: »Im Gertrudenhof findet am Sonntag Kaisergeburtstagsfeier, und große Spezialitätenvorstellung sowie karnevalistische Sitzung statt.« Die »Gesellschaft Victoria« kündigte die Kaisergeburtstagsfeier als »Unterhaltungsabend« an.

In den Ruhrgebietsstädten waren die Aktivitäten der Evangelischen Arbeitervereine besonders auffällig. In der Krupp-Stadt Essen standen diese unter dem Einfluß der Nationalliberalen. Eines ihrer führenden Mitglieder war Justizrat Niemeyer, gleichzeitig ein wichtiger Stadtverordneter.[31] Der Verein mit einer unterbürgerlichen Mitgliedschaft, auch wenn die Arbeiter hier keineswegs unter sich waren, sondern Handwerker, kleine Gewerbetreibende und Beamte und Volksschullehrer zu den Mitgliedern gehörten, wurde von politisch tätigen Angehörigen der städtischen Führungsschichten geleitet.[32] In einer gemischtkonfessionellen Stadt wie Essen setzte sich in den Feiern der evangelischen Vereine, die sich gegen die Programmatik der SPD richteten, zudem ein konfessioneller Gegensatz fort: Von den ca. 25 katholischen Arbeitervereinen mit nahezu 10.000 Mitgliedern wurde keine Feier gemeldet.[33] Das Integrationsziel wurde für die katholische Oberschicht, die sich am offiziellen Diner beteiligte, erreicht. Wie weit der katholische Bevölkerungsteil mit den Feiern der Krieger- und Bürgervereine oder des Eisenbahn-Assistentenverbandes mobilisiert werden konnte, muß offen bleiben. Man kann vermuten, daß Katholiken der Mittel- und Unterschichten teilnahmen, andererseits aber eine soziale und konfessionelle Grenze fortbestand.

Während die Festbankette bis 1914 wohl zum größten Teil ohne die Beteiligung von Frauen stattfanden, war das bei den Vereinsfeiern anders. Zum Höhepunkt der Feier des Krieger- und Landwehrvereins Kray (Essen) wurde die Darbietung der Damenabteilung des Turnclubs. Die »ausgeführten Stabübungen, sowie das Keulen- und Fahnenschwingen« lösten »stürmische Beifallskundgebungen«[34] aus. Viele Vereine veranstalteten Bälle, die ohne die Mitwirkung von Frauen wenig attraktiv gewesen wären. Tanzveranstaltungen und Unterhaltungsabende zielten sicher nicht zuletzt darauf, auch die Frauen an Loyalitätsbekundungen zu Kaiser und Reich zu beteiligen.[35] Damit wurde aber zugleich ein alternatives Modell der politischen Öffentlichkeit praktiziert, das in den Volksfesten der Vormoderne eine lange Tradition hatte. Hier waren Frauen nicht ausgeschlossen gewesen, um ihnen – in Abwesenheit – die Gewährleistung der gesellschaftlichen Ordnung durch Wahrung ihres »natürlichen« Wesens als Frau und Mutter übertragen zu können. Vielmehr demonstrierten die Vereinsfeiern einen Festtypus, der nicht der Repräsentation der politisch-sozialen Ordnung gewidmet war, sondern eine Mentalität zelebrierte, die politische Orientierungen (liberal oder gegen die Sozialdemokratie; für das »Reich« und nationale Größe) und wirtschaftliche Erwartungen im Medium der Geselligkeit verband. Zu *dieser* politischen Kultur gehörten die Frauen dazu.

Überhaupt dienten Vereinsfeiern in erster Linie dem Vergnügen. Die »Rheinisch-Westfälische Zeitung« beschrieb die Ereignisse in Styrum, heute einem Stadtteil von Mülheim/Ruhr, so: »In den Festlokalen herrschte ein reges Leben und die Wogen der patriotischen Begeisterung gingen hoch, denn es folgte Toast auf Toast und Lied auf Lied.«[36] Die Feiern der Kriegervereine waren oftmals so gut besucht, daß manchen der Zutritt verwehrt werden mußte. Musik und Tanz, humoristische Darbietungen und Deklamationen bildeten überall feste Programmpunkte. Aber natürlich durften Festreden nicht fehlen. Hier bot sich den Vorsitzenden der Kriegervereine, die häufig im Gegensatz zur Mehrheit der Vereinsmitglieder der städtischen Elite angehörten, eine Möglichkeit zur Profilierung, nicht zuletzt zum Wahlkampf. Bei der Feier der Frankfurter Kriegervereine rief der Hauptredner, ein Generalleutnant, zur Stimmabgabe zugunsten des liberalen Kandidaten für die bevorstehende Stichentscheidung der Reichstagswahl auf.[37] Bei der Feier des »Militärverbandsvereines der Stadt Karlsruhe« 1907 brachte mit dem Oberrechnungsrat Gauggel ein bedeutendes Mitglied der Nationalliberalen Partei den Toast auf den Großherzog aus. Solche Übung machte sich bezahlt: Zwei Jahre später durfte Gauggel beim Fest der Bürgerschaft einen Toast ausbringen.[38]

Blieben die Reden in den kleinbürgerlich dominierten Vereinen meist im nationalen Pathos stecken, ließen sich bei den allerdings nicht sehr zahlreichen Feiern einzelner Unternehmen Analysen der politischen Großwetterlage in ihnen unterbringen. Bei einem Festessen der Hamburg-Amerika Linie in Hamburg kommentierte der Generaldirektor die schwierige konjunkturelle Lage und hob die zu Optimismus Anlaß gebenden Geschäftsverbindungen des Unternehmens hervor.[39] Die Festrede bei der Kaisergeburtstagsfeier der Kölner Handelshochschule war dem Thema »Der französische Kaufmann im 17. Jahrhundert« gewidmet. Der Redner referierte aus der Perspektive des Romanisten über Ausbildung, Kenntnisse und soziale Stellung des Handelsbürgertums. Ein Jahr später, 1908, geriet die Rede deutlich aktueller: Die ökonomische Entwicklung der Zeit wurde diskutiert. Der Referent befaßte sich mit den »Konzentrationen im modernen Wirtschaftsleben« und führte aus, daß das »persönliche Element« einer zu weit greifenden Tendenz zu Syndikalisierung und Monopolisierung im Wege stehe.[40]

Reden mit historischen Themen, die sich ohne jede Feindseligkeit mit Frankreich beschäftigen konnten und deren Aktualitätsbezug nur vermittelt war, wurden nach 1907 überhaupt seltener. Die Redner sprachen über eine spannungsvolle Gegenwart – ob in ökonomischer, politischer oder militärischer Perspektive –, die in eine kampfbetonte Zukunft münden werde. »Während der patriotisch gesinnte Teil der Bürgerschaft in der städtischen Schützenburg Kaisergeburtstag feierte, veranstalteten die Sozialdemokraten Kundgebungen, dabei Hochrufe auf das allgemeine, gleiche und direkte Wahlrecht ausbringend«,[41] meldete die nationalliberale »Kölnische Zeitung« aus Solingen und skizzierte damit den politischen Gegensatz zwischen »Patrioten« und denjenigen, die die bestehende Ordnung nicht akzeptierten. Innenpolitische Reformen, z.B. das allgemeine Wahlrecht in Preußen, spielten in diesen Zukunftserwartungen keine Rolle. Verfassungspolitik war kein Thema für den Kaisergeburtstag, das Bekenntnis zum monarchischen Staat und das Treuegelübde gegenüber dem Kaiser waren zur Verteidigung gegen die Vorstellungen der Sozialdemokraten funktionalisiert. Wirtschaftliche Monopole, der innere »Reichsfeind« SPD und schließlich eine »Welt von Feinden«: Der Tenor vieler Reden und Berichte wechselte von der positiven Erwartung zu einer Form »defensiver« Kritik. Wer in den letzten Vorkriegsjahren den Kaisergeburtstag feierte, befand sich subjektiv bereits in einer Verteidigungsstellung.[42]

Vereins- und Unternehmensfeiern genossen sicherlich den größten Spielraum politischer Festveranstaltungen im Kaiserreich, da sie weder angeordnet noch durch andere Bestimmungen als die des allgemeinen Versammlungsrechtes reglementiert wurden. Hier konnte man sich daher uneingeschränkt den eigenen Interessen hingeben, und die lagen für sehr viele Festveranstalter und -teilnehmer im Vollzug eines nationalen Kultes auf unterhaltsame Art, eines Kultes, der die Macht Deutschlands in der Symbolfigur des Kaisers feierte.

Entgegen vielen Beteuerungen in den Zeitungen, daß der Kaisergeburtstag alle Unterschiede von Ständen, Konfessionen und Parteien im Fest aufhob, zeigt die nähere Betrachtung der einzelnen Veranstaltungen, daß von einer Einebnung solcher Gegensätze in einem homogenisierten »Untertanentum« keine Rede sein konnte. Zwar legten alle Feiernden ein Bekenntnis zu Kaiser und Reich ab, sie blieben aber im Fest an eine berufsständische, »korporative« Ordnung, an die soziale Gruppe, an Partei und Funktion in Stadt und Staat gebunden. Insofern waren die Kaisergeburtstagsfeiern sicher typisch für die politische Kultur des Kaiserreichs, dem einerseits die nationale Integration weiter Bevölkerungsteile der deutschen Staaten durchaus gelang. Andererseits bestand die Segmentierung der Gesellschaft fort: Das Bürgertum beschäftigten Rangstreitigkeiten der Berufsstände bei den offiziellen Essen sowie das Bemühen der Parteien um Einflußnahme, das im Parteienproporz endete. Die Feiern der Vereine waren häufig sozial eng begrenzt. Telegraphenarbeiter oder mittlere Justizbeamte blieben unter sich. Sozialdemokratische Arbeiter mochten sich den »patriotischen Purzelbäumen« der »Königstreuen« nicht anschließen.[43]

IV.

Ein gutes Beispiel für die Ambivalenz politischer Feste, die sowohl obrigkeitlich angeordnete Formierungsbestrebungen als auch bürgerliche Selbstbehauptung dokumentieren, bilden die anläßlich des Kaisergeburtstages abgehaltenen Schulfeiern. Schulfeiern waren in ganz Preußen obligatorisch. Der Unterricht fiel aus, stattdessen fanden meist vormittags die Feiern statt, zu denen neben Schülern und Lehrern auch Eltern und Freunde der Schule eingeladen wurden. In Bielefeld stellte die Stadtkasse Haushaltsmittel für die Abhaltung der Feier bereit. Die Beträge lagen pro Schule zwischen 30 und 65 Mark, die Gesamtausgaben stiegen aber nicht, als nach der Jahrhundertwende mehrere Schulen hinzukamen. Die Stadtväter hielten an dem bereits eingebürgerten Betrag für die würdige Ausschmückung von Aula und Klassenräumen fest.[44]

Das Programm bestand aus musikalischen Darbietungen und dem Vortrag von Gedichten, manchmal kamen Theateraufführungen hinzu. Eine Festrede fehlte niemals, und meistens ließ es sich der Direktor der Anstalt nicht nehmen, diese selbst zu halten. Mitglieder des Lehrerkollegiums kamen nur in Ausnahmefällen zum Zuge.

In vielen, auch nichtpreußischen Städten wie Detmold, Dresden und Leipzig wurde der Kaisergeburtstag mit Festbanketten und Vereinsfeiern gefeiert. Hannover bildete hier eine auffällige Ausnahme. Zwar feierten die Hannoveraner Sedanstag, Bismarckfeste und später Hindenburgfeiern – Hindenburg wohnte in Hannover –, aber der Kaisergeburtstag konnte sie nicht begeistern. Es fehlte ihnen nicht an nationalem Engagement, ausschlaggebend war vielmehr die weit verbreitete Anhänglichkeit an die Welfen, die schließlich erst 1866 hatten weichen müssen.

1899 war bekannt geworden, daß in der Stadttöchterschule I bisher keine Kaisergeburtstagsfeier stattgefunden hatte, da dies nach »althannoverscher Ordnung« nicht üblich gewesen sei. Offenbar hatten die Welfen den Herrschergeburtstag zum Feiertag erklärt, aber keine Feiern veranstalten lassen. Der Magistrat ordnete, nachdem die Beschwerde eines Vaters den örtlichen Zeitungen zu Ohren gekommen war, die künftige Durchführung an allen Schulen an.[45] Dieser Konflikt spiegelte den Parteiengegensatz, der die städtische Politik in Hannover bestimmte, wider. Die Deutsch-hannoversche Partei mußte in ihrer Hochburg Hannover nach der Jahrhundertwende zunehmende Verluste hinnehmen, und damit verlor die Welfenpartei an Einfluß. Viele Angehörige des Bildungs-, in geringerem Maße auch des Wirtschaftsbürgertums wandten sich den Nationalliberalen zu. Diese unterstützten die kaiserliche Politik der Stärke und auch die Kaisergeburtstagsfeier. Teilweise aufwendig gestaltete gedruckte Programme dokumentieren, daß die Verfügung, die Feier zu veranstalten, mehr und mehr auf Zustimmung stieß.

In der Gestaltung der Feiern war die Direktion der einzelnen Schule relativ frei, wenn man davon absieht, daß es selbstverständlich darum gehen sollte, die Schüler und Schülerinnen zu »Patriotismus« und Anhänglichkeit an die Person des Kaisers zu erziehen. Die Auswahl der Musikstücke orientierte sich am Geschmack der meisten Theater- und Konzertbesucher mit ihrer Vorliebe für Opern. 1907 waren Werke von Mendelssohn besonders gefragt. Einige Schulen stellten ihre Feier regelmäßig unter ein Oberthema. Historische Themen standen dabei im Vordergrund, und hier in der Hauptsache der Rückbezug auf kaiserliche und königliche Gestalten der Vergangenheit.

Kaiser Friedrich II. und Friedrich der Große genossen in diesem Sinne die größte Popularität. Aber auch Themen wie die »Freiheitskämpfe der Germanen gegen die Römer«, die Freiheitskriege, »Deutsche Stämme« oder »Deutsche Volkslieder« kamen vor.[46]

Die von den Kindern und Jugendlichen vorgetragenen Gedichte lassen sich zwei Gruppen zuordnen: Zunächst wichtig waren die Dichter der Freiheitskriege, allen voran Ernst Moritz Arndt. Zusammen mit dem »jungen« Rückert, Theodor Körner und Schenkendorf galt er als idealer Vermittler eines romantisch gefühlten Nationalgeistes, der auch den Tod fürs Vaterland einschloß. Arndts Gedichte, ob sie nun das Heldentum des deutschen Mannes, Scharnhorst oder Blücher feierten, sollten zum Dienst am Vaterland mobilisieren, ob zum Aufbau einer wirtschaftlichen Großmacht oder zum Krieg, blieb offen. Mögen die Gedichte zu den Freiheitskriegen unter ästhetischen Gesichtspunkten und literarischen Kriterien zumindest teilweise noch bestehen, kann dies kaum für die Dichter gelten, die die Reichsgründung 1870/71 gefeiert hatten. Emanuel Geibel, der für seine 1871 erschienenen »Heroldsrufe« ein Ehrengehalt vom preußischen König bezog, war im Kaiserreich sehr beliebt. Vor 1914 zogen die Schuldirektoren allerdings Geibels frühere Gedichte, z.B. »Barbarossas Erwachen« oder »Das Lied des Alten im Bart«, die die Hoffnung auf die nationale Einigung zum Inhalt hatten, vor:

»Deutschland, die schön geschmückte Braut,
Schon schläft sie leis und leiser –
Wann weckst Du sie mit Trompetenlaut,
Wann führst du sie heim, mein Kaiser!«[47]

Solche Gedichte paßten sehr gut zu den Zukunftshoffnungen, die die Festreden bestimmten. Die in den Gedichten gemeinte Reichseinigung war vollzogen, sie konnte damit nicht mehr Gegenstand der Erwartungen sein. Jedenfalls aber stand dem Reich nach Ansicht der die Gedichte auswählenden Schuldirektoren und Lehrer noch Großes bevor.

Gelegenheitsdichter kamen nicht nur bei manchen Festbanketten, sondern auch in Schulfeiern zum Zuge. Wilhelm II. hatte höchstpersönlich ein Sonett, »Sang an Aegir«, verfaßt, das häufig dargeboten wurde. Die Person des Autors spielte aber nur in diesem Fall eine Rolle. Viele unbekannte Dichter erhielten die Chance, vorgetragen zu werden, sofern sie eine Ode an Kaiser Wilhelm oder ein Gedicht mit zur Gelegenheit passendem historischem Thema verfaßt hatten.

Bedeutende Festveranstaltungen wurden schließlich von den Universitäten und den studentischen Korporationen gemeldet. Die nationale Orientierung vieler Studenten im Kaiserreich ist bekannt, ihre Neigung zu besonderen (Fest-)Ritualen ebenfalls.[48] Bei dem »Kommers des Korporationsverbandes der Technischen Hochschule« Karlsruhe am 21. Januar 1907 ergriff der Rektor das Wort, um den Wert einer »nationalen Bildung«, die die fachliche Bildung ergänzen müsse, herauszustellen. Den angehenden Ingenieuren wurden »deutsche Heldensagen, Dichtungen und Lieder, deutsche Geschichte und die Philosophie deutscher Denker« als Verkörperungen deutschen Geistes ans Herz gelegt. Schließlich verkündete der Rektor: »Sie werden Ihr deutsches Empfinden stärken an dem Stolz auf die Leistungen deutscher Technik und deutscher Forschung«, und schaffte damit den Bezug zu anwendungsorientierter Wissenschaft und wirtschaftlicher Leistung.[49] In den Universitätsfesten wurden Wissenschaft und Vaterland miteinander in Beziehung gesetzt. Der einzelne, so lautete die Botschaft, solle sich stets für das Ganze – das deutsche Volk und Reich – einsetzen. Der Rektor der Universität Bonn empfahl den Korpsstudenten Bismarck und Stein als Vorbilder.[50]

Die Universitätsfeiern stellten den Kaiser gezielt in einen Zusammenhang mit moderner Technik und Wissenschaft. Geistige Leistung, Intellektualität und Innovationsfähigkeit zählten nicht als Werte an sich, sondern ausschließlich in ihrer Funktion für Staat und Nation. Wer seine Fähigkeiten im Dienst des propagierten Ganzen ausübte, sollte seine Karriereträume verwirklichen können. Für nicht wenige der Aufsteiger aus kleinbürgerlichen Schichten wird dieses Versprechen äußerst attraktiv gewesen sein.

V.

1914 endeten viele Träume. Der Kaisergeburtstag wurde zum Problem. Im Verlauf des Krieges verzichteten immer mehr Schulen auf Anordnung der Regierungen auf die Feier, um Kohlen zu sparen. In Essen war das Festbankett 1916 ausgefallen. Der Oberbürgermeister bekundete in einem Schreiben an die im Komitee vertretenen Institutionen, daß dies auch 1917 der Fall sein solle. Ein Geheimbefehl des Kriegsministeriums vom 13. Januar 1917 enthielt jedoch die gegenteilige Anweisung: »Der feindliche Nachrichtendienst legt den größten Wert darauf, die Volksstimmung in Deutschland festzustellen. Mit Rücksicht hierauf erscheint es von besonderer Bedeutung, daß die äußere Feier des Allerhöchsten Geburtstages (...) am 27. Januar in diesem Jahre besonders hervortritt.« Beflaggung der Häuser und »besonders festliche Veranstaltungen« sollten nicht fehlen. Das Regierungspräsidium in Düsseldorf wies daher die Oberbürgermeister und Landräte an, »Vaterländische Versammlungen in großer Zahl in Aussicht zu nehmen und hierfür volkstümliche Reden aller Stände und Parteien zu gewinnen. Je mehr es gelingt mit diesen Veranstaltungen gerade auch an solche Kreise heranzukommen, die sich sonst dem Staat oder der Kirche gegenüber gleichgültig oder ablehnend verhalten, umso nachhaltiger können solche Reden an die Deutsche Nation wirken.«[51]

Die Anordnung des Regierungspräsidenten zielte eindeutig auf Großveranstaltungen, die die Massenbasis der kaiserlichen Kriegspolitik demonstrieren sollten. Die Feiern, die in Essen und Köln daraufhin stattfanden, hatten mit den traditionellen Festbanketten nur noch wenig zu tun. Das Organisationskomitee, das sich in einen »Vaterländischen Bürgerausschuß« umbenannt hatte, warb in einem öffentlichen Aufruf für die Teilnahme an der Veranstaltung: »Am Geburtstage Seiner Majestät muss das deutsche Volk aller Welt, vornehmlich aber seinen Feinden zeigen, dass es geschlossen hinter seinem Kaiser steht, gewillt nach dem Aufruf des Kaisers in hellflammender

Entrüstung und heiligem Zorn seine Kraft zu verdoppeln, um auch den vollen Sieg über alle feindliche Machtgier und Vernichtungswut zu erstreiten. (...) Kein Haus darf ohne Flaggenschmuck sein!«[52]

An der »vaterländischen Kundgebung«, die am 27. 1. 1917 im Essener Saalbau stattfand, nahmen wohl mehr als tausend Menschen teil. Allerdings entsprach der Programmverkauf nicht ganz den Erwartungen, denn von 1500 gedruckten Exemplaren wurden nur 622 abgesetzt. Das Programm bestand in einer Ansprache des liberalen Stadtverordneten Niemeyer, einigen musikalischen Darbietungen – dem »Deutschen Kriegslied 1914« und »Heil Dir im Siegerkranz«, ergänzt durch populäre Opern-Ouvertüren von Beethoven und Wagner – sowie vier Deklamationen. Die ausgewählten Gedichte stellten eine Mischung von älteren und zu diesem Anlaß schon traditionellen Stücken des »Reichsgründungsdichters« Geibel und neueren Werken, die unmittelbar der Kriegsmobilisierung dienen sollten, dar. Dem Komitee lag sichtlich daran, die bisher üblichen Formen möglichst zu wahren. Dieses Vorhaben mußte scheitern, weil das zentrale Element der Vorkriegsfeier fehlte: Das Festessen, das im Mittelpunkt des gesellschaftlichen Ereignisses gestanden hatte, hatte durch das Erfordernis einer Tischordnung einerseits und relativ hohe Kosten andererseits für die Exklusivität der Veranstaltung gesorgt, die nun nicht mehr gegeben war.

In dem Bericht, den der Essener Oberbürgermeister auf Anordnung des Regierungspräsidenten über die Feier des Kaisergeburtstages anfertigte, beschrieb er den Erfolg der Bemühungen: »Aus allen Kreisen hatte sich die Bürgerschaft Essens zahlreich eingefunden, sodass der grosse Saal, der mit Galerie rd. 2000 Personen fasst, dicht besetzt war.«[53] Die Teilnehmerzahl dürfte auch dann überschätzt sein, wenn man annimmt, daß keinesfalls jede(r) ein Programm kaufte.

In Köln erschienen zum »Festakt mit Damen« im Gürzenich ca. 1000 Teilnehmer und Teilnehmerinnen. 135 Einlaßkarten zum Preis von einer Mark blieben unverkauft.[54] Die Bekanntmachung, die am 22. Januar in den Zeitungen erschien und auch Hinweise zur Kleiderordnung – Überrock für den Herrn, Straßenkleid für die Dame – gab, enthüllte, daß durchaus daran gedacht war, das Publikum in solche Bevölkerungsgruppen auszudehnen, die mit den gesellschaftlichen Konventionen nicht vertraut waren. Trotz des Verzichts auf Festgewänder ist weder in Essen noch in Köln nach der Anzahl der Teilnehmer zu vermuten, daß tatsächlich die »dem Staat fernstehenden Kreise« der Bevölkerung anwesend waren. Nicht nur die Ehrengäste, sondern auch andere Teilnehmer erschienen in Damenbegleitung. Statt der Korporationen nahmen jetzt Einzelne, die einfach eine Eintrittskarte kauften, an der Kaiserfeier teil. Für Männer und Frauen waren die Zugangsmöglichkeiten gleich. Damit waren die egalisierenden und in ihrer politischen Dimension tendenziell demokratisierenden Tendenzen dieser »patriotischen Kundgebungen« nicht zu übersehen, auch und gerade, wenn die Mobilisierung offenbar Grenzen hatte. Überfüllt waren die Säle im »Kohlrübenwinter« 1916/17 nicht.

Die Kaisergeburtstagsfeiern im Krieg waren in mancher Hinsicht »unbürgerlicher« als früher: Prinzipiell stand der Zugang nun allen, Männern und Frauen, offen. Man mußte nicht mehr einer Behörde, einer bekannten Firma oder einem bürgerlichen Verein angehören, um teilnehmen zu können. Mit dem Festessen verschwanden auch die Tischordnungen als Mittel sozialer Distinktion *innerhalb* des bürgerlichen Milieus. In den Ansprachen wurde an Kampfmoral und Durchhaltevermögen des *ganzen* Volkes appelliert, anstatt die Fortschritte deutscher Wirtschaft und Wissenschaft, und damit deren bürgerliche »Macher«, zu feiern. Aber andererseits blieb vieles unverändert. Die personelle Kontinuität war groß. Nach wie vor kamen dieselben Personen zu den Feiern, Verwaltungsbeamte, Kaufleute, Bankiers, Fabrikanten, Pfarrer und Lehrer. In der Auswahl der Musik, der Lyrik und der Ausschmückung änderte sich nur, was direkt auf den Krieg Bezug nahm. Der Wandel der Feiern in Köln und Essen griff in gewisser Hinsicht in eine Zukunft voraus, die kleine Städte und manche Vereine bereits vorweggenommen hatten. Soziale und politische Exklusivität wurden einem Erosionsprozeß ausgesetzt, der die öffentliche »bürgerliche« Festtradition beendete. Der Versuch der Massenmobilisierung blieb allerdings auf Großstädte beschränkt, in kleineren Orten, in denen an den Kaisergeburtstagen das gesellige Vergnügen die Hauptrolle gespielt hatte, wurden die meisten Feierlichkeiten abgesagt. Massenkundgebungen einerseits, Absagen andererseits: Vielleicht hatte hier das 19. Jahrhundert ein Ende – eines von vielen.

VI.

Der 27. Januar des Jahres 1907 fiel in die Zeit des Reichstagswahlkampfes, in dem sich Konservative und Liberale auf der einen Seite, Zentrum und SPD auf der anderen Seite gegenüber standen. Auf der lokalen Ebene, in den Städten, sahen Koalition und Opposition aber oft anders aus. Im Jahr vor dem Eulenburg-Skandal und der Daily Telegraph-Affäre fanden sich aus Anlaß des Kaisergeburtstages Konservative, Liberale und Vertreter des Zentrums zusammen, um Treue zum monarchischen Staat zu dokumentieren. Die Feiern wurden meist von Ausschüssen geplant, in denen Mitglieder der in den Stadtverordnetenversammlungen vertretenen Parteien saßen. In Städten wie Köln und Essen, mit überwiegendem bzw. großem katholischen Bevölkerungsteil, waren dies 1907 noch ausschließlich Liberale und Mitglieder des Zentrums, aber die SPD stand jetzt vor den Toren.[55] Der Kaisergeburtstag wurde aber nicht von den Parteien organisiert, und auch nicht durch den »autoritären Nationalstaat«. Die Matrix dieser Feier in den Städten bildete vielmehr immer noch eine korporative Ordnung, die eine spezifisch städtische und stadtbürgerliche Tradition hatte. Statt Zünften und Gilden traten die Handelskammer, das Kollegium einer höheren Schule, die Beamten einer Behörde geschlossen als Gruppe auf. Militär und staatliche Institutionen ordneten sich ein. Daß Rangstreitigkeiten innerhalb der städtischen Gesellschaft dann als Kampf um die besten Tische ausgetragen wurden, war die Folge. Bei solchen Konflikten ging es nicht um das Verhältnis zu Regierung und Obrigkeit, sondern um Status und Ansehen innerhalb einer überschaubaren Stadtgesellschaft.

Brüche und Divergenzen dieser Ordnung waren freilich 1907 nicht mehr zu übersehen. In Karlsruhe war das Zentrum bereits einmal aus der gemeinsamen Festphalanx ausgeschieden, die nun sukzessive in die Stadtverordnetenversammlungen einrückende SPD lehnte Kaisergeburtstagsfeiern ab, in den Reden und Gedichten mischten sich die traditionellen Aufforderungen an die Mitglieder »aller Stände«, ihre Pflicht für Kaiser und Reich zu tun, immer unvermittelter mit imperialistischer Rhetorik in parteipolitischer Absicht. Meldungen über Konflikte am Kaisergeburtstag finden sich in der Eintracht und Harmonie beschwörenden bürgerlichen Presse nur selten. In Stettin kam es 1897 beim Zapfenstreich zur Plünderung von Geschäften. 1898 prügelte sich in einem Dorf bei Hanau ein jüdischer Stadtrat nach einer Beleidigung mit einem antisemitischen Oberlehrer. In einem Artikel der »Neuen Preußischen Zeitung« (Kreuzzeitung) wurde Ernst Troeltschs Festrede an der Heidelberger Universität von 1907 als »Ausfall gegen das Preußentum« kritisiert. Troeltsch hatte angeblich »demokratisch-partikularistische Neigungen« erkennen lassen, als er von einer Reise nach Preußen berichtet hatte, in deren Verlauf ihm das gegen die Fahrgäste unterschiedlicher Klassen jeweils unterschiedliche Verhalten der preußischen Schaffner unangenehm aufgefallen sei.[56] Als »Partikularismus« ließ sich auch ein Erlaß der bayerischen Regierung interpretieren, der das Hissen von Flaggen an Staatsgebäuden nur an bayerischen Festtagen gestattet hatte. Auf Initiative der Liberalen im bayerischen Abgeordnetenhaus wurde dieser Erlaß 1900 – gegen den Willen des Zentrums –aufgehoben.[57]

Die Feier des Kaisergeburtstages hob grundlegende Konflikte innerhalb der deutschen Gesellschaft des Kaiserreichs nicht auf. Arbeiter feierten mit, aber die Sozialdemokratie blieb der häufig beschworene Feind. Jüdische Bankiers und Kaufleute nahmen als Stadtverordnete an Festbanketten teil, konnten aber auch zum Ziel antisemitischer Angriffe werden. Bayern,

Bremer und Badener wollten die staatliche Unabhängigkeit gegenüber Preußen behaupten. Diejenigen aber, die das nationale »Volks«-Fest mitfeierten, verbanden damit vor allem wirtschaftliche und (außen)politische Erwartungen für die Zukunft. Festbankette, Vereins- und Schulfeiern versammelten jeweils unterschiedliche Segmente der Gesellschaft, auch wenn es vielfach Überschneidungen gab. Konservative, Nationalliberale und das Zentrum betonten die Bedeutung von Kaiser und Reich als Basis für Deutschlands Weg zur Großmacht.

Die Betrachtung der Kaisergeburtstagsfeiern zeigt, wie schwierig es ist, der Gesellschaft des Kaiserreichs ein »Defizit an Bürgerlichkeit« zu attestieren. Auch die modernen, von der Industrialisierung geprägten Städte behielten manche stadtbürgerliche Tradition der Frühen Neuzeit bei. In dem immer noch bestehenden »korporativen« Organisationsrahmen kämpften Bürger, Offiziere und Beamte untereinander um den Vorrang gegenüber im Status vergleichbaren Gruppen. »Untertan« war man hier erst in zweiter Linie. Den Parteien gelang es bis 1914 nicht, diese Ordnung durch eine Festform zu ersetzen, die sich an der politischen Gesinnung, gekennzeichnet durch Parteizugehörigkeit, orientierte. Den führenden städtischen Liberalen und Mitgliedern des Zentrums ging es auch nicht darum, den Kaisergeburtstag als Fest der Parteien zu institutionalisieren. Zur Propagierung einer parteiübergreifenden, nationalen Orientierung im Rahmen der korporativen, berufsständischen Ordnung der Stadt gab es bis 1914 keine für die Parteien selbst erstrebenswerte Alternative. Als der Krieg dann eine neue Form der Massenmobilisierung wünschenswert machte, ging der korporative Rahmen des Festes und mit ihm die Demonstration der sozialen Basis der herrschenden Ordnung verloren. Die »Bürgerlichkeit« der Feiernden konnte sich in einer Feier, die in der Form Ähnlichkeit mit einer Massenveranstaltung hatte, kaum äußern. Mit dem Ende der Kaisergeburtstagsfeiern hatte das Bürgertum viel verloren, mehr jedenfalls als die Militärparade, die die Wahrnehmung späterer Betrachter bestimmte.

Anmerkungen

1 T. *Nipperdey*, Deutsche Geschichte 1866–1918, Bd.1: Arbeitswelt und Bürgergeist, München 1990, S. 167, charakterisiert die Kaisergeburtstagsfeiern als »Bürgermeister-Militär-Schulfeiertage«, »gewiß nicht unwichtig fürs politische Bewußtsein, aber keine Höhepunkte des Lebens.« Es geht hier allerdings nicht um die Bedeutung des Festes für den Einzelnen, sondern um das für die Kultur des Kaiserreichs Typische. Zum Verhältnis von Monarchie und »Untertanen« aus ganz unterschiedlichen Perspektiven W. *Blessing*, Der monarchische Kult, politische Loyalität und die Arbeiterbewegung im deutschen Kaiserreich, in: G.A. *Ritter* (Hg.), Arbeiterkultur, Königstein 1979, S. 185-208; R. *vom Bruch*, Kaiser und Bürger. Wilhelminismus als Ausdruck kulturellen Umbruchs um 1900, in: A.M. *Birke* u. L. *Kettenacker* (Hg.), Bürgertum, Adel und Monarchie, München 1989, S. 119-46.

2 Zum Stand der Forschung zu Festen vgl. D. *Düding* u.a. (Hg.), Öffentliche Festkultur, Reinbek 1988; darin F. *Schellack*, Sedan- und Kaisergeburtstagsfeste, S. 278-97; *ders.*, Nationalfeiertage in Deutschland von 1871 bis 1945, Frankfurt 1990, hier S. 17-58. Ebenfalls sehr knapp zu den Kaisergeburtstagsfeiern: P.-C. *Witt*, Die Gründung des Deutschen Reiches von 1871 oder dreimal Kaiserfest, in: U. *Schultz* (Hg.), Das Fest, München 1988, S. 306-17, hier S. 312-13; T. *v. Elsner*, Kaisertage. Die Hamburger und das Wilhelminische Deutschland im Spiegel öffentlicher Festkultur, Frankfurt 1991, S. 377-415. Für Kaisergeburtstagsfeste in Bielefeld und Minden vgl. M. *Wienfort*, Bürgerliche Kultur im monarchischen Staat. Kaisergeburtstagsfeste in Minden-Ravensberg 1889–1913, in: J. *Meynert* u.a. (Hg.), Unter Pickelhaube und Zylinder. Das östliche Westfalen im Zeitalter des Wilhelminismus 1888 bis 1914, Bielefeld 1991, S. 421-39. Zur Debatte um die »Bürgerlichkeit« der deutschen Gesellschaft vgl. hier nur: J. *Kocka*, Bürgertum und Bürgerlichkeit als Probleme der deutschen Geschichte vom späten 18. zum frühen 20. Jahrhundert, in: *ders.* (Hg.), Bürger und Bürgerlichkeit im 19. Jahrhundert, Göttingen 1987, S. 21-63; H.-U. *Wehler*, Wie bürgerlich war das Deutsche Kaiserreich, in: ebd., S. 243-80; T. *Nipperdey*, War die wilhelminische Gesellschaft eine Untertanen-Gesellschaft?, in: *ders.*, Nachdenken über die deutsche Geschichte, München 1990, S. 208-24.

3 Vgl. zu den höfischen Festen hier nur A. *Buck* (Hg.), Europäische Hofkultur im 16. u. 17. Jahrhundert, 1981; Als Beispiel für eine Geburtstagshuldigung vgl. das Gedicht in: Berlinische Nachrichten von Staats- und gelehrten Sachen, 26. 9. 1786.

4 Ein Bericht über die Berliner Feier findet sich in allen Zeitungen, vgl. z.B. Badische Landeszeitung, 28. 1. 1907; Weser-Zeitung (Bremen), 28. 1. 1907.

5 Vgl. *Schellack*, Kaisergeburtstage, S. 288-92.

6 Schreiben der RWE AG an Oberbürgermeister Zweigert, 28. 1. 1904, Stadtarchiv (=StA) Essen, Rep. 102 I/751. Zur Übernahme der Kosten durch die Staatskasse vgl. Telegramm der Regierung in Minden, 20. 1. 1890, StA Bielefeld, Gesch.St. I, 16,3, Bl. 131.

7 Kölner Tageblatt, 28. 1. 1907.

8 Vgl. M. *Weber*, Wirtschaft und Gesellschaft, Tübingen 1980[5], S. 425, dessen Definition von »Korporatismus« im Rahmen der Rechtssoziologie auf die autonome Rechtspersönlichkeit des Verbandes im Gegensatz zur Rechtspersönlichkeit der Mitglieder abzielt. Hier kommt es jedoch eher auf die ständische Komponente an, die das Verhältnis der »Korporationen« untereinander bestimmt.

9 Vgl. W. *Henning*, Geschichte der Stadtverordnetenversammlung von Essen (1890–1914), Göttingen 1965, S. 115.

10 Zur Planung des Banketts in Essen StA Essen, Rep. 102 I/753, hier Bl. 92.

11 Belege für Konflikte um die Tischordnung in Historisches Archiv der Stadt Köln (=HA), Abt. 7, Nr.5, Fasz. 6 u. Kommunalarchiv Minden, F 240. Vereinzelt kamen auch Konflikte um die Leitung der Feier vor: Vgl. das Votum des Innenministers vom 22. 10. 1903, der entgegen der Meinung des Justizministeriums die Ansicht vertrat, daß dem Landrat gegenüber dem »rang- und dienstältesten Beamten« Vorrang gebühre (Bundesarchiv, R 43 F, Nr. 1339, Bl. 57-60, abgedr. in *Schellack*, S. 405-08). Vgl. das Schreiben des Oberbürgermeisters von Mönchen-Gladbach vom 3. 1. 1907 an den Essener Oberbürgermeister, in dem um Informationen über das Procedere in Essen gebeten wird (StA Essen, Rep. 102 I/753).

12 HA Köln, Abt. 7, Nr. 5, Fasz. 9, Bl. 287; Kölnische Zeitung 28. 1. 1907.

13 HA Köln, Abt. 7, Nr. 5, Fasz. 9 u. 10; für Essen die Absage des Stadtverordneten Hirsch 1906 in StA Essen, Rep. 102 I, Nr. 753, Bl. 31.

14 Kölner Tageblatt, 28. 1. 1907.

15 Vgl. Die Stadt Cöln im ersten Jahrhundert unter Preußischer Herrschaft, Erster Bd., II. Teil, Köln 1916, S. 490-92, 497-501.

16 Vgl. zur Zusammensetzung der Kölner Stadtverordnetenvers. Stadt Cöln, S. 529-32. Viele Ärzte und Rechtsanwälte waren Inhaber eines Ratstitels, vgl. dazu *Nipperdey*, 1866–1918, S. 386.

17 Essener Generalanzeiger, 28. 1. 1907.

18 Belege für den propagierten Frieden z.B. in Minden-Lübbecker Kreisblatt, 28. 1. 1895; Westfälische Zeitung, 28. 1. 1889; Karlsruher Zeitung, 28. 1. 1897. In der Kölner Festrede von 1908 fehlt der Begriff dann (vgl. Kölnische Zeitung, 27. 1. 1908). In der Universität Bonn sprach man von »ernstem Kampf« (ebd.); die Zusammenfassung der Kölner Rede 1910, in: ebd., 28. 1. 1910.

19 1906 nahmen z.B. 39 Offiziere teil, StA Essen, Rep. 102 I/753, Bl. 54.

20 StA Essen, Rep. 102 I/751 Bl. 184, 192.

21 Vgl. z.B. Badische Landeszeitung, 29. 1. 1896; Rheinisch-Westfälische Zeitung, 28. 1. 1896; Bielefelder Generalanzeiger, 28. u. 29. 1. 1909.

22 Karlsruher Zeitung, 28. 1. 1907.

23 Chronik der Haupt- und Residenzstadt Karlsruhe für das Jahr 1907 (= Chronik), Karlsruhe 1908, S. 203-05; zum Beschluß der gemeinsamen Feier vgl. Chronik f. 1904, S. 98; das Zitat in der Chronik f. 1906, S. 208.

24 Zum Konflikt zwischen Zentrum und Liberalen vgl. ebd. Die Parteizugehörigkeit der Redner ist den Chroniken der Jahre 1903 bis 1914 entnommen.

25 In Bremen wurden 1907 ebenfalls zwei größere Feiern abgehalten: Das »offizielle Kaiserdiner« und ein Essen, zu dem sich »Herren aus Kaufmanns- und Beamtenkreisen mit den Offizieren« versammelten. (Weser-Zeitung, 28. 1. 1907).

26 Vgl. Kölner Tageblatt, 28. 1. 1907. Bei der Feier der Studierenden an der Kölner Handelshochschule nahmen – auf der Galerie – auch Damen teil. Die studentische »Damenrede« war fester Bestandteil vieler Korporationsfeste.

27 Schreiben Salomon Oppenheims an Oberbürgermeister Becker, 4. 1. 1889, in: HA Köln, Abt. 7 Nr.5 Fasz. 6.

28 General-Anzeiger (Essen), 16. 2. 1907.

29 Badische Landeszeitung, 29. 1. 1896.

30 Die klassische Vereinsforschung hat sich bisher vor allem auf den Zeitraum zwischen 1750 und 1850 beschränkt. Über bürgerliche Vereine im Kaiserreich ist dagegen weniger bekannt. Vgl. zu Arbeitervereinen G. A. *Ritter* u. K. *Tenfelde,* Arbeiter im Deutschen Kaiserreich 1871 bis 1914, Bonn 1992, S. 818-35. Zu Kriegervereinen: T. *Rohkrämer,* Der Militarismus der »Kleinen Leute«, München 1990; M. *Siedenhans,* Nationales Vereinswesen und soziale Militarisierung. Die Kriegervereine im wilhelminischen Bielefeld, in: *Meynert* (Hg.), S. 369-99. Vgl. zu den Geburtstagsfeiern für die Welfen H.-G. *Aschoff,* Welfische Bewegung und politischer Katholizismus 1866–1910, Düsseldorf 1987, S. 251f.

31 Justizrat Niemeyer war ebenfalls führendes Mitglied der Evang. Arbeitervereine. Bereits 1894 hielt er im Evang. Arbeiterverein Altenessen die Festrede auf »das Vaterland« (vgl. *Henning,* S. 11f. u. Essener Generalanzeiger, 26. 1. 1894).

32 Vgl. die Angaben bei D. *Fricke,* Gesamtverband evangelischer Arbeitervereine Deutschlands, in: *ders.* u.a. (Hg.), Lexikon zur Parteiengeschichte, Bd. 3, Leipzig 1984, S. 14-29, hier S. 20.

33 Zur Anzahl der Essener Arbeitervereine *Henning,* S. 11. Der katholische Knappenverein wirkte 1908 an der allgemeinen Feier in Bredeney mit (Essener Generalanzeiger, 29. 1. 1908).

34 Ebd.

35 Belege für die Veranstaltung von Bällen: Westfälische Zeitung, 29. 1. 1894; Bielefelder Generalanzeiger, 28. 1. 1909; Ausdrücklich zur Beteiligung von Frauen: Rheinisch-Westfälische Zeitung, 28. 1. 1896. Die evang. Gemeinde Rüttenscheid veranstaltete 1907 einen »Familienabend«. (Essener Generalanzeiger, 28. 1. 1907, dort auch weitere Ballankündigungen).

36 Rheinisch-Westfälische Zeitung, 28. 1. 1896. Ähnliche Beschreibungen des Unterhaltungswertes der Vereinsfeiern: Ebd., 28. 1. 1890, über den Auftritt einer Jongleurgesellschaft bei der Feier des Dortmunder Landwehrvereins; Minden-Lübbecker Kreisblatt, 29. 1. 1900. Vgl. auch die ausführliche Beschreibung des Festes der Kölner Lesegesellschaft in der Kölnischen Zeitung, 28. 1.

1897, oder die Beschreibung der Feier der Reichsbankhauptstelle München, Münchener Neueste Nachrichten, 29. 1. 1907.

37 Frankfurter Zeitung, 28. 1. 1907.

38 Vgl. Chronik f. 1907 u. f. 1909.

39 Kölnische Zeitung, 28. 1. 1908.

40 Ebd., 28. 1. 1907 u. 28. 1. 1908.

41 Ebd., 27. 1. 1908.

42 Vgl. z.B. den Bericht über die Feier in Minden 1912 (Minden-Lübbecker Kreisblatt, 29. 1. 1912).

43 Arbeiterzeitung. Publikationsorgan der freien Gewerkschaften (Essen), 28. 1. 1910.

44 StA Bielefeld Gesch. St. I, 16,3.

45 StA Hannover, Altreg. Hannover 53 I N Nr.20. Gedruckte Programme liegen den Schulakten bei, z.B. StA Hannover HR 16 Schulamt Nr. 654 (Ratsgymnasium); HR 16 Nr. 706 (Städt. Bismarckschule). Direktoren und Lehrer konnten sich bei einer Vielzahl von Broschüren Hilfen zur Gestaltung des Festes holen, z.B. bei A. *Henkel*, Die patriotischen Feste in der Schule, Breslau 1889 u.ö., der Festreden, Gebete, Kirchenlieder und Gedichte vorschlug; J. *Bongaertz* (Hg.), Für Kaiser und Reich! Auswahl geeigneter Deklamationen zur Feier des Kaisergeburtstages und anderer patriotischer Schulfeste, Düsseldorf 1894; W. *Eick*, Zu Kaisers Geburtstag. Eine Sammlung von Prologen, Gedichten, Festreden, Toasten, Szenen, Festspielen und lebenden Bildern, Erfurt 1890^2, wandte sich wohl eher an Vereine, enthielt aber auch eine Rede für Kinder (S. 16-23).

46 Vgl. die Zusammenstellung von Festprogrammen in Schulen in H. *Lemmermann*, Kriegserziehung im Kaiserreich, Bremen 1984, S. 757f. Zur Themenwahl vgl. ebd., S. 753-56 die Programme des »Alten Gymnasiums« in Bremen; StA Hannover, HR 16, Nr. 706. 1894 sprach ein Bielefelder Lehrer über Albrecht v. Roon (Westfälische Zeitung, 29. 1. 1894), 1909 ein anderer über Andreas Hofer (Bielefelder Generalanzeiger, 28. 1. 1909).

47 Geibels Werke hg. v. W. *Stammler*, Erster Band, Leipzig und Wien 1918, S. 233.

48 Vgl. K.H. *Jarausch*, Deutsche Studenten 1800–1970, Frankfurt 1984, S. 59-70.

49 Chronik f. 1907, S. 204.

50 Kölnische Zeitung, 27. 1. 1908.

51 StA Essen Rep. 102 I/755, Bl. 3. Ebd. auch das gedruckte Programm.

52 Ebd., Bl. 11.

53 Ebd., Bl. 20.

54 HA Köln, Abt. 7 Nr.5, Fasz. 11.

55 Vgl. zu Essen: *Henning*, S. 157. Die SPD konnte 1909 erstmals ein Mandat in der Stadtverordnetenversammlung erringen. Die Nationalliberalen behielten gegenüber dem Zentrum bis 1915 die Mehrheit. In Köln gewann das Zentrum 1908 erstmals die Mehrheit, noch 1911 gab es aber keinen Abgeordneten der SPD, obwohl der Stimmenanteil bei 35,4% lag. Vgl. hierzu die

Angaben bei H. *Croon,* Die gesellschaftlichen Auswirkungen des Gemeindewahlrechts in den Gemeinden und Kreisen des Rheinlandes und Westfalens im 19. Jahrhundert, Köln 1960, S. 34 u. Anlage 5, S. 59. In einer protestantischen Stadt wie Bielefeld sah das Kräfteverhältnis 1911 schon ganz anders aus: Liberale 25, Konservative 4 und SPD 15 Sitze.

56 Die Meldung über Stettin in: Weser-Zeitung, 28. 1. 1897; der antisemitische Vorfall wurde berichtet in: Im Deutschen Reich, IV. Jg., Nr. 2, Feb. 1898, S. 158f. Der Troeltsch-Vorfall in: Neue Preußische Zeitung, 29. 1. 1907.

57 Vgl. Schulthess' Europäischer Geschichtskalender 1900, München 1901, S. 33f.

Charlotte Tacke

Die 1900-Jahrfeier der Schlacht im Teutoburger Wald 1909

Von der »klassenlosen Bürgergesellschaft« zur »klassenlosen Volksgemeinschaft«?

Ein Fest, in dem der Germanenmythos seinen einstweiligen Höhepunkt im 19. Jahrhundert erreichte, in dem die Flucht in die Vergangenheit politische Aussagen weitgehend verdrängte und bei dem nicht männliche Vereinsmitglieder defilierten, sondern blondgelockte, als Germanen verkleidete Männer, Frauen und Kinder durch die Straßen der Stadt Detmold zogen, als »bürgerlich« zu bezeichnen, scheint zunächst widersinnig zu sein. Vielmehr scheint dieses Fest, die 1900-Jahrfeier der Schlacht im Teutoburger Wald 1909, das Ende einer Entwicklung der bürgerlichen Festkultur zu markieren, die sich durch einen zunehmenden Verlust an Bürgerlichkeit im Verlauf des 19. Jahrhunderts beschreiben ließe. Verfolgt man den in den Feiern am Hermannsdenkmal 1841, 1875 und 1909 zum Ausdruck kommenden ideologischen Wandel, so scheint sich im 19. Jahrhundert eine Entwicklung von einer dem Ideal der »klassenlosen Bürgergesellschaft«[1] verpflichteten zu einer die Ideologie einer »klassenlosen Volksgemeinschaft« propagierenden Festkultur vollzogen zu haben.

Diese schlagwortartige Charakterisierung des ideologischen Wandels trifft offenbar nicht nur für das Hermannsdenkmal zu, sondern beschreibt, folgt man den bisher vorliegenden Forschungsergebnissen zur bürgerlichen Denkmals- und Festkultur im 19. Jahrhundert, eine allgemeine Entwicklung in

Deutschland. Schon Thomas Nipperdey hat in seinem 1968 erschienenen, grundlegenden Aufsatz über Nationaldenkmäler in Deutschland eine Verschiebung der im Denkmal symbolisierten Idee der Nation als zunächst liberal-bürgerlicher Gesellschaft zur Nation als nationaler und antisozialistischer Sammlung der Gemeinschaft am Ende des 19. Jahrhunderts konstatiert.[2] Wolfgang Hardtwig unterstreicht in mehreren, dem Ergebnis nach ähnlichen Aufsätzen über die Symbolik des Kaiserreichs eine im Denkmal und im Denkmalsfest zu Tage tretende Unterordnung des Bürgertums unter den autoritären Staat und attestiert dem deutschen Bürgertum des Kaiserreichs, daß es – zumindest auf dem Gebiet der politischen Kultur – mit »erheblichen Defiziten« belastet war. Damit überlebt für ihn, ohne daß er dafür vergleichende Belege anführt, auch »ein ›Kern‹ der Sonderwegsthese«, zu dem »eine erhebliche Verformung des bürgerlichen Staatsbewußtseins bzw. der Staatsgesinnung gehörte.«[3]

Zu vergleichbaren Ergebnissen kommt die Forschung zur bürgerlichen Festkultur in Deutschland. Ähnlich wie das Vereinswesen werden vormärzliche Feste mit primär innenpolitischer Stoßrichtung beschrieben, deren offene politische Artikulation aufgrund der restriktiven Überwachungs- und Verfolgungsmechanismen der Obrigkeit symbolisch verdeckt werden mußte. Vormärzlichen nationalen Festen wird damit ein »Camouflage-« oder ein »Verhüllungs- und Tarncharakter« zugesprochen, ohne daß der Inhalt der Feste im einzelnen kritisch daraufhin untersucht würde.[4] Demgegenüber erscheinen die Feste des Kaiserreichs, mit ihren monarchisch-dynastischen Repräsentationsformen, ihren militärischen Zügen und ihrer gegen Katholiken und Sozialdemokratie gerichteten Propaganda, als deutlicher Bruch in der bürgerlichen Festkultur. Folgte man dieser Interpretation, müßte dieser Bruch konsequent als Aufgabe bisheriger Ziele des Bürgertums, als Verlust an Bürgerlichkeit oder gar als »Defizit an Bürgerlichkeit«[5] interpretiert werden.

Untersucht man jedoch Feste (und Denkmäler) nicht nur auf ihre politischen Aussagen, sondern als komplexe Gebilde, in denen Vergesellschaftungsprozesse gleichsam symbolisch abgebildet werden und in denen sich soziale und gesellschaftliche Ordnungsvorstellungen des Bürgertums widerspiegeln, d.h. als gleichzeitig wirklichkeitsabbildende und imaginäre symbolische Praxis, so erweisen sie sich auch am Ende des 19. Jahrhunderts noch als bürgerlich.

Im folgenden soll die These vertreten werden, daß sich zwar in den Festen am Hermannsdenkmal die zum Ausdruck kommenden imaginären Gesellschaftsvorstellungen des Bürgertums grundlegend änderten. Dieser Wandel läßt sich tatsächlich als ein Wandel von der »klassenlosen Bürgergesellschaft« hin zur »klassenlosen Volksgemeinschaft« beschreiben. Unterhalb dieser imaginären Konstrukte, und auch unterhalb der offiziellen Staatssymbolik, demonstrierten die Feste des 19. Jahrhunderts jedoch die Konstituierung und Konsolidierung des Bürgertums als sozial und kulturell distinkte Klasse. So wie bereits die deutliche bürgerliche Distinktion des Vormärz innerhalb der bürgerlichen Schichten Zweifel an ihrem eigenen »Zukunftsbild« der bürgerlichen Gesellschaft hatte aufkommen lassen, so ist auch fraglich, ob sich das Bürgertum selbst als Teil der propagierten Volksgemeinschaft sah. Auch in der imaginären Volksgemeinschaft kurz vor dem Ersten Weltkrieg erschien die Gesellschaft nicht als eine gleichförmige Masse von Untertanen oder gar Volksgenossen, sondern als eine sozial und kulturell differenzierte bürgerliche Gesellschaft. Die beiden genannten Schlagwörter umreißen damit eher eine nach unten gerichtete Integrationsideologie des Bürgertums als eine mit der sozialen Wirklichkeit des 19. Jahrhunderts übereinstimmende Gesellschaftsform. Sie beschreiben weniger einen Wandel des Bürgertums als soziale Klasse, sondern ein sich veränderndes Verhältnis des Bürgertums zu den unterbürgerlichen Schichten.

Die fünf Jahre vor dem Ersten Weltkrieg veranstaltete 1900-Jahrfeier der Schlacht im Teutoburger Wald soll im Zentrum dieses Aufsatzes stehen, da sie sich in ihrer ausgeprägten völkischen, alldeutschen Rhetorik besonders eignet, den behaupteten doppelten, wirklichkeitsabbildenden und imaginären

Charakter des bürgerlichen Festes zu belegen. Um die Veränderungen in der bürgerlichen Kultur des 19. Jahrhunderts zeigen zu können, wird vorher kurz auf das Fest der Schließung des Grundsteingewölbes des Hermannsdenkmals 1841 und die Einweihungsfeier des Denkmals 1875 eingegangen.

Zwei große Linien sollen im einzelnen zur Klärung der Bürgerlichkeit der Festkultur untersucht werden. Erstens soll die nationale Ideologie der Feste auf ihre politischen Aussagen hin befragt und das Verhältnis der bürgerlichen Gesellschaft zu Staat und Monarchie im 19. Jahrhundert beleuchtet werden. Inwieweit wurden in den Festen typisch bürgerliche, gegen den monarchischen Staat gerichtete liberale und oppositionelle Forderungen erhoben und verteidigt? Oder liefern die Feste Indizien für die Aufgabe bürgerlicher politischer Forderungen und die Unterordnung des Bürgertums unter den monarchischen Staat, vor allem nach 1870/71? Zu fragen wäre zweitens nach der sozialen Funktion der Feste in der bürgerlichen Gesellschaft. Welche gesellschaftlichen Ordnungsvorstellungen vermittelten die Feste? Inwieweit trugen sie dazu bei, einerseits das Bürgertum als eine einheitliche, aber durch bestimmte Verhaltensweisen, Mentalitäten oder kulturelle Ausdrucksformen nach oben und unten abgegrenzte soziale Gruppe zu konstituieren und zu definieren, andererseits aber ein Modell der nationalen Gesellschaft als eine prinzipiell für alle sozialen Gruppen und Klassen offene und verbindliche Form der Vergesellschaftung zu propagieren? Die Feste wären somit auf ihre trennenden Unterschiede und vereinheitlichenden Tendenzen, auf Mechanismen von Distinktion und Integration zu befragen.

I. Das Fest der Schließung des Grundsteingewölbes 1841

Das Fest der Grundsteinlegung zum Hermannsdenkmal war seinem Selbstverständnis nach ein nationales Fest. Das Hermannsdenkmal und die sich zu seiner Erbauung und Finanzierung in ganz Deutschland konstituierende Denkmalsbewegung, die mit etwa 30 Vereinen für das Hermannsdenkmal eine alle deutschen Staaten erfassende Spendenaktion für die Finanzierung des Denkmals ins Werk setzte, erfüllten einen doppelten Sinn. So sollte einerseits durch die Subskription und natürlich durch das Nationalfest selbst die Kommunikation unter den verschiedenen Teilen der Nation vorangetrieben und gleichzeitig durch den Erfolg der Denkmalsbewegung die Existenz der Nation sinnbildlich dargestellt werden. Die im Denkmal und im Fest symbolisierten nationalen Vorstellungen waren jedoch zu keiner Zeit mit politisch-oppositionellen, auf die Überwindung der monarchischen oder partikularstaatlichen Situation Deutschlands gerichteten Forderungen verbunden. So konnte sich der Detmolder Hauptverein für das Hermannsdenkmal lange nicht zu dem Fest der Grundsteinlegung entschließen, weil er »einen dem Hambacher ähnlichen Zusammenlauf«[6] fürchtete. Vielmehr symbolisierte Hermann durch die Abwehr der römischen Invasion den gemeinsamen historischen Ursprung des deutschen Volkes sowie die gleichsam zeitlose Kontinuität von deutscher Kultur, Sprache und Geschichte über Jahrhunderte hinweg. Er versinnbildlichte damit die Einheit der deutschen Nation oberhalb ihres kleinstaatlichen Aufbaus, der als politische Struktur nicht grundsätzlich in Frage gestellt wurde. Nicht eine konkrete politische und staatliche Einheit Deutschlands wurde durch Hermann dargestellt, sondern eine außerhalb von aktuellen politischen Forderungen stehende historische und organische Einheit des deutschen Volkes. Das Volk wurde nicht politisch legitimiert, sondern vor allem durch ethnische und kulturelle Eigenarten, die über Jahrhunderte hinweg vor fremden, römischen bzw. welschen Einflüssen bewahrt worden waren. Freiheit meinte vor allem die Freiheit nach außen, weniger politische oder verfassungsmäßige Freiheit im Innern. Das Fest von 1841 stellte somit nicht politische, auf die konkrete Veränderung des partikularstaatlichen Aufbaus der Nation ausgerichtete Forderungen. Vielmehr propagierte es die bürgerliche Gesellschaft als eine Volk und Fürsten umfassende gesellschaftliche Einheit, die aufgrund der selbstregulierenden Kraft der bürgerlichen Ordnung die soziale und politische Krise überwinden sollte. So sprach aus der Festrede des liberalen lippischen Geheimrats, Moritz Leopold Petri, ein starkes und ausgeprägtes bürgerliches Selbstbewußtsein, das in der bürgerlichen Gesellschaft, definiert als »ein frisches, lebendiges Streben für Sitte, Verkehr, Wissenschaft, Kunst und bürgerliche Ordnung«, im Bund mit den deutschen Fürsten eine friedliche Entwicklung des deutschen Volkes voraussah.[7] Nicht Opposition zum monarchischen Staat, sondern vielmehr eine noch ungebrochene Überzeugung von der eigenen, selbstheilenden Kraft der bürgerlichen Gesellschaft machte die politische Utopie der Hermannsdenkmalsbewegung aus.

Das Fest der Schließung des Grundsteingewölbes von 1841 kann als ein typisches bürgerliches Fest des Vormärz gelten, das in seiner sozialen Ordnung und den in ihm wirksamen Ordnungsvorstellungen einerseits das lippische Bürgertum als eine soziale Gruppe von den restlichen Festteilnehmern abhob, andererseits aber als Volksfest alle Bevölkerungskreise ansprechen und in die bürgerliche Ordnung integrieren sollte. Organisiert und vorbereitet wurde das Fest von dem Detmolder Verein für das Hermannsdenkmal. Dieser Verein war 1838 in Detmold gegründet worden, um die nationale Subskriptionsbewegung zu organisieren. Rekrutierten sich auch seine Mitglieder ausschließlich aus den Spitzen der lippischen Bürokratie, die in vielfacher Weise in das bürgerliche, gesellige und kulturelle Leben der kleinen Residenzstadt eingebunden war und das Vereinsleben der Stadt und des Kleinstaates bestimmte, so zielten doch gerade die Errichtung des Hermannsdenkmals und die Veranstaltung des Festes auf die Einbindung aller sozialen Schichten in die bürgerliche Gesellschaft. Die Festbeschreibungen unterstrichen die Präsenz der Teilnehmer »aller Stände, besonders aus den mittleren Bürgerklassen, Männer und Frauen, Burschen und Mädchen«,[8] und der Festzug, der von Detmold zum Hermannsdenkmal führte, wurde überwiegend von Schützen, also von den Handwerkern und Gewerbetreibenden der lippischen Städte und Gemeinden, gestellt. Das Verhältnis der bürgerlichen Organisatoren zu den die überwiegende Mehrheit der Festgäste stellenden nichtbürgerlichen

Schichten war jedoch ambivalent. So hatten die Veranstalter Vorkehrungen für den Fall »etwaige(r) Unordnungen oder Excesse«[9] getroffen und zum Beispiel den Genuß von Branntwein, als Symbol der drohenden Verrohung der Unterschichten, auf dem Festplatz verboten.[10] Andererseits verzichteten sie auf die sichtbare Präsenz von Militär und Polizei und hoben stolz hervor, daß das Fest ohne Androhung staatlicher Gewalt ordentlich verlaufen war. Allein die Festordnung, die minutiös vorbereitet war und für Spontaneität keinen Raum ließ, sollte in der Lage sein, den Ablauf des Festes zu ordnen und so die Allgemeingültigkeit und selbstregulierende Kraft der bürgerlichen Ordnungsvorstellungen betonen. Auch wenn die Organisatoren demnach nicht ganz von der beschwichtigenden Wirkung bürgerlicher Werte überzeugt waren, sollte das Fest gleichsam als utopischer Entwurf einer bürgerlichen Gesellschaft gelten, die allein aus sich heraus und ohne Androhung staatlicher Repression in der Lage war, Ordnung zu halten.

Diese sozialintegrative und sozialdisziplinierende Funktion des Festes entsprach durchaus der vormärzlichen Utopie der »klassenlosen Bürgergesellschaft«. Sie wurde jedoch gleichzeitig durch klare und scharfe Grenzziehungen des Bürgertums gegenüber den unterbürgerlichen Schichten in Frage gestellt. So vertrat die Subskriptionsbewegung zwar sozial den Anspruch, »Alles, Jung und Alt, Arm und Reich«[11] in sich zu vereinigen, ermöglichte es jedoch gleichzeitig, mit der Höhe der Spende eine soziale Differenzierung der Spender symbolisch auszudrücken.[12] Das Fest vereinigte zwar die gesamte lokale Gesellschaft, ließ jedoch keine Kontakte zwischen Bürgertum und nichtbürgerlichen Gruppen zu, sondern unterstrich eine deutliche kulturelle und soziale Trennung der Festteilnehmer. Neben dem Festzug der Schützen, die zu Fuß den Berg erklommen hatten, setzten sich die Mitglieder des Vereins für das Hermannsdenkmal, mit den lippischen Prinzen in ihrer Mitte, zusammen mit den lippischen Beamten und Magistraten – in hierarchischer Ordnung – und den Schülern des Detmolder Gymnasiums, also ihren Söhnen und zukünftigen Bürgern, in einem eigenen, zweiten Festzug auf dem Festplatz in Szene, nachdem sie den Weg auf den Berg im Wagen zurückgelegt hatten.[13] Waren Frauen und Männer aus dem Volk bunt durcheinandergemischt, so stand für die bürgerlichen Frauen eine eigene Tribüne zur Verfügung, die sie zwar einerseits sozial als Mitglieder des Bürgertums hervorhob, sie aber andererseits von der bürgerlichen Öffentlichkeit abgrenzte und zu reinen Zuschauerinnen machte. Nach dem Festakt, mit dem das Grundsteingewölbe des Denkmals verschlossen wurde, zogen sich die bürgerlichen Teilnehmer des Festes ohne ihre Frauen zu einem Festmahl zurück und überließen den Teutoburger Wald der Menge. Hier, sozial und räumlich getrennt von den übrigen Festteilnehmern, gaben sie die straffe Ordnung des Festes auf und überließen sich »im gemütvollen Durcheinander« dem französischen Champagner, dem »Herzblut« des Erbfeindes, und dem Johannisberger.[14] Unter sich bestand für die Lipper Bürger und ihre Gäste auch bei reichlichem Alkoholgenuß keine Gefahr für die Aufrechterhaltung der bürgerlichen Ordnung.

II. Die »Übergabe des Hermannsdenkmals an das deutsche Volk« 1875

Das Fest der »Übergabe des Hermannsdenkmals an das deutsche Volk«, wie die Einweihungsfeier des Denkmals offiziell bezeichnet wurde, stand ganz im Zeichen der Reichseinigung und stellte den deutschen Kaiser, als »Arminius Wilhelmus«,[15] ins Zentrum der Feierlichkeiten. Der Krieg gegen Frankreich 1870/71 und die darauf folgende Proklamation des Kaiserreichs galten als Erfüllung der im Hermannsmythos und im Denkmal vermittelten Vision eines geeinten Deutschlands. Damit verlor das Denkmal, das 1838 im Vorgriff auf eine, wenn auch nicht eindeutig definierte, nationale Zukunft begonnen worden war, jegliche Zukunftsperspektive und wurde zur Apologie der Gegenwart durch die Vergangenheit.

Waren die Vertreter der Monarchie beim Fest der Grundsteinschließung 1841 in das Festgeschehen selbst integriert worden – die Mitglieder des Vereins für das Hermannsdenkmal führten die lippischen Fürsten in ihrer Mitte –, so war nun der ganze Festplatz auf die schwarz-weiß-rote Kaisertribüne hin ausgerichtet, die den Kaiser als exponierten Vertreter der Nation herausstellte.[16] Am Denkmal wurde ein Relief Wilhelms I. enthüllt. Während des Festes wurden zahlreiche Hochrufe auf Kaiser und Reich ausgebracht.[17] Auf Drängen des Berliner Hofmarschallamtes war die Einweihungszeremonie durch einen geistlichen – protestantischen – Akt erweitert worden, der zusammen mit »unser(m) Protestantenlied ›Ein feste Burg ist unser Gott‹« und scharfen Kulturkampftönen des Detmolder Geistlichen die Nation auf das protestantische Kaisertum einschwor und die Katholiken, die im Vormärz noch an der Denkmalsbewegung beteiligt waren und das Denkmal mitfinanziert hatten, aus dem Fest ausschloß.[18]

Wenn auch die bürgerlichen Organisatoren mit der Festinszenierung ihre volle Zustimmung zur Verwirklichung der Nation im deutschen Kaiserreich ausdrückten und vor allem den Kaiser als Symbol des Nationalstaates feierten, so hatte man offenbar dennoch Schwierigkeiten, das deutsche Volk mit dem deutschen Reich gleichzusetzen. Da das Denkmal weitgehend das Produkt der Subskriptionsbewegungen des Vormärz und später der 1860er Jahre war, sollte es – so sagte es bereits der Titel der Feier – dem »deutschen Volke« übergeben werden. Das sollte mit dem Aufhissen der »deutschen Flagge« symbolisiert werden. Es mußte jedoch zunächst in einer Vereinssitzung darüber diskutiert werden, bevor man sich auf das Aufhissen der Reichsfahne als Symbol des deutschen Volkes einigte.[19] Nicht nur das Fehlen eines offiziellen Symbols des deutschen Staates machte die Wahl eines eindeutigen Symbols schwierig;[20] vielmehr scheint es für die Vereinsmitglieder keineswegs eindeutig gewesen zu sein, das deutsche Volk mit dem deutschen Reich gleichzusetzen, zumal das Hermannsdenkmal zunächst als Symbol der deutschen Kulturnation begonnen worden war. Offensichtlich waren sich die Vereinsmitglieder der Tatsache bewußt, daß sich das deutsche Volk nicht befriedigend mit der Reichsfahne repräsentieren ließ.

So stellte sich das »deutsche Volk« im Festverlauf auch keinesfalls ausschließlich als ein dem Monarchen einseitig huldigendes Volk von Untertanen dar. Wenn der Magistrat der Stadt den Kaiser im traditionellen Ritual der Königseinholung an der Stadtgrenze begrüßte, oder aber zu seinen Ehren am Abend einen Fackelzug in den Straßen der Stadt veranstaltete,[21] so war dies weniger als eine Huldigung der Detmolder Untertanen gegenüber dem Staatsoberhaupt zu verstehen, sondern als eine Selbstdarstellung der Stadt Detmold und ihrer Bürger, die sich als Gastgeber präsentierten und als selbstverwaltete soziale Einheit (stadt-)bürgerliches Selbstbewußtsein zur Schau stellten. Der Magistrat betonte auf diese Weise, daß die Einladung an den Kaiser keinesfalls von dem lippischen Fürsten ausgegangen war, sondern vom Verein für das Hermannsdenkmal und dem Magistrat der Stadt.

In der Tat ließ das Fest neben der Verherrlichung des dynastischen Staates breiten Raum für die Inszenierung bürgerlicher Werte und die Darstellung der bürgerlichen Gesellschaft im monarchischen Staat. Auch wenn das Fest oberflächlich betrachtet den Anschein eines rein monarchischen Festes hatte, so spiegelte sich doch auf der lokalen Ebene in vielfältiger Weise die soziale und kulturelle Differenzierung der Gesellschaft wider. Die Teilnehmer des Festes waren keineswegs alle gleichermaßen Untertanen des Kaisers, sondern eingebunden in eine deutlich differenzierte bürgerliche Gesellschaft. Die Teilnahme am Fest bedeutete für die Detmolder und Lipper Bürger weit weniger eine untertänige Huldigung gegenüber dem Kaiser, sondern ermöglichte die Repräsentation der eigenen sozialen Stellung in der lokalen Gesellschaft. Auch wenn der Kaiser als Symbol der Staatsnation durchgängig anerkannt und sogar bejubelt wurde, galt er nicht als Oberhaupt einer Untertanengesellschaft, sondern als Monarch in der bürgerlichen Gesellschaft.

Wie bei der vorausgehenden Feier der Grundsteinschließung hatten die Organisatoren auch 1875 Wert darauf gelegt, daß das Fest ein Volksfest »in der eigentlichen Bedeutung« würde und »allen Klassen der Bevölkerung« offen stehen sollte. Die Teilnahme am Fest sollte deshalb nicht von Eintrittsgeldern abhängig gemacht werden. Für besondere Zwecke allerdings, etwa für einen Platz auf einer der Tribünen oder die Teilnahme an einem »kostbareren Abendessen«, sollte dies nicht gelten.[22] Der Raum des Festes war somit, obwohl er prinzipiell für jeden zugänglich war, sozial gegliedert. Die Aufstellung auf dem Festplatz, die Einteilung der Festzüge und die geselligen Ereignisse, die am Rande des offiziellen Festprogramms stattfanden, demonstrierten auf diese Weise unterhalb der gesellschaftlichen Einheit über alle Klassen hinweg eine scharfe soziale Distinktion des Bürgertums.

Hatte diese räumliche Trennung des Festes auch bereits im Vormärz bestanden, so hatte sich doch seitdem das Verhältnis des Bürgertums zu den unterbürgerlichen Schichten grundlegend verändert. Setzten die Festorganisatoren des Vormärz noch auf die Erziehbarkeit der unteren Schichten und ihre grundsätzliche Integrierbarkeit in die bürgerliche Gesellschaft, indem sie davon ausgingen, daß die bürgerliche Ordnung des Festes quasi automatisch alle Festteilnehmer in ihren Bann ziehen würde, drückte die bürgerliche Ordnung zu Beginn des Kaiserreichs eine unüberwindliche Distanzierung von den unterbürgerlichen Schichten aus. Als ein Beispiel kann der Umgang mit Alkohol angeführt werden. Auf dem Festplatz wurden 1875 zahlreiche Erfrischungszelte aufgebaut, die in zwei Kategorien unterteilt waren: Weinhandlungen lockten das bürgerliche Publikum mit ausgestellten Wein- und Champagnerkörben an, während »ländliche« Schnaps- und Bierbuden für das Volk bereitstanden.[23] Essen und Trinken gehörten klassenübergreifend zur Festkultur, die soziale Differenz drückte sich vor allem darin aus, was man zu sich nahm. Hatte der Verein 1841 noch darauf geachtet, daß das Fest nicht in ein Saufgelage der Unterschichten ausartete und daher den Verzehr von hochprozentigem Alkohol auf dem Festplatz unterbunden, so hatte er 1875 offensichtlich die Hoffnung auf die moralische Verbesserung des Volkes aufgegeben. Der Schnaps wurde nicht mehr verboten, sondern wurde selbst zum Symbol der kulturellen und sozialen Differenz. Die Gefahr von Ausschreitungen und Exzessen durch die trinkende und grölende Menge[24] wurde nicht mehr wie 1841 hinter vorgehaltener Hand geäußert, sondern durch die offene und massive Präsenz von Militär und Polizei gebannt.

Bürgerliche Ordnungsvorstellungen, bürgerliche Verhaltensweisen und -normen hatten ihren utopischen, grundsätzlich sozial offenen Charakter verloren. Als klassenübergreifende und integrierende Ordnung fungierten im Fest von 1875 vielmehr militärische Ordnungsprinzipien, die weniger an die moralische Einsicht der Teilnehmer appellierten als vielmehr durch Hierarchie und Unterordnung funktionierten. Die Tatsache, daß sich die militärische Ordnung des Festes vor allem auf die Programmpunkte erstreckte, in denen das Bürgertum in direkten Kontakt mit dem Volk kam, legt nahe, das militärische Modell vor allem als ein vom Bürgertum propagiertes Ordnungsprinzip für nichtbürgerliche Schichten zu interpretieren. So wurde der Fackelzug, der am Vorabend des Festes durch die Straßen Detmolds zum Schloß führte, von Soldaten als Fackelträgern und von der Regimentsmusik des in Detmold stationierten Militärs begleitet.[25] Die Ordnung des Festzuges zum Hermannsdenkmal am folgenden Tag, in dem zahlreiche Kriegervereine mitzogen, stellten sich die bürgerlichen Planer eher als eine Militärparade vor. Während sich der Festzug 1841 zum Denkmal »begab«, den Platz vor dem Denkmal »durchschritt« und vor diesem »anhielt«, so kannte die Zugordnung von 1875 nur militärische Begriffe der Fortbewegung: man »marschierte«, »rückte vor«, »nahm Stellung« und »schwenkte ab«.[26] Angeführt wurde der Zug von dem Detmolder Gymnasiallehrer Thorbecke hoch zu Pferd, der sich auf Kosten des Vereins für das Hermannsdenkmal über längere Zeit ein Pferd geliehen hatte, um des Reitens mächtig zu werden.[27] Militärische Rituale waren keineswegs Teil des bürgerlichen Lebensstils, sondern mußten für das Fest und seine Ordnung erst erlernt werden.

III. Die 1900-Jahrfeier der Hermannsschlacht 1909

Nation und monarchischer Staat. 1909, aus Anlaß der 1900-Jahrfeier der Schlacht im Teutoburger Wald, lud die Stadt Detmold zum dritten Mal zu einer überregionalen Nationalfeier ein. Eine Woche lang sollten, so wünschte es der Festausschuß, »in festlichen frohen Stunden (...) sich viele Tausende deutsche Männer und Frauen unseres herrlichen Vaterlandes und seiner großen Vergangenheit freuen und aufs Neue Stolz empfinden, daß sie Deutsche sind.«[28] Hatte das Einweihungsfest des Hermannsdenkmals 1875 vor allem das Kaiserreich und den Kaiser als Symbol der deutschen Einheit ins Zentrum des nationalen Bekenntnisses gerückt, so vermieden es die Detmolder Bürger des Festausschusses 34 Jahre später absichtlich, die Nationalfeier mit dem deutschen Kaiser in Verbindung zu bringen. Kaiser Wilhelm II. eignete sich in Lippe seit dem lippischen Thronfolgestreit nicht mehr als Symbol nationaler Einheit und Eintracht, sondern stellte hier vielmehr ein Symbol der politischen Auseinandersetzung zwischen Liberalen und Konservativen dar. Der lippische Thronfolgestreit hatte in den Jahren 1895 bis 1905 die öffentliche Meinung in dem Kleinstaat entlang zweier, um die Fürstenwürde konkurrierender Linien des lippischen Hauses gespalten und zu »dynastischen Unstimmigkeiten«[29] zwischen dem schließlich siegenden Biesterfelder Fürsten und dem Kaiser geführt, der seinen Schwager, den Schaumburger Prinzen, in diesem Streit offen protegiert hatte. Kleinstaatliche und reichsdeutsche Loyalitäten der lippischen Bürger waren in dieser Auseinandersetzung vor allem durch den Eingriff des Kaisers, der gegen die Mehrheit des Lippischen Landtages agierte, in Konflikt geraten und politisiert worden. Höfische und kleinstaatliche Repräsentation, von Regierung und Bürgertum gleichermaßen in Szene gesetzt, hatte in dieser Auseinandersetzung an Ausmaß und Aufwand einen Höhepunkt erreicht und war, da der Kaiser indirekt involviert war, zumindest für die Biesterfelder Fraktion immer zugleich eine Demonstration gegen den Kaiser.[30]

Diente der monarchische, kleinstaatliche Kult in dieser Auseinandersetzung also vornehmlich als politische Demonstration, sollte das Nationalfest zur Erinnerung an die Schlacht im Teutoburger Wald nun nach Beilegung des Konfliktes dazu beitragen, die nationale Loyalität der lippischen Bevölkerung neu zu beleben und vor allem die politischen Gräben zwischen den Parteien zu überwinden. »Möge kein Vaterlandsfreund die Gelegenheit unbenutzt lassen, die tägliche Mühe und Sorge für kurze Zeit abzulegen, allen Parteihader, unter dem unser teures Vaterland so unendlich leidet, zu vergessen, um sich mit vielen Gleichgesinnten an den Bildern aus alter Zeit, in der blonde Recken die ersten Ruhmeskränze um den deutschen Namen wanden, zu erquicken und aufs neue zu geloben, sich alle Zeit des deutschen Namens würdig zu erweisen.«[31] Die Bekenntnisse zum »deutschen Namen« bezogen sich alle angesichts des gewünschten Harmonisierungseffektes des Festes weniger auf Kaiser und Reich, sondern flüchteten in die Vergangenheit, bekannten sich zu einem völkisch gegründeten »Alldeutschland« und setzten zugleich deutlich lippische Akzente. »Mit offenen Armen wird das Rosenland Alldeutschland empfangen.«[32] Die im Festverlauf offiziell auf Kaiser und Reich ausgebrachten Hochs blieben ausgesprochen rar und waren mit einem Hoch auf den lippischen Fürsten, auf die Bundesfürsten und die freien Städte verbunden.[33] Damit rekurrierten die Veranstalter auf die föderale Verfassung des deutschen Reiches und wandten sich gegen die zentralisierenden Tendenzen des wilhelminischen Regimes. Indem der Kaiser somit als zentrales Symbol der nationalen Loyalität ausschied, offenbarte sich eine deutliche Unsicherheit im Umgang mit alternativen nationalen Symbolen. Das Fest stellte, so wird im folgenden deutlich werden, in weiten Teilen mehr ein volkstümelndes Kostümfest als eine Inszenierung politischer Rituale dar. Das Urteil über die Feier fiel denn auch äußerst unterschiedlich aus. Eine »deutsche Nationalfeier«, ein »alldeutsches Nationalfest« sahen die einen. Die anderen sprachen von einer »fürstlich-lippischen Volksfeier« oder einem »Heimatfest in des Wortes weitestem und schönstem Sinne«.[34]

Neben dem Fehlen einer eindeutigen nationalen Symbolik scheint jedoch auch die Attraktivität und Anziehungskraft des Festes unter den Auswirkungen des Thronfolgestreites gelitten zu haben. So sahen es zumindest einige Journalisten. »Denn der deutsche Durchschnittsbürger bringt noch immer gar zu gern seine nationalen Gefühle mit dem Tun und Treiben der höchstgestellten Persönlichkeiten in Einklang.«[35] Der Detmolder Festausschuß hatte Einladungen an »Fürsten und Volk« ergehen lassen – der Kaiser war nicht persönlich eingeladen worden –, jedoch waren, wie der Berliner »Tag« detailliert festhielt, von gekrönten Häuptern »die Könige gar nicht, von den Großherzögen nur der Oldenburger, von den anderen Fürstlichkeiten nur der Landesherr von Lippe-Detmold«[36] der Einladung gefolgt. Vor allem aber beklagten die preußischen Zeitungen das Fehlen eines Vertreters ihres Staates.[37] Ein Nationalfest ohne preußische Beteiligung erschien ihnen offenbar unsinnig. Die deutliche Abwendung des lippischen Festes von der monarchisch-dynastischen Reichssymbolik ist damit vor allem als Reaktion auf die partikulare politische Situation in der Auseinandersetzung um die lippische Thronfolge zu verstehen und reflektierte nicht eine Veränderung in der deutschen nationalen Symbolik überhaupt. Sie unterstreicht jedoch einerseits, daß nationale Bekenntnisse auch am Ende des Kaiserreichs nicht in der dynastischen Staatssymbolik aufgingen, sondern sich aufgrund politischer oder kleinstaatlicher Loyalitäten bewußt davon absetzen konnten. Andererseits belegt die Flucht des Festes in die mythische Vergangenheit der »blonden Rekken« und die Beschwörung alldeutscher, über den Nationalstaat hinausweisender, völkischer Loyalitäten gerade um so mehr, daß es zum Symbol des Kaisers keine Alternative für das Bekenntnis zum deutschen Nationalstaat gab.

Die »klassenlose Volksgemeinschaft« als soziale Integrationsideologie. In den eingeladenen Vereinen und Interessengruppen spiegelte sich der »alldeutsche« Charakter des Festes wider. Auf der Einladungsliste des Detmolder Festausschusses[38] standen die Vorstände bürgerlicher alldeutscher Interessengruppen, die im nationalen Imperialismus, in der Propagierung nationaler Großmachtpolitik und nationalen Prestigedenkens über das reichsdeutsche Staatsbewußtsein hinausreichten.[39] Neben zahlreichen Burschenschaften, die als Vertreter der deutschen Jugend den Organisatoren besonders am Herzen lagen, wandte sich der Festausschuß unter anderem an die Vorstände des Alldeutschen Verbandes, den deutschen Flottenverein, die deutsche Kolonialgesellschaft, den alldeutschen Sprach- und Schriftverein und den Jungdeutschen Bund sowie an zahlreiche deutsche Landsmannschaften im In- und Ausland, vorzugsweise in Österreich und Amerika. Besonders die aus Amerika – »wo deutsche Zunge klingt und deutsches Wesen hauset«[40] – angereisten deutschen Landsmannschaften galten der Presse als Beweis des alldeutschen Charakters des Festes. Das nationale Bekenntnis ging damit weit über konkrete klein- oder großdeutsche staatliche Loyalitäten hinaus und offenbarte die »weltgeschichtliche« Bedeutung der Hermannsschlacht als Begründung völkischer Einheit.

Gleichzeitig unterstützten die völkischen Ideen aber gerade die Militär- und Kolonialpolitik des Deutschen Reiches und verteidigten die soziale Struktur und Machtverteilung des Kaiserreiches im Innern. So erging auch eine Einladung an den Reichsverband zur Bekämpfung der Sozialdemokratie, die die sozial ausschließende Funktion der völkischen Ideologie betonte und den einheitsstiftenden Anspruch des Nationalfestes auf die bürgerlichen, liberalen und konservativen Kreise beschränkte. Bei der Einweihung des Hermannsdenkmals 1875 hatte die sozialdemokratische Presse zwar bereits von sich aus ihren Lesern von der Teilnahme an dem Fest, das sie als »Bajonettglorifizierung« und »Kulturkampfgeschrei«[41] ideologisch brandmarkte, abgeraten. Jedoch verzichtete das Fest, da die gewerkschaftliche und sozialdemokratische Organisierung in Lippe erst in den 80er Jahren langsam einsetzte,[42] auf Angriffe gegen den politischen Feind im Innern. Am Ende des Kaiserreiches jedoch wurden das Nationalfest und seine alldeutsche Ausrichtung von den bürgerlichen Organisatoren als ideologische Waffe gegen den Feind im Innern benutzt.

Wurde die sozialdemokratisch organisierte Arbeiterschaft damit sozial und ideologisch aus dem Fest ausgeschlossen, so richtete sich die aggressive nationale Ideologie, wie die Einladungen an verschiedene Organisationen des Deutschnationalen Handlungsgehilfenverbandes bezeugen, vor allem an die Vertreter des »neuen Mittelstandes«. Die völkischen Aussagen des Festes verbanden sich mit einer sozialen Integrationsideologie, in der einerseits die Gruppe der Angestellten in ihrer sozialen Abgrenzung nach unten als Stütze gegen die Sozialdemokratie fungierte und in der andererseits die Propagierung berufsständischer Inhalte die Überwindung klassengesellschaftlicher Gegensätze sowie die Stabilisierung der Gesellschaft versprach.[43]

Die vorhergehenden Feste hatten sich vor allem an die Schützen-, Sänger-, Turner- und später auch die Kriegervereine der Region, vor allem Lippes und Westfalens, gewandt. Am Ende des Kaiserreichs hingegen spielten diese vorwiegend gesellig ausgerichteten Vereine im Festgeschehen nur noch eine untergeordnete Rolle. Der deutsche Turnerbund und verschiedene Gesangvereine wurden zwar ebenfalls eingeladen, doch waren sie nicht mehr in das Fest selbst integriert. Eines der wichtigsten Elemente des bürgerlichen Festes, der Festzug, in dem sich Bürger, Beamte und Vereine in ihrer sozialen Geschlossenheit präsentierten und die Geselligkeit als ordnendes Prinzip der bürgerlichen Gesellschaft darstellten, entfiel bei diesem letzten Fest des Kaiserreichs völlig. Die Vertreter der deutschen Turnerschaft aus Lippe und Westfalen wurden zwar durch ein Turnfest angelockt. Dieses fand jedoch am Montag der Festwoche statt. An den beiden Wochenenden, den eigentlichen Festtagen, standen sie – falls sie überhaupt anwesend waren und nicht nur für einen Tag anreisten – höchstens als Zuschauer am Rande des Geschehens. Ebenso verhielt es sich mit den auswärtigen Sängervereinen. Sie befanden sich zwar, »da sie immer in erster Reihe gestanden (hatten), wenn es galt, einer vaterländischen Sache zu dienen«, ebenfalls auf der Einladungsliste des Festausschusses. Doch wurde auch ihnen keine Rolle im Festgeschehen zugewiesen. Die Veranstalter schlugen ihnen vielmehr vor, eine Sängerfahrt in den Teutoburger Wald zu organisieren und stellten ihnen sogar anheim, diese »zu irgend einer andern Zeit dieses Jubeljahres, das den Besuch des Hermannsdenkmals und eine Gedächtnisfeier daselbst besonders nahe legt«,[44] zu unternehmen. Offensichtlich waren die bürgerlichen Organisatoren weit weniger daran interessiert, daß sich ganze Vereine aus der näheren Umgebung in Detmold präsentierten, sondern vielmehr daran, daß einzelne bürgerliche Vertreter einflußreicher Interessengruppen an dem Fest teilnahmen. Diese wurden in der hinter verschlossenen Türen stattfindenden Eröffnungsversammlung der Presse vorgestellt. Das Nationalfest symbolisierte und praktizierte nicht mehr ein – in weiten Linien utopisches – Bild der sozialen Geschlossenheit aller Mitglieder der bürgerlichen Gesellschaft, die aktiv am Fest teilnahmen und in der die geselligen Vereine zugleich als Bindeglied ihrer Mitglieder untereinander und als Garant und Symbol der bürgerlichen Ordnung fungierten. Das Nationalfest diente vielmehr den bürgerlichen Interessengruppen zur Propagierung nationaler und völkischer Ideologien, die auf die Sicherung des gesellschaftlichen und politischen Status quo abzielten. Spielte gerade die aktive Teilnahme aller sozialen Schichten an der symbolischen Praxis des Vormärz eine große Rolle, so daß – wenn auch eingeschränkt – in den Festen das Ideal einer »klassenlosen Bürgergesellschaft« zum Ausdruck kam, versinnbildlichte bereits die militärische Ordnung im frühen Kaiserreich, daß das Bürgertum dieses Ideal aufgegeben hatte und nun auf die unterordnende Integration der unterbürgerlichen Schichten in die Klassengesellschaft setzte. Am Ende des Kaiserreichs verzichtete das Fest sogar auf die symbolische Praxis überhaupt und begnügte sich mit der ideologischen Integration der Massen in die Klassengesellschaft, die nur noch als Zuschauer zugegen waren. Angesichts der im Verlauf des 19. Jahrhunderts zunehmenden politischen, sozialen und ökonomischen Krisenerfahrung galt die bürgerliche Gesellschaft nicht mehr als allgemeingültiges Modell, sondern konnte als Klassengesellschaft ihre Mitglieder nur noch ideologisch binden.

Diese Verschiebung der Inhalte des Nationalfestes, von einem geselligen Ereignis im lokalen Raum mit überregionaler symbolischer Bedeutung hin zu einem vor allem auf nationale politische Interessen ausgerichteten ideologischen Kampfmittel, reflektierte deutlich den Wandel des Organisationsverhaltens des Detmolder Bürgertums im 19. Jahrhundert. War der Detmolder Verein für das Hermannsdenkmal, der sich nach Einweihung des Hermannsdenkmals auflöste, durch seine Mitglieder einerseits fest in das exklusive bürgerliche gesellige Leben der Stadt eingebunden und propagierte andererseits gleichzeitig in vielfältiger Weise das Vereinswesen in kleinbürgerlichen und ländlichen Kreisen des lippischen Landes, so wirkten die führenden Mitglieder des Festausschusses von 1909, der eigens zum Fest zusammentrat, vor allem als lokale Vermittler der politisch orientierten nationalen Verbände oder aber leiteten gewerbliche oder agrarische Interessengruppen in Lippe, deren Ziele jedoch zunehmend national ausgerichtet waren.[45] Die lokale Geselligkeit, in der die Einheit und Differenzierung der bürgerlichen Gesellschaft praktiziert und symbolisiert worden war, trat hinter die ideologischen und politischen Ziele auf nationaler Ebene zurück.

Der Wandel der Hermannsfeste vom lokalen geselligen Ereignis, das in seiner Ordnung zugleich symbolisch die soziale Hierarchie und Differenz der bürgerlichen Gesellschaft insgesamt und das Modell einer harmonischen Einheit der Nation vermittelt hatte, hin zu einem in die völkische Ideologie flüchtenden alldeutschen Spektakel, an dem die lokale Gesellschaft nicht mehr aktiv beteiligt war, sondern nur noch ideologisch an die Nation gebunden wurde, spiegelte sich deutlich im Festgeschehen wider. Vor allem ein auf der zentralen Langen Straße in Detmold am Samstagabend stattfindender Festkommers, mit dem das Fest eingeleitet wurde, und ein als Hauptattraktion der Festwoche angekündigter und an beiden Sonntagen wiederholter Germanenzug belegen diesen Befund. Vor allem aber zeigen sie erneut, wie eng nationale und soziale Vorstellungen miteinander verknüpft waren.

Der erste Abend des Festes stand ganz im Zeichen des Vergnügens. Außer der als Eröffnungsversammlung bezeichneten

Pressekonferenz fanden keine Empfangszeremonien, kein Fackelzug und keine nationalen Reden statt, sondern man trank, sang und tanzte. Der Kommers, der Name erinnert wohl zu recht an Burschenschaftsgelage, hatte zwar durchaus einen nationalen Anspruch und sollte deutschen Männern und Frauen die Gelegenheit geben, »bei hellem Lied und kühlem Trank sich ihres Vaterlandes«[46] zu freuen, jedoch blieb es bei dieser schwammigen Programmatik. Der Anspruch vorausgegangener Feste, die Deutschen der verschiedenen Teile der Nation zusammenzubringen, Freundschaften zu stiften und die Kommunikation zu fördern, wurde nicht mehr erhoben. Offensichtlich hegte man inzwischen Zweifel an der erhebenden Wirkung von Nationalfeiern und von geselligen Ereignissen. Die liberale Frankfurter Zeitung stellte fest, daß die Nationalfeste in Deutschland, die Feiern der Schlachten bei Leipzig und Sedan verblaßt seien und sich politische Leidenschaften und nationale Erregtheit keineswegs mehr an Erinnerungsfesten entzündeten, sondern vielmehr an starken gegenwärtigen Ereignissen. Feste wie das Hermannsfest könnten daher vor allem dazu beitragen, den Alltag vergessen zu machen, »einen Strahl der Freude in das Werkeltagsdasein« zu werfen und sich des Lebens zu erfreuen. »Die Schwere des Daseins ist eine Woche lang aufgehoben – kann ein Fest eine bessere Wirkung haben?«[47] Die Berichterstattung über diesen Abend war somit recht einträchtig. Man freute sich über das »fidele Leben bei Sang und Becherklang«,[48] über die fröhliche Stimmung auf den Straßen und fühlte sich sogar »nach Paris versetzt, in eine Feier des 14. Juli«.[49]

Festfreude war vor allem auf das Vergessen des Alltags beschränkt – bürgerliche Geselligkeit als Ausdruck nationaler und sozialer Einheit spielte im »Volksfest« keine Rolle mehr, sondern fand nur noch hinter verschlossenen Türen statt. Das spiegelte sich auch in dem Gesang dieses Abends wider. Im Vormärz standen patriotische – nationale oder kleinstaatliche – Gesänge auf dem Programm der feuchtfröhlichen geselligen Runden, die die Geselligkeit durch einheitsbeschwörende Lieder überhöhten. 1909 vergnügten sich die Festteilnehmer in den Kneipen hingegen – und diese Tendenz war auch schon 1875 feststellbar – mit dem populären, komischen Lied »Als die Römer frech geworden«, das keinerlei gesellschaftliche Vorstellungen vermittelte.[50]

Auch auf die Darstellung sozialer Distinktion, die bei vorausgegangenen Festvergnügen eine wichtige Rolle gespielt hatte und Teil der bürgerlichen Selbstdarstellung gewesen war, wurde angesichts dieses entpolitisierten Kommerses verzichtet. Es war nicht mehr die Rede von verschiedenen Festorten, an denen sich unterschiedliche soziale Gruppen zusammenfanden. Alles spielte sich auf offener Straße ab, wenn sich auch dort sicherlich verschiedene soziale Räume voneinander absetzten. Die räumliche Trennung des Festes war nicht mehr Teil der Festkultur und bedurfte daher auch keiner Erwähnung mehr. Der Festausschuß hatte jedoch auch hier Vorkehrungen für die öffentliche Ordnung getroffen und Polizeiverstärkung angefordert, zumal man mit der Präsenz von »Taschendieben, Dirnen und sonstige(m) Gesindel« rechnete.[51] Damit unterstrichen die Festorganisatoren einmal mehr, daß die Harmonie des Festes mehr Programm als Wirklichkeit war.

Am Morgen nach dem Festkommers zog ein vielgepriesener und bejubelter Germanenzug durch die Straßen Detmolds. Die Berliner Neueste Zeitung zeigte sich erleichtert darüber, daß »die gefährliche Klippe des Erhabenen zum Lächerlichen glücklich vermieden«[52] worden war. Diese Einschätzung erscheint aus heutiger Sicht keineswegs so eindeutig. 900 als Germanen verkleidete Männer, Frauen und Kinder, mit langhaarigen blonden Perücken und langen Gewändern ausgestattet, z.T. Menschenschädel und Pferdeköpfe tragend oder mit Methörnern in der Hand, zogen zu Fuß, zu Wagen oder zu Pferd durch die Stadt und vermittelten ein harmonisches und verklärendes Bild der deutschen Frühgeschichte, das sich durch die Flucht in die Vergangenheit und den Verzicht auf aktuelle politische Aussagen auszeichnete.

Der Germanenzug sollte »die siegreiche Heimkehr der Deutschen« nach der erfolgreichen Hermannsschlacht darstellen, wie sie von ihren Frauen und Kindern empfangen wurden.

»Da wurden die wackeren Helden und minniglichen Frauen des germanischen Altertums in realistischer Anschauung vor Augen geführt.«[53] Knaben und Mädchen zogen den siegreichen Kämpfern entgegen, »sorgende Frauen«[54] brachten ihren Männern Methörner entgegen und trugen die Waffen der Verwundeten, andere hatten »den heimkehrenden Gatten neben sich, zu dem der Knabe an des Vaters Hand stolz empor« blickte.[55] Eine Jungfrau brachte ihr Geschmeide als Dankopfer dar. Zwischen diesen idyllischen Familienbildern zogen acht festlich geschmückte Wagen durch die Stadt. Der erste stellte die Wala, eine germanische Seherin, dar, die den glücklichen Ausgang der Schlacht prophezeite. Darauf folgte die Walhalla, in der die gefallenen Helden beim Metgelage saßen. Ein Wagen des Handwerks, der von Handwerkern umgeben war, zeigte eine Schmiede, in der ein blondlockiger Jüngling sein Schwert schmiedete. Ein Erntewagen folgte, begleitet von Schnittern und Schnitterinnen, Edelherren und Landleuten. Ein Einbaum zeigte einen Fischer und seine Frau bei der Arbeit: sie beim Netzflicken und ihn beim Fischen. Eine Metbrauerei, aus der Germanen »immer wieder das köstliche Naß reichten«, ließ auch hier das Bier fließen. Ein Hochzeitszug und ein Wagen stellten eine altgermanische Trauung dar. Der Wagen am Ende des Zuges versinnbildlichte die Erinnerung. Ein Darsteller mit langem Bart verkörperte den 1876 verstorbenen Schöpfer des Hermannsdenkmals, Ernst von Bandel, der in nahezu biblischer Manier die Geschichte der Varusschlacht in einen Steinblock meißelte. Ein lippischer Landmann erzählte Kindern vom Leben und von den Taten Hermanns. Im Zentrum des Zuges, von der Menge frenetisch begrüßt, ritt Hermann auf einem weißen Schimmel, umringt von germanischen Edlen und gefolgt von Thusnelda, seiner Ehefrau, im Kreis ihrer Frauen. »Nun kam der von sechs Rindern gezogene Wagen der Thusnelda, einer prachtvollen Frauengestalt in langem Blondhaar unter Eichbäumen thronend.«[56]

Dieser historische Festzug hatte mit denen der vorausgegangenen Feste kaum mehr als den formalen Aufbau eines Umzuges gemein. Hatten die Festzüge von 1841 und 1875 die lippische und die aus dem benachbarten preußischen Westfalen angereiste Bevölkerung nicht nur als Personen, sondern vor allem symbolisch in das Festgeschehen integriert und stellten sie somit zugleich Abbild und Wunschbild der lokalen und nationalen Gesellschaft dar, so reduzierte sich der Germanenzug ausschließlich auf die Darstellung des imaginären Aufbaus einer – ausschließlich historisch legitimierten und nicht mehr räumlich faßbaren – nationalen Gesellschaft. Die an dem Festumzug beteiligten Individuen setzten sich nicht mehr selbst symbolisch in Beziehung zur Gesellschaft, sondern waren auf – verkleidete – Statisten reduziert, die eine erfundene Rolle in einem als historische Realität behaupteten Schauspiel darstellten.

Die Liste der Darsteller des Germanenzuges führt Namen, aber keine Berufsbezeichnung der teilnehmenden Personen auf, so daß nicht eindeutig ist, welche sozialen Gruppen am Zug beteiligt wurden. Doch läßt das bereits darauf schließen, daß die soziale Stellung nicht wichtig war für die zu spielende Rolle. Eindeutig ist jedoch, daß außer den Festzugsordnern, die weitgehend dem kleinbürgerlichen Milieu entstammten und wohl nur in dieser Funktion zum weiteren Festausschuß zählten, kein Vertreter der bürgerlichen Organisatoren am Festzug beteiligt war.[57] Nicht die soziale Stellung in der lokalen Gesellschaft oder gar die Mitgliedschaft in einem Verein bestimmten über die Teilnahme, sondern es war an alle Männer, Frauen und Kinder der Stadt ein Aufruf ergangen, sich zum Festzug anzumelden.[58] Der Zuspruch der Bevölkerung war jedoch nicht sehr groß. Verpflichtete das geschlossene Auftreten von Vereinen in den vorhergegangenen Festzügen die einzelnen Vereinsmitglieder zur Teilnahme, so stieß die allgemeine, an alle gleichermaßen ergangene Einladung auf wenig Interesse. Die Detmolder Bürger zogen es offenbar vor, dem Festzug zuzuschauen anstatt in ihm eine imaginäre Rolle zu spielen. So sah sich der Festausschuß gezwungen, in einem erneuten Aufruf darauf hinzuweisen, daß man den Zug als Teilnehmer sicherlich besser in seiner Gesamtheit sehen könne denn als Zuschauer. Schließlich wurden die Detmolder Gymnasiasten und Seminaristen über ihre Schulen verpflichtet.[59] Die Annahme, daß die Rollenverteilung nicht sozialen Kriterien entsprach, sondern die Darsteller tatsächlich nur als Rollenträger fungierten, wird zudem durch die Tatsache belegt, daß die Mehrzahl der germanischen Knaben durch Mädchen dargestellt wurde, die offenbar über die notwendige »germanische« Haarpracht verfügten.[60]

Eine – allerdings bedeutsame – Ausnahme stellte jedoch die Besetzung der berittenen germanischen Edelherren und des Cheruskerfürsten dar. Diese wurden ausschließlich durch lippische (bürgerliche) Gutsbesitzer und -pächter repräsentiert.[61] Dieses exklusive Recht ist sicherlich einerseits darauf zurückzuführen, daß diese über die Pferde und die nötige Reiterfahrung verfügten. Andererseits unterstreicht es jedoch die, im Festzug dargestellte, Anbindung der agrarischen, ständisch geprägten Gesellschaft an das städtische Fest und die imaginierte nationale Gesellschaft. Den lippischen Gutsbesitzern, aber vor allem dem Gutspächter Scharenberg, der zu den einflußreichsten konservativen Vertretern der agrarischen Gesellschaft Lippes zählte[62] und das Vorrecht innehatte, Hermann darzustellen, dienten der Germanenzug und vor allem die Übernahme der Hauptrollen in ihm damit zur sozialen Selbstdarstellung einer an politischem Einfluß gewinnenden ständisch legitimierten sozialen Gruppe. Im Gegensatz zum Bürgertum zeigten sie keine Berührungsängste mit den wohl hauptsächlich kleinbürgerlichen Teilnehmern und mit der im Festzug symbolisierten ständisch überhöhten nationalen Einheit.

Die Einbeziehung der agrarischen Gesellschaft in das städtische Fest war ebenso neu wie bezeichnend für die im Festzug dargestellte völkische Einheit der nationalen Gesellschaft, die als eine historisch unwandelbare, berufsständisch differenzierte Einheit vorgeführt wurde. An der Spitze der Gesellschaft stand der Cheruskerfürst mit den Edelherren an seiner Seite. Handwerker und Landbevölkerung, letztere gegliedert in Edelherren, Bauern und Landarbeiter, stellten das Volk, zusammengesetzt lediglich aus traditionellen Stadtbürgern und Landbevölkerung, dar. Die Gesellschaft präsentierte sich als eine traditionelle Erwerbsgesellschaft, nicht jedoch als eine auf sozialer Ungleichheit beruhende Klassengesellschaft. Neue soziale Schichten bzw. Klassen, z.B. die städtischen Arbeiter, aber auch das Bürgertum als Organisator des Festzuges, hatten in diesem idyllischen, traditionellen Gesellschaftsbild, das der sozialen Realität der Klassengesellschaft diametral entgegenstand, keinen Platz. Gezeigt wurde ein auf ständischer Ungleichheit beruhender, über Jahrhunderte hinweg stabiler Aufbau der Gesellschaft, in der sozialer Wandel und soziale Konflikte nicht stattfanden.

Verbunden waren jedoch alle Mitglieder dieser Gesellschaft durch den Krieg. Die Verbindung von völkischer Großmachtpolitik und einer mittelständischen sozialen Ideologie, wie sie für die zum Fest geladenen alldeutschen Vereine typisch war, deckte sich mit dem propagierten Gesellschaftsbild des Germanenzugs. Die Nation war hier nicht mehr identisch mit der bürgerlichen Gesellschaft, sondern wurde als eine egalisierende, völkische Gemeinschaft mit berufsständischem Einschlag dargestellt.

Ein weiterer zentraler Unterschied zu den früheren Festen war die Präsenz von Frauen im Festzug. Hermann und Thusnelda, Krieger und Ehefrauen, der Fischer und seine Frau wie auch der germanische Hochzeitswagen versinnbildlichten ein in Kriegs- und Friedenszeiten auf konträren, aber komplementären Geschlechtscharakteren aufgebautes Bild von Gesellschaft und Nation.[63] Dieses Bild war zwar im gesamten 19. Jahrhundert im Hermannskult und in den Festen präsent, unterschied sich aber hier deutlich von vorhergehenden Festen dadurch, daß die für die bürgerliche Gesellschaft typische Trennung von weiblicher Privat- und männlicher öffentlicher Sphäre, die vor allem in der räumlichen Trennung des Festes sinnbildlich wurde, zugunsten der Volksgemeinschaft aufgegeben wurde. Die Geschlechtscharaktere der bürgerlichen Familie blieben zwar weiterhin bestehen, jedoch wurde die Frau nun direkt in die Gemeinschaft eingebunden und nahm nicht mehr nur vermittelt über den (Ehe-)Mann an der Gesellschaft teil. Krieg und Kampf, die die heimziehenden Krieger vor Augen stellten, definierten die Nation nicht nur in der deutlichen Abgrenzung gegen andere Nationen. Sie konstituierten auch im Innern der Nation zwischen den Geschlechtern eine besondere Beziehung, die die Frau, mit zunehmender Orientierung der Nation auf ihre äußere Großmachtstellung, stärker in die imaginäre Gesellschaft einband. Die kriegerische Auseinandersetzung war zwar eindeutig dem männlichen Geschlecht zugeordnet und definierte seine Männlichkeit, doch bezog die nationale Mobilmachung die Frauen als Bräute und Mütter mit ein. Weibliche Liebe und Aufopferung stellten das Pendant zur männlichen Wehrhaftigkeit dar. Ihre spezifischen Eigenschaften, die erst in dieser Dichotomie selbst definierbar wurden, prädestinierten die Frau für die Aufrechterhaltung der Nation an der ›Heimatfront‹. Eheliche Fortpflanzung, Erziehung der Kinder, vor allem der Söhne zu Kriegern und Mitgliedern der Volksgemeinschaft, Pflege der Verwundeten und Kranken sowie die Aufrechterhaltung der männlichen Kriegsmoral wurden im Germanenzug als Aufgabenbereiche der Frau innerhalb der nationalen Gesellschaft historisch legitimiert und festgeschrieben.

Schließlich verschob sich in diesem Festzug die historische Perspektive der geschichtlichen Erinnerung. Sie diente hier nicht mehr, wie noch 1841, als Vorgriff auf die Zukunft oder 1875 als Apologie der Gegenwart, sondern als Flucht in die Vergangenheit. Die historisch legitimierte nationale Einheit des deutschen Volkes fungierte im Vormärz als Vorgriff auf eine soziale Utopie der klassenlosen Bürgergesellschaft, in der die fortschreitende Integration der unterbürgerlichen Schichten in die Gesellschaft symbolisiert wurde. 1875, nach der Revolutionserfahrung von 1848 und den zunehmenden sozialen und politischen Konflikten, hatte die Nation ihren emphatischen und utopischen Charakter verloren. Das gegenwärtige Kaiserreich stellte nicht nur die Lösung der nationalen, sondern auch der sozialen Frage dar, integrierte jedoch die unterbürgerlichen Schichten nicht mehr über eine allgemeingültige bürgerliche, sondern eine militärische, hierarchische Ordnung in die Gesellschaft und garantierte so die zukünftige soziale Einheit der Nation.

Am Ende des Kaiserreichs blieb die historische Erinnerung in einer mythischen Vergangenheit gefangen. Die gegenwärtige Gesellschaft hatte im historischen Festzug keinen Platz mehr. Die Nation stellte sich vielmehr als eine historisch gebundene, traditionell ständisch gegliederte und ausschließlich ideologisch zusammengehaltene soziale Einheit dar. Ausgerechnet ein »Landmann«, der Vertreter einer ländlich geprägten, vormodernen Gesellschaft, gab im Festzug als Symbol des kollektiven Gedächtnisses die Erinnerung an die Hermannsschlacht an die nachfolgenden Generationen weiter und stellte die deutsche Geschichte als unwandelbare, archaische Einheit dar. Die Flucht in die mythische Vorgeschichte des deutschen Volkes ermöglichte es jedoch, die soziale Harmonie als Inbegriff nationalen Wesens in einer auf Ungleichheit aufgebauten Gesellschaft auf die Gegenwart zu übertragen und für die Zukunft festzuschreiben. Vergangenheit, Gegenwart und Zukunft waren zwar stets im Denkmal und im Fest präsent, doch ihr Verhältnis zueinander verschob sich. Drückte die symbolische Praxis im Vormärz das Auseinanderrücken von »Erfahrungsraum« und »Erwartungshorizont« in der bürgerlichen Gesellschaft aus, so wurden sie am Ende des 19. Jahrhunderts im Mythos wieder aneinandergerückt.[64]

Soziale Distinktion im bürgerlichen Fest. Die völkischen Motive des Festzuges zielten auf eine Verschleierung von Klassengegensätzen und waren Ausdruck einer Integrationsideologie, die die kleinbürgerlichen Schichten über berufsständische Vorstellungen und eine scharfe Grenze nach unten, zur Arbeiterklasse, an die nationale Gesellschaft binden sollte. Die Tatsache jedoch, daß die bürgerlichen Mitglieder des Festausschusses selbst auf die Teilnahme am historischen Festzug verzichteten, läßt bereits vermuten, daß dieser Festprogrammpunkt zwar von ihnen geplant und organisiert wurde, aber nicht der eigenen Selbstdarstellung und der eigenen Position in der Gesellschaft gerecht wurde, sondern vor allem als ideologisches Angebot an die breiten Massen der Festteilnehmer, vor allem die unterbürgerlichen Schichten des »neuen Mittelstandes«, eingesetzt wurde. In der Tat ging das Fest insgesamt keineswegs in diesen völkisch überhöhten, egalisierenden Vorstellungen auf, sondern schuf daneben – und räumlich abgetrennt – dem Detmolder Bürgertum die Möglichkeit, sich über das Fest als distinkte soziale Gruppe mit eigenen kulturellen Werten und Ausdrucksweisen von der Masse abzusetzen. Die innere Struktur des Detmolder Festausschusses mit seinen zahlreichen Beziehungen zum Detmolder Vereins- und Verbandswesen einerseits und der Festakt am ersten Sonntagnachmittag auf der Grotenburg zu Füßen des Hermannsdenkmals andererseits verweisen auf die neben der Volksgemeinschaftsideologie im Fest wirkenden Mechanismen sozialer Differenzierung.

Eine anläßlich eines Abendessens im Detmolder Gesellschaftshaus »Ressource«, zu dem alle an der Festgestaltung beteiligten Personen eingeladen waren, erstellte Anmeldeliste[65] nennt die Namen von 61 Festgästen. Sie umfaßt hohe Beamte der lippischen Regierung, Mitglieder des Detmolder Bildungsbürgertums und angesehene Kaufleute, aber auch Angestellte, Handwerker – vornehmlich Hofhandwerker – und Gastwirte. Das Kleinbürgertum wurde somit durchaus an der Festorganisation beteiligt. Jedoch vermittelt diese Liste gleichzeitig eine deutliche Trennung zwischen achtzehn Mitgliedern des gehobenen Detmolder Bürgertums, die in alphabetischer Ordnung die Liste anführten und offenbar den Vorstand des Festausschusses stellten, und den restlichen Festorganisatoren, die in nicht erkennbarer Ordnung diesen nachgestellt wurden. Die Mitglieder der ersten Gruppe gehörten gemäß ihrer sozialen Stellung wie ihrer Mitgliedschaft in den Vorständen der führenden Vereine und Interessengruppen der Detmolder bürgerlichen Elite an.[66] Sie verfügten über zahlreiche Verbindungen sowohl zu den exklusiven bürgerlichen, geselligen Vereinen wie etwa der Ressource, zu den Vorständen der gewerblichen Interessengruppen wie zum Beispiel zur Handelskammer, zum Teutoburger Waldverein und auch zu den Vorständen der in Lippe bestehenden regionalen Abteilungen der politischen Agitationsverbände, deren nationale Vorstände zum Fest eingeladen worden waren, nämlich des deutschen Flottenvereins, des Kolonialvereins und des Alldeutschen Verbandes. Waren diese Verbände auch grundsätzlich sozial offen und erreichten in Lippe bis zu tausend Mitglieder, so wurden sie von einer kleinen, exklusiven Elite des Detmolder Bürgertums geleitet, die sich auch in der Organisation des Festes sozial abhob. Diese bürgerliche Elite nahm offenbar nicht nur bei dem genannten Abendessen einen besonderen Platz ein, der ihre soziale Position belegte. Sie wird auch in der Festgestaltung eine dominierende Rolle gespielt haben. Die Funktion der restlichen Teilnehmer, unter denen sich Bürger und Kleinbürger befanden, reduzierte sich dagegen eher auf organisatorische Tätigkeiten. Die Tatsache, daß sich der Festzugsausschuß aus Mitgliedern des Bürgertums zusammensetzte, während die Aufseher des Zuges eher Kleinbürger waren, belegt deutlich die in der Festvorbereitung und -organisation wirksam werdenden Mechanismen sozialer Differenzierung. Kleinbürgerliche Gruppen wurden zwar praktisch und ideologisch in das Fest eingebunden, sie hatten jedoch keinen Einfluß auf die Festgestaltung. Die Mitgliedschaft in den Vorständen der lokalen und nationalen Vereine und Verbände und im Festausschuß der 1900-Jahrfeier sicherte damit dem Detmolder Bürgertum eine führende Rolle in der politischen Agitation und diente gleichzeitig der Repräsentation seiner exklusiven sozialen Position innerhalb der städtischen und regionalen Gesellschaft. Die Tatsache, daß die Eröffnungsveranstaltung, in der »die leitenden Herren die offiziellen Vertreter«[67] begrüßten und der Presse vorstellten, hinter geschlossenen Türen stattfand und dadurch auf die bürgerlichen Vertreter der Stadt und der Nation beschränkt blieb, zeigt einmal mehr die doppelte Funktion des Festes. In diesem Sinne war auch das Fest von 1909 ein bürgerliches Fest.

Der Festausschuß spiegelte in seiner Zusammensetzung noch ein weiteres Motiv für die 1900-Jahrfeier wider. Neben ihrer Mitgliedschaft in zahlreichen Verbänden und Interessengruppen gehörten einige der führenden Vertreter des Ausschusses dem Vorstand des Teutoburger Waldvereins an,[68] der sich die touristische Erschließung des Teutoburger Waldes und des lippischen Landes zum Ziel gesetzt hatte und auf dessen Initiative das Fest letztlich zurückging. Dem Hermannsdenkmal war somit neben der Darstellung des nationalen Selbstverständnisses eine neue Aufgabe zugewachsen. In dem Maße, wie die Besucherzahlen am Hermannsdenkmal zugenommen hatten – von 1500 bis 1800 jährlich nach Fertigstellung auf ca. 35000 Anfang des 20. Jahrhunderts[69] –, war es als Hauptanziehungspunkt des Tourismus in der industriell schwachen Region entdeckt und als Werbeträger eingesetzt worden. Ein zentrales Motiv für das Fest war deshalb, möglichst vielen Besuchern die Schönheit der lippischen Landschaft vor Augen zu führen. Das Hermannsfest war also beides: ein Nationalfest und ein werbewirksames Spektakel. Auch bürgerlicher Geselligkeit wurde deshalb im Fest weniger Wert beigemessen als der unterhaltsamen Zurschaustellung der Stadt Detmold, des Teutoburger Waldes und des Hermannsdenkmals an ein bürgerliches, zahlungskräftiges Publikum. Gezielte Einladungen an einflußreiche nationale, bürgerliche Vereine waren in diesem Sinne vielversprechender als die Präsenz von Massen in kleinbürgerlichen Vereinen organisierter nichtbürgerlicher Schichten. Ein neues bürgerliches Freizeitverhalten und nationale Großmachtvorstellungen mischten sich im Fest. Auch in dieser Hinsicht war es ein bürgerliches Fest, auch wenn es als »Volksfest« veranstaltet wurde und vor allem die breiten Schichten der näheren Umgebung anzog.

Der bürgerliche Charakter des Festes trat jedoch vor allem am Sonntagnachmittag am Hermannsdenkmal im offiziellen Festakt zur Erinnerung an die Schlacht im Teutoburger Wald zutage. Dieser Festakt war eindeutig an ein bürgerliches Publikum gerichtet. Er drückte in den nationalen Vorstellungen ein bürgerliches Selbstbewußtsein aus und hob sich damit deutlich vom Germanenzug des Vormittags ab. So sah der »Münsterische Anzeiger« im Festakt ein »glanzvolles Gegenstück« zum historischen Festzug und betonte, daß diese Feier am Hermannsdenkmal »mitten im Gegenwartsleben« stand.[70] Der »Hannoverische Courier« gewährte dem Festakt in seiner Berichterstattung einen weit größeren Raum als den anderen

Festbestandteilen. Für ihn waren der Germanenzug und ein in der Festwoche mehrfach aufgeführtes Theaterstück eines Detmolder Künstlers »Hermann der Cherusker« im Gegensatz zur Feier am Hermannsdenkmal »nicht notwendige Bestandteile des Festes«.[71] Diese Stimmen belegen zum einen den hier behaupteten doppelten Charakter des Festes als völkisches und dezidiert bürgerliches Fest und betonen zum zweiten die wichtige Rolle des bürgerlichen Festaktes in der Festgestaltung insgesamt.

Konnten sich die Zuschauer des – sehr kostspieligen – Germanenzuges am Vormittag umsonst an dem Spektakel erfreuen, so wurde für die Teilnahme am Festakt, dessen Organisation einen deutlich geringeren finanziellen Aufwand erforderte, ein Beitrag von 50 Pfennig erhoben.[72] Noch 1875 hatte der Verein für das Hermannsdenkmal ausdrücklich von Eintrittsgeldern abgesehen, um dem Fest nicht den Charakter eines wahren Volksfestes zu nehmen. 1909 wurde nun zum ersten Mal in der Geschichte der Hermannsfeste ein Unkostenbeitrag von den Zuschauern eines offiziellen Programmpunktes erhoben. Dieses Eintrittsgeld war mehr als ein symbolischer Ausdruck eines sozial und kulturell distinguierten bürgerlichen Festes. Wenn man zugrundelegt, daß 85 bis 90 Prozent der lippischen Bevölkerung im Jahr 1900 zur dritten Wählerklasse mit einem Höchsteinkommen von 1300 bis 1500 Mark jährlich zählten,[73] so stellten 50 Pfennig immerhin mindestens ein Achtel des täglichen Budgets dar und bedeuteten für viele eine unüberbrückbare Hürde, zumal wenn nicht nur das Familienoberhaupt an der Feier teilnehmen wollte – richtete sich das Fest doch ausdrücklich an deutsche Männer *und* Frauen. Der offizielle Festakt sprach somit vor allem ein zahlungskräftiges, bürgerliches Publikum an.

Der Festakt trennte die Festteilnehmer aber nicht nur nach sozialen Kriterien, sondern auch nach kulturellen Gesichtspunkten. Auch die Inhalte des Festaktes und der Festrede setzten deutlich bürgerliche Akzente, die die kulturelle Distinktion des Bürgertums ausdrückten und zugleich eine politische Funktion erfüllten. Die Abwendung vom Kaiser als zentralem Symbol der deutschen Staatsnation, auf die bereits im Zusammenhang des Thronfolgestreits eingegangen wurde, trat hier besonders deutlich zutage. Der Festakt vollzog sich unter dem Vorsitz des lippischen Fürsten, der das Protektorat für das ganze Fest übernommen hatte[74] und für alle Festteilnehmer in einem »in den lippischen Landesfarben prangenden Pavillon«[75] sichtbar war. Ob auch Reichssymbole den Festplatz schmückten, geht aus keiner der Beschreibungen hervor. Die monarchische Treue des lippischen Bürgertums drückte sich somit stärker in der Präsenz des lippischen Fürsten als im deutschen Kaiser aus. Kaiser und Reich standen im Hintergrund; neben einigen großmachtstaatlichen Anklängen feierte die Festrede vor allem die Rolle der deutschen bürgerlichen Kultur für die nationale Entwicklung. Zwar erklang Wagners Kaisermarsch vor den ersten beiden Strophen des »Deutschland, Deutschland über alles«, doch zielte die Festrede keineswegs auf Hochrufe für Kaiser und Reich. Sie begnügte sich vielmehr mit der Darstellung der nationalen Geschichte. Diesmal allerdings stand nicht die mythische Vorgeschichte wie beim Germanenzug auf dem Programm, sondern eine »objektive« historische Darstellung. Der liberal-konservative Berliner Geschichtsprofessor Hans Delbrück hielt am Fuße des Hermannsdenkmals eine historische Vorlesung im akademischen Stil, wobei er sich weitgehend auf eine quellenkritische Beschreibung der Schlacht im Teutoburger Wald beschränkte. »Sein Pathos war gedämpft.«[76] Der Professorentalar, mit dem er bekleidet war, unterstrich für die Zuhörer zum einen die Objektivität seiner Darstellung, stellte ihn jedoch gleichzeitig als einen exponierten Vertreter des Bürgertums dar, der sich ausschließlich an ein gebildetes Publikum wandte. Delbrück setzte jedoch nicht nur durch Kleidung und Stil deutliche Akzente bürgerlichen Selbstbewußtseins, sondern auch in seiner Rede. Am Schluß seiner Vorlesung ging er auf die einheitsstiftende Funktion der Geschichte ein und hob vor allem die Rolle der bürgerlichen Kultur darin hervor. Weniger Kaiser und Reich repräsentierten hier das »deutsche Volkstum«, sondern einzelne Persönlichkeiten und die »Geschlechter der Vergangenheit«.

Wenn er sich auch nicht der Faszination des »Heldentum(s) im Bärenfell« entziehen konnte, so standen doch die Entwicklung der deutschen Kultur und seine bürgerlichen Vertreter der Dichter und Denker – er nannte Goethe, Hegel und Beethoven – im Vordergrund seiner Ausführungen. »Mit allem, was Deutsch spricht und denkt, fühlen wir uns in diesem Augenblick in unserem Volkstum zu einer höheren Einheit verbunden. (...) Unserm Volk aber ist es gegeben, vor andern auf eine besonders reiche Geschichte zurückblicken zu können, deshalb, weil es sich von Stufe zu Stufe verfolgen läßt bis zu den höchsten Gipfeln der Kultur.« Hier blieb geschichtliche Erinnerung nicht an die mythische Vergangenheit gebunden, sondern zielte auf die Legitimation der bürgerlichen Sonderstellung in der gegenwärtigen und zukünftigen Gesellschaft. Nur beiläufig kam Delbrück auf die historische Rolle des Kaiserreichs zu sprechen, betonte jedoch vielmehr die historische Kontinuität der deutschen Einheit bis zum Kaiserreich und stellte somit die deutsche Kultur als einheitsstiftenden Faktor über die staatliche Verfassung des Reiches.[77] Das Fest ging damit keineswegs in bürgerlicher Staatsloyalität auf, sondern betonte, zumindest in seinem für ein exklusives Publikum bestimmten Festakt, den bürgerlichen Charakter der nationalen Einheit.

Allerdings stieß der »Pragmatismus« des Berliner Historikers keinesfalls auf allgemeine Gegenliebe. Sogar die liberale »Frankfurter Zeitung« fand es unangemessen, angesichts eines Kolossaldenkmals eine Rednertribüne im Bergwald für historische Feststellungen zu nutzen,[78] auch wenn sie nicht wie das »Westfälische Volksblatt« eine »das nationale Bewußtsein entflammende wahre Festrede« einklagte. »Die Menge wollte keine trockene geschichtliche Vorlesung. Sie wollte eine Rede, die begeistern sollte zu neuem Treueschwur für Kaiser und Fürst, zu einem neuen Gelöbnis steter echter und wahrer Liebe zur Heimat und zum Vaterland.«[79] Diese Forderung ging jedoch an den Intentionen des Detmolder Bürgertums weit vorbei und mißverstand vollkommen die soziale und politische Bedeutung dieses Festaktes. Die Menge war bei diesem Festakt nicht anwesend und sollte von ihm auch nicht angesprochen werden. Für sie war der Germanenzug bestimmt gewesen. Vielmehr sollte der Festakt gerade der sozialen und kulturellen Distinktion des Bürgertums gegenüber der Menge dienen. Außerdem waren die Detmolder Bürger angesichts der politischen Auseinandersetzung mit dem deutschen Kaiser, der offen gegen die Beschlüsse ihrer Vertreter im lippischen Landtag agiert hatte, nicht zu Hochrufen auf das Staatsoberhaupt gestimmt, sondern suchten gerade in der Distanzierung vom Kaiser die innere Geschlossenheit des lippischen Bürgertums als sozial und kulturell, aber auch politisch dominierende Klasse der Region unter Beweis zu stellen.

IV. Fazit

Die im 19. Jahrhundert am Hermannsdenkmal veranstalteten Nationalfeste haben ein differenziertes Bild des deutschen Bürgertums gezeigt, das die in der Einleitung referierten Forschungsergebnisse zum Teil erheblich korrigiert. Vor allem die politische Funktion von bürgerlichen Festen kann nicht allgemein als Wandel von einer oppositionellen Artikulation des liberalen Bürgertums zu einer frühere liberale Forderungen aufgebenden, die offizielle Staatssymbolik propagierenden Ausdrucksform beschrieben werden. Die in den Hermannsfesten zum Ausdruck kommende politische Kultur des deutschen Bürgertums erweist sich als weitaus komplexer. Bereits im Vormärz war das Konzept der bürgerlichen Gesellschaft durchaus mit monarchischen Loyalitäten vereinbar. Die Akklamation des deutschen Kaisers zum Symbol der geeinten Nation nach 1871 stand somit, zumindest was den monarchischen Charakter der Nation anging, in der Tradition der bürgerlichen Gesellschaft. Unterhalb der offiziellen Staatssymbolik des Kaiserreichs boten die Feste jedoch auf regionaler Ebene die Möglichkeit, in selbstverwalteten Handlungsräumen – die Stadt im Fest von 1875 oder der Kleinstaat im Thronfolgestreit und im Fest von 1909 – den politischen Führungsanspruch des Bürgertums selbstbewußt in Szene zu setzen. Auch im Kaiserreich gingen die Feste nicht in der Unterordnung des Bürgertums unter den autoritären Staat auf, sondern boten zahlreiche Möglichkeiten zur politischen – wenn auch nicht grundsätzlich oppositionellen – Darstellung bürgerlicher Freiräume.

Was sich im Laufe des 19. Jahrhunderts tatsächlich veränderte, war das in den bürgerlichen Festen propagierte Gesellschaftsbild. In der Tat entwarf das vormärzliche Hermannsfest ein prinzipiell alle Mitglieder der nationalen Gesellschaft erfassendes, utopisches Konzept einer klassenlosen Bürgergesellschaft. Nach und nach sollte, so propagierte es die Symbolik des Festes, die bürgerliche Gesellschaft alle Lebensbereiche und alle sozialen Gruppen – Fürsten und Volk – erfassen und durch ihre selbstregulierenden Ordnungsvorstellungen zu einer gesellschaftlichen Einheit gestalten. Dieses Zukunftsbild wurde im Verlauf des 19. Jahrhunderts grundlegend revidiert und wich dem Konzept einer »klassenlosen Volksgemeinschaft«, das die unterbürgerlichen Schichten nicht mehr aktiv an der bürgerlichen Gesellschaft beteiligte, sondern nur noch ideologisch an die Nation band. Mit der »Nationalisierung der Massen« (G. Mosse) trennten sich Nation und bürgerliche Gesellschaft in der ideologischen Aussage des Festes. Während die Nation nach wie vor als sozial integratives Konzept der gesellschaftlichen Einheit diente, verengte sich die Idee der bürgerlichen Gesellschaft auf das Bürgertum selbst.

Inwiefern man aufgrund dieses Befundes dem deutschen Bürgertum ein »Defizit an Bürgerlichkeit« attestieren kann, ist ausgesprochen fraglich. Beiden Gesellschaftskonzeptionen ist gemein, daß sie als sozial integrierende Konzepte die Nation als eine über das Bürgertum als soziale Klasse hinausreichende gesellschaftliche Einheit beschreiben und beide standen im Widerspruch zu der in den Festen dargestellten sozialen Wirklichkeit der bürgerlichen Klassengesellschaft. Bürgerliche Feste dienten während des ganzen 19. Jahrhunderts dazu, das Bürgertum als sozial und kulturell deutlich abgegrenzte Klasse zu konstituieren und zu festigen. Sowohl in der Topographie der Feste als auch in den von ihnen propagierten Verhaltens-

und Umgangsweisen setzte sich das lokale Bürgertum als einheitliche und selbstbewußte Klasse in Szene und zog deutliche soziale und kulturelle Grenzen nach unten, die das propagierte Bild der Gesellschaft selbst wieder in Frage stellten. Der konstatierte Wandel von der »klassenlosen Bürgergesellschaft« zur »klassenlosen Volksgemeinschaft« vollzog sich vor allem auf ideologischer Ebene. Die Schlagworte markieren die Extreme einer sich im Verlauf des 19. Jahrhunderts wandelnden bürgerlichen Integrationsideologie und beschreiben vor allem die Veränderung der Einstellung des Bürgertums gegenüber den unterbürgerlichen Schichten. Unterhalb dieses ideologischen Wandels bestand das Bürgertum als homogene, besonders auf lokaler und regionaler Ebene sozial und kulturell dominierende Formation fort und demonstrierte eindrucksvoll seinen Führungsanspruch im *bürgerlichen* Fest.

Anmerkungen

1 Zum Begriff der »klassenlosen Bürgergesellschaft« vgl. L. *Gall*, Liberalismus und ›bürgerliche Gesellschaft‹. Zu Charakter und Entwicklung der liberalen Bewegung in Deutschland, in: HZ, Bd. 220, 1975, S. 353.

2 Vgl. T. *Nipperdey*, Nationalidee und Nationaldenkmal in Deutschland im 19. Jahrhundert, in: HZ, Bd. 206, 1968, S. 584.

3 Vgl. W. *Hardtwig*, Erinnerung, Wissenschaft, Mythos. Nationale Geschichtsbilder und politische Symbole in der Reichsgründungsära und im Kaiserreich, in: *ders.*, Geschichtskultur und Wissenschaft, München 1990, S. 224-63; *ders.*, Nationsbildung und politische Mentalität. Denkmal und Fest im Kaiserreich, ebd., S. 264-301 (Zitat S. 301); *ders.*, Bürgertum, Staatssymbolik und Staatsbewußtsein im Deutschen Kaiserreich 1871–1914, in: GG, Jg. 16, 1990, S. 269-95 (Zitat S. 285f.).

4 Vgl. D. *Düding*, Einleitung. Politische Öffentlichkeit – politisches Fest – politische Kultur, in: *ders.* u.a. (Hg.), Öffentliche Festkultur. Politische Feste in Deutschland von der Aufklärung bis zum Ersten Weltkrieg, S. 10-24 (Zitat S. 14); *ders.*, Nationale Oppositionsfeste der Turner, Sänger und Schützen im 19. Jahrhundert, ebd., S. 166-90; J. *Steen*, Vormärzliche Gutenbergfeste (1837 und 1840), in: ebd., S. 147-65. Als Matrix gilt hier offensichtlich das Hambacher Fest, das zwar eindeutig als ein oppositionelles Fest zu deuten ist, für das jedoch in Frage gestellt werden muß, inwiefern es als ein typisches Fest des Vormärz

gelten kann. Soziale Ordnungsvorstellungen, die in Festordnung, Festzug oder Festmahl bei anderen Festen Ausdruck fanden, standen deutlich im Hintergrund. Das Hambacher Fest war nicht, wie fast alle Vormärzfeste, in einen bestimmten sozialen Raum – eine Stadt oder eine Region – eingeordnet, der sich in der Festordnung widerspiegelte, sondern war vor allem der politischen Artikulation von Individuen, die sich spontan zu Wort melden konnten, gewidmet. In seiner Spontaneität war es mehr eine politische Demonstration als ein vormärzliches, geplantes Fest. Die Mehrzahl der vormärzlichen Feste war das Ergebnis einer von langer Hand vorbereiteten Festordnung, die wenig Raum für Spontaneität ließ und stattdessen jedem Teilnehmer einen festen Platz im Geschehen zuordnete, der seiner Stellung in der Gesellschaft entsprach. Das Hambacher Fest hingegen stand ganz im Zeichen sprachlicher und z.T. spontaner Artikulation, deren Inhalt politisch war. Die Tatsache, daß das Fest als »Zusammenlauf« (vgl. Anm. 6) bezeichnet werden konnte, reflektiert sowohl die unübliche Zusammensetzung des Festes, an der jeder als Individuum und nicht vermittelt über soziale und regionale Gruppen teilnehmen konnte, als auch das Fehlen einer für bürgerliche Feste typischen, strikten Festordnung. Vgl. C. *Foerster*, Das Hambacher Fest 1832. Volksfest und Nationalfest einer oppositionellen Massenbewegung, in: *Düding*, Festkultur, S. 113-31.

5 J. *Kocka*, Einleitung, in: *ders.* (Hg.), Bürger und Bürgerlichkeit im 19. Jahrhundert, Göttingen 1987, S. 12.

6 J.E. v. *Bandel*, Erinnerungen aus meinem Leben, hg., mit Erläuterungen versehen und bis zum Tod des Meisters fortgeführt von A. *Gregorius*, Detmold 1937, S. 294.

7 Lippisches Magazin für vaterländische Geschichte und Gemeinwohl 1841, Sp. 413f.

8 Ebd., Sp. 438.

9 Staatsarchiv Detmold (= StA Dtm.) L115A Tit. 2 Nr. 5.

10 Lippisches Magazin, 1841, Sp. 438.

11 Augsburger Allgemeine Zeitung, 17. 11. 1838.

12 Vgl. C. *Foerster*, Der Preß- und Vaterlandsverein von 1832/33. Sozialstruktur und Organisationsformen der bürgerlichen Bewegung in der Zeit des Hambacher Festes, Trier 1982, S. 156.

13 Lippisches Magazin, 1841, Sp. 453.

14 Ebd., Sp. 456.

15 F.L. *Römers*, Armin. Den Deutschen Fürsten und dem Deutschen Volke zum 16. August 1875 gewidmet, StA Dtm. L115A Tit. 3 Nr. 7.

16 Vgl. Weser-Zeitung, 17. 8. 1875.

17 Vgl. R. *Geißer*, Hermannsfestskizze, StA Dtm. L115A Tit. 3 Nr. 1.

18 Vgl. StA Dtm. L115A Tit. 3 Nr. 3; L115A Tit. 6 Nr. 2III; Frankfurter Zeitung, 18. 8. 1875.

19 Vgl. StA Dtm. L115A Tit. 3 Nr. 2.

20 Vgl. E. *Fehrenbach*, Über die Bedeutung der politischen Symbole im Nationalstaat, in: HZ, Bd. 213, 1971, S. 296-357; T. *Schieder*, Das deutsche Kaiserreich von 1871 als Nationalstaat, Köln 1961, S. 74f.

21 Vgl. Weser-Zeitung, 17. 8. 1875; K. *Tenfelde*, Adventus. Zur historischen Ikonologie des Festzugs, in: HZ, Bd. 235, 1982, S. 45-84.

22 StA Dtm. L115A Tit. 3 Nr. 2.

23 Weser-Zeitung, 16. 8. 1875; StA Dtm. L115A Tit. 3 Nr. 4.

24 Vgl. *Geißer*, Hermannsfestskizze.

25 Vgl. Fürstlich Lippisches Regierungs- und Anzeigeblatt, 17. 8. 1875.

26 Vgl. Festordnung 1841, Lippisches Magazin 1841, Sp. 349f.; Ordnung für den Festzug 1875, StA Dtm. D106 Dtm. Nr. 2435.

27 Vgl. StA Dtm. L115A Tit. 3 Nr. 1.

28 Programm der 1900-Jahrfeier der Schlacht im Teutoburger Wald, StA Dtm. L115A Tit. 1 Nr. 2.

29 Düsseldorfer Generalanzeiger, 17. 8. 1909.

30 Vgl. J. *Scheffler*, Dynastischer Kult im Kleinstaat. Der Thronfolgestreit und die politische Festkultur im Fürstentum Lippe, in: J. *Meynert* u.a. (Hg.), Unter Pickelhaube und Zylinder. Das östliche Westfalen im Zeitalter des Wilhelminismus 1888 bis 1914, Bielefeld 1991, S. 441-66; E. *Fehrenbach*, Wandlungen des deutschen Kaisergedankens 1871–1918, München 1969, S. 153ff.

31 Programm der 1900-Jahrfeier der Schlacht im Teutoburger Wald, StA Dtm. L115A Tit. 1 Nr. 2.

32 Aufruf des Festausschusses 1909, StA Dtm. L115A Tit. 8 Nr. 1V.

33 Berliner Neueste Nachrichten, 18. 8. 1909.

34 Westphälischer Kurier, 17. 8. 1909, Düsseldorfer Generalanzeiger, 17. 8. 1909, Frankfurter Zeitung, 21. 8. 1909, Münsterischer Anzeiger, 16. 8. 1909.

35 Der Tag, 27. 8. 1909.

36 Ebd.

37 Vgl. ebd.; Rheinisch-Westphälische Zeitung, 21. 8. 1909; Westphälischer Merkur, 17. 8. 1909.

38 StA Dtm. L115A Tit. 8 Nr. 1V.

39 Vgl. *Schieder*, S. 40f., 50f.

40 Hannoverscher Courier, 16. 8. 1875; vgl. auch Der Tag, 27. 8. 1909.

41 Neuer Sozial-Democrat, 15. 8. 1875.

42 Vgl. P. *Steinbach*, Der Eintritt Lippes in das Industriezeitalter. Sozialstruktur und Industrialisierung des Fürstentums Lippe im 19. Jahrhundert, Lemgo 1976, S. 370-76.

43 Vgl. J. *Kocka*, Die Angestellten in der deutschen Geschichte 1850–1980. Vom Privatbeamten zum angestellten Arbeitnehmer, Göttingen 1981, S. 137f.; *ders.*, Unternehmensverwaltung und Angestelltenschaft am Beispiel Siemens 1847–1914. Zum Verhältnis von Kapitalismus und Bürokratie in der deutschen Industrialisierung, Stuttgart 1969, S. 520f., 536-40.

44 Aufruf des Festausschusses an die deutschen Männergesangvereine, Mai 1909, StA Dtm. L115A Tit. 8 Nr. 6.

45 *Steinbach*, S. 232-60, 307-40.

46 Pressemitteilung, StA Dtm. L115A Tit. 8 Nr. 6.

47 Frankfurter Zeitung, 21. 8. 1909.

48 Westfälisches Volksblatt, 16. 8. 1909.

49 Frankfurter Zeitung, 21. 8. 1909; vgl. auch Westfälisches Volksblatt, 16. 8. 1909.

50 Westfälisches Volksblatt, 16. 8. 1909; Frankfurter Zeitung, 21. 8. 1909; Die Post, 18. 8. 1875.

51 StA Dtm. D106 Dtm. Nr. 2592, Polizeibehörde 22. 6. 1909.

52 Berliner Neueste Nachrichten, 18. 8. 1909.

53 Düsseldorfer Generalanzeiger, 17. 8. 1909.

54 Ebd.

55 Festordnung für die 1900-Jahrfeier, StA Dtm. Tit. 1 Nr. 2.

56 Minden-Lübbecker Kreisblatt, 17. 8. 1909.

57 Vgl. StA Dtm. L115A Tit. 8 Nr. 1V; L115 A Tit. 8 Nr. 6.

58 Vgl. StA Dtm. L115A Tit. 8 Nr. 7.

59 Vgl. StA Dtm. L115A Tit. 8 Nr. 1IV.

60 Vgl. Aufstellung für den Festzug, StA Dtm. L115A Tit. 8 Nr. 6.

61 Vgl. Berliner Neueste Nachrichten, 18. 8. 1909; Westphälischer Merkur, 17. 8. 1909.

62 Vgl. *Steinbach*, S. 323.

63 Vgl. C. *Lipp*, Liebe, Krieg und Revolution. Geschlechterbeziehungen und Nationalismus in der Revolution 1848/49, in: *dies.* (Hg.), Schimpfende Weiber und patriotische Jungfrauen, Moos 1986, S. 353-84.

64 Vgl. R. *Koselleck*, ›Erfahrungsraum‹ und ›Erwartungshorizont‹ – zwei historische Kategorien, in: *ders.*, Vergangene Zukunft. Zur Semantik geschichtlicher Zeiten, Frankfurt 1984², S. 349-75.

65 StA Dtm. L115A Tit. 8 Nr. 1V.

66 Vgl. *Steinbach*, S. 248, 315ff., 332, 449f., 451, 467.

67 Hannoverischer Courier, 16. 8. 1909.

68 Vgl. *Steinbach*, S. 451.

69 Vgl. Hamburgischer Correspondent, 12. 6. 1909.

70 Münsterischer Anzeiger, 16. 8. 1909.

71 Hannoverischer Courier, 16. 8. 1909.

72 Festordnung, StA Dtm. L115A Tit. 1 Nr. 2.

73 Vgl. *Steinbach*, S. 222f.

74 StA Dtm. L115A Tit. 8 Nr. 1II.

75 Westfälisches Volksblatt, 16. 8. 1909.

76 Frankfurter Zeitung, 21. 8. 1909.

77 Hannoverischer Courier, 16. 8. 1909.

78 Frankfurter Zeitung, 21. 8. 1909.

79 Westfälisches Volksblatt, 16. 8. 1909.

Autoren und Autorinnen

Manfred Hettling, geb. 1956, Studium der Geschichte, Germanistik und Sprecherziehung in Regensburg und Bielefeld, Promotion 1989. Seit 1986 wissenschaftlicher Mitarbeiter im Sonderforschungsbereich »Sozialgeschichte des neuzeitlichen Bürgertums« in Bielefeld, 1991 DAAD-Stipendiat in Leipzig. Arbeitet an einer Habilitation über den Liberalismus im Kaiserreich. Veröffentlichungen zur Sozial- und Kulturgeschichte, u.a. Revolution, Tod und Opferkult. Alfred Rethels ›Auch ein Totentanz‹ von 1849 (Archiv für Kulturgeschichte 70. 1988); Reform ohne Revolution (1990); Hg.: Revolution in Deutschland? (1991).

Paul Nolte, geb. 1963, Studium der Geschichtswissenschaft und Soziologie in Düsseldorf, Bielefeld und Baltimore (Johns Hopkins University), dort M.A. 1987, M.A. in Bielefeld 1988, Promotion WS 1992/93. Seit 1990 Assistent an der Fakultät für Geschichtswissenschaft und Philosophie der Universität Bielefeld und 1993/94 John F. Kennedy Memorial Fellow an der Harvard University. Forschungsschwerpunkte: Deutsche, amerikanische und vergleichende Politik-, Sozial- und Ideengeschichte des 18. und 19. Jahrhunderts. Veröffentlichungen: Staatsbildung als Gesellschaftsreform (1990); Gemeindebürgertum und Liberalismus in Baden 1800–1850 (erscheint 1994); zahlreiche Aufsätze.

Hans-Walter Schmuhl, geb. 1957 in Oberhausen. Promotion 1986 in Bielefeld. Wissenschaftlicher Mitarbeiter im Sonderforschungsbereich »Sozialgeschichte des neuzeitlichen Bürgertums: Deutschland im internationalen Vergleich«, Universität

Bielefeld. Laufendes Projekt: Städtisches Bürgertum und städtische Verwaltung in Braunschweig und Nürnberg vom Ende des 18. bis zum Beginn des 20. Jahrhunderts. Veröffentlichung: Rassenhygiene, Nationalsozialismus, Euthanasie. Von der Verhütung zur Vernichtung ›lebensunwerten Lebens‹, 1890–1945, Göttingen 1987.

Gerhard Stahr, geb. 1958, M.A. 1988, Wissenschaftlicher Mitarbeiter der Historischen Kommission zu Berlin, 1989–1992 Bearbeiter des Projekts der Deutschen Forschungsgemeinschaft »Eisenbahnen in Preußen 1838–1920«; Veröffentlichungen zur Wirtschaftsgeschichte des 19. Jahrhunderts sowie zur Filmgeschichte.

Charlotte Tacke, geb. 1961, Studium der Geschichte und Soziologie in Bielefeld, Bordeaux, Florenz und Paris. Maîtrise d'Histoire (Bordeaux) und Magistra Artium (Bielefeld); Promotion 1993 am Europäischen Hochschulinstitut (EHI) in Florenz: »Denkmal im sozialen Raum. Eine vergleichende Regionalstudie von nationalen Symbolen in Deutschland und Frankreich im 19. Jahrhundert«. Wissenschaftliche Mitarbeiterin an der Martin-Luther-Universität Halle und 1993/94 Jean Monnet-Stipendiatin am EHI Florenz. Aufsätze zur vergleichenden Sozial- und Kulturgeschichte Deutschlands und Frankreichs im 19. Jahrhundert.

Monika Wienfort, geb. 1961, Studium der Geschichtswissenschaft, Germanistik und Soziologie in Bochum und Bielefeld, Promotion 1990. Wissenschaftliche Mitarbeiterin im Sonderforschungsbereich »Sozialgeschichte des neuzeitlichen Bürgertums« an der Universität Bielefeld und 1993/94 ACLS-Stipendiatin an der Harvard University; arbeitet an einer Habilitation über Patrimonialgerichtsbarkeit in Preußen. Wichtigste Veröffentlichung: Monarchie in der bürgerlichen Gesellschaft. Deutschland und England 1640–1848 (1993).